证券投资新解

唐赞宸 ■ 著

经济日报 出版社

图书在版编目（CIP）数据

证券投资新解／唐赞宸著．—北京：经济日报出
版社，2020.12

ISBN 978 - 7 - 5196 - 0744 - 9

Ⅰ.①证…　Ⅱ.①唐…　Ⅲ.①证券投资—研究　Ⅳ.
①F830.91

中国版本图书馆 CIP 数据核字（2020）第 244870 号

证券投资新解

作　　者	唐赞宸
责任编辑	门　睿
责任校对	王阿林
出版发行	经济日报出版社
地　　址	北京市西城区白纸坊东街 2 号 A 座综合楼 710（邮政编码：100054）
电　　话	010 - 63567684（总编室）
	010 - 63584556（财经编辑部）
	010 - 63567687（企业与企业家史编辑部）
	010 - 63567683（经济与管理学术编辑部）
	010 - 63538621　63567692（发行部）
网　　址	www.edpbook.com.cn
E - mail	edpbook@126.com
经　　销	全国新华书店
印　　刷	天津雅泽印刷有限公司
开　　本	710 × 1000 毫米　1/16
印　　张	20.5
字　　数	334 千字
版　　次	2021 年 5 月第一版
印　　次	2021 年 5 月第一次印刷
书　　号	ISBN 978 - 7 - 5196 - 0744 - 9
定　　价	78.00 元

序　言

　　这是一本关于二级市场证券投资的书，旨在从实践的角度为读者进行证券投资提供一些具有参考价值的知识。本书立足于实践，结合相关的理论知识进行论述，尽可能使书中的重要观点有据可依。本书对于理论的论述都是介绍性的，立足于理论原理的介绍，而对于严谨的理论推导不做过多的说明。

　　二级市场证券投资的目的是财富管理。随着证券市场的发展，其将逐渐成为社会大众理财的重要途径，本书第一章讲述社会财富的载体以及证券投资在财富管理中的重要作用。

　　证券市场的价格是证券投资者首要关注的因素。根据价值决定理论，证券价格以证券的价值为中心，随着市场供求关系的变动而围绕价值上下波动。影响证券供求关系的因素既有经济和市场因素，也有市场参与者的心理因素。第二章我们重点讨论引起价格围绕价值波动的经济和市场因素有哪些，以及这些因素是如何对证券价格产生影响的。

　　人们经常用投资和投机来对有价证券的二级市场交易属性进行分类，投资和投机属性的划分对于深刻理解价值投资具有重要的意义，第三章我们对证券投资的性质进行阐述。

　　投资既有科学性，又饱含艺术性，投资是科学与艺术的结合。对于投资科学性和艺术性的理解有助于投资者树立正确的投资理念。第四章我们对投资的科学性和艺术性进行说明。

　　完整的投资体系应该包含合理明确的投资理念、稳定的投资风格、与之相适应的研究体系、策略体系以及资金管理体系和风控体系。如果说投资理念是人生观，那么投资风格就是价值观，研究体系是方法论，策略体系是具体的方法，资金管理体系和策略风控体系是方法的使用规范。这是本书第五章阐述的重点内容。

投资管理有三大支柱：投资策略、资金管理和交易心理管理。在第五章中我们细致地讲解了投资策略和资金管理，第六章我们将对投资心理做详细的阐述。在讲述投资的心理活动对证券投资的影响时，我们参考了行为金融学的相关理论。

投资管理是一个系统性工程，组合投资理念是投资管理工程的重要运作模式。机构投资者在社会财富管理中的地位越来越重要，机构投资者基本都采用组合投资的策略，通过投资组合管理在风险和收益之间权衡。第七章我们重点对现代投资组合理论的内容做原理性描述，并论述在组合投资管理的过程中几个重要的话题：金融衍生品、金融工程、量化投资与主观交易、指数投资与被动管理。

成功的机构投资者不仅在基金投资方面有独特的投资模式，而且在基金产品运作方面有自己独特的管理方式，第八章我们讲述一个证券投资基金从产品设计到基金募集、从基金运作再到最终清算的全过程。

人工智能在资产管理领域的应用渗透到了各个方面，也必将对资产管理的行业面貌和管理模式带来剧变。第九章我们详细阐述人工智能模型的基本原理以及在证券投资中的应用前景。

投资是风险和收益的权衡，这是本书一贯的观点。投资具有确定性和随机性，投资的确定性和随机性来源于市场波动的规律性与随机性。第十章我们简单介绍了投资中如何正确认识投资风险和预期收益。

目　录

第一章　货币、财富与证券市场

市场经济为主导的经济体制下，货币作为最主要的交易媒介发挥着至关重要的作用。随着生产力的不断进步，社会财富极大丰富，财富管理成为社会活动的必要环节，有价证券投资成为财富管理的重要手段，证券市场和有价证券投资也成为经济和社会生活越来越重要的话题。美国养老金三大支柱之一的补充养老金以共同基金（公募基金的海外叫法）为主要资产配置方向，而这些共同基金的一个重要的投资方向就是以权益类资产为主的有价证券。中国的养老金体系虽然以基本养老金为主，对权益类有价证券投资的比例较低，但是随着时间的推移，养老金对权益类有价值证券的投资比重会越来越大。未来，有价证券投资将在我们社会生活中占据极其重要的地位，无论是主动参与还是被动参与，我们的生活会与有价证券投资发生越来越紧密的联系。

有价证券投资如此重要，那么它的意义何在呢？在不少人眼里，有价证券投资中的股票投资或者期货投资被贴上了赌博的标签，还有人认为有价证券投资无法创造价值，只是起到财富再分配的作用，那么证券市场和有价证券投资到底在经济生活中发挥着何种作用，为何能成为当今社会财富管理的重要手段，有价证券如何以货币计价，有价证券与货币有何区别？本章将对这些话题做详细论述。

学术界一般认为，证券市场及有价证券投资最早开始于荷兰，16 世纪的荷兰因发达的海上贸易，客观上产生了对资本的需求，股票市场因此应运而生，世界第一个股份有限公司是荷兰的东印度公司。随着时间的推移，世界经济中心转移到了英国，1773 年，英国第一家证券交易所在伦敦的新乔纳咖啡馆成立（现伦敦证券交易所的前身），其被公认为现代证券市场的原型。美国证券市场首先是为了开发运河、铁道等基础设施建设筹集资金而发展起来的。

1792 年对于美国证券市场意义重大，在这一年，美国交易量最大的 24 位经纪人经过协商，制定出每日在梧桐树下聚会从事证券交易等一系列正式协议，这就是著名的"梧桐树协议"，成为纽约证券交易所的前身。1949 年中华人民共和国成立以前，中国有香港、上海、天津、北平四个证券交易市场。1986 年上海成立了新中国第一个证券柜台交易点，主要办理延中实业和飞乐音响两家公司股票的代购、代销业务，这被认为是新中国证券正规化交易市场的开端。1990 年 12 月上海证券交易所正式成立。1991 年 4 月深圳证券交易所成立。从此，我国证券市场在改善融资结构、优化资源配置、促进经济发展等方面发挥了十分重要的作用，尤其是在支持企业融资方面做出了巨大的贡献。

证券市场从一产生就与成为人们财富管理的重要话题，有价证券也成为社会财富的重要载体，在当前的成熟资本市场上，有价证券（如股票、期货）的价值和货币基本可以快速甚至实时转换。证券市场又分为一级市场和二级市场，二级市场是一级证券市场的延续，本书重点以二级市场有价证券投资作为论述的对象。

第一节　货币与财富

财富是什么，简单而又复杂，每个人都能轻易罗列出一大堆关于财富的概念，但是如果对财富做出统一的定义，这又是一个困难的话题。市场经济条件下，财富被视为身份和地位的象征，随着历史的变迁，财富的载体也在不停地变化。

最先对财富做出定义的应该是古希腊思想家色诺芬（Xenophon）。他在其著作《经济论》（Economics）中对财富如此描述："财富就是具有使用价值的东西。"后来，古希腊思想家亚里士多德也认为："真正的财富是由其使用价值构成的。"另一个广泛应用的财富定义是经济学家戴维·皮尔斯（David Pears）在《现代经济词典》中对财富的定义："任何有市场价值并且可用来交换货币或商品的东西都可被视为财富。"北京大学的金李教授在《中国式财富管理》中将财富定义为"财富就是当期不使用，留存到将来的购买力或消费能力"。

诸多对财富的定义基本都会指向两个概念：价值和购买力，也就是财富必须能直接或间接产生购买力和表现出价值（本文讨论物质层面的财富，对精神财富不做涉及）。

那么什么是购买力呢？经济学一般定义购买力为商品和劳务的货币支付能力，既然财富必须能够直接或间接产生购买力，那么就会有另外一个重要的问题，即购买力的时间和空间转移问题。购买力的空间转移问题比较直观，只要是人们公认有价值的载体，并且具有交换的市场，那么这种载体就可以称之为财富。购买力的时间转移问题比较抽象，从整体意义上讲，购买力很难在代际之间转移，也就是说每个时代的购买力其实是那个时代的总的价值之和，包括粮食、房产、艺术品等，而且每个时代不同物品的价值都不一样，如达·芬奇的字画。

作者认为，财富是当前或未来具有价值，能够转化成购买力的东西。那么具体来说，什么能够成为财富呢，或者说财富的载体是什么呢？我们首先想到的肯定是钱，或者叫作货币，是的，货币是存储财富的工具，是财富的载体之一，也是交易的媒介，形成购买力的途径。

除了货币，金银等贵金属、房产、汽车、古董字画、有价证券都是财富。与财富相关的另一个重要话题是财富的存储问题，令人遗憾的是，财富是难以存储的，当前具有价值，能够转化成购买力的东西，未来就不一定了，这也是财富管理的必要性和困难性。一方面未来的价值量大小难以保证，另一方面未来转化成的购买力同现在的购买力也可能产生差异。于是就有了财富管理这个在市场经济下越来越重要的话题，财富管理一方面要提高财富在当前阶段的价值和购买力，另一方面要保持或者提高财富在未来的价值和购买力。

刚才我们提到，每个时代的购买力其实是那个时代的总的价值之和，对于经济中的个体来说，绝大多数人对当前和未来的财富总量的影响很微小（我们排除像乔布斯一样的企业家或者爱迪生、瓦特一样的发明家），那么财富管理大部分时间是在总量一定的财富之间分配的过程。听起来似乎比较尴尬，我们平时认为高大上的财富管理竟然和古代通过战争掠夺财富，或者赌场赌骰子一样，没有增加社会总财富，反而是在使用一种叫理财的方式重新分配财富。

事实上，财富管理确实是实现财富的重新分配过程，但是也不全部是对财富创造没有任何意义，现代市场经济通过以奖励对社会财富起创造作用的资金使用方式，对财富进行分配。证券市场就是通过给予能够创造更多社会价值和购买力的市场行为以更高的价值的方式实现财富创造和财富转移之间的一致。

在成熟的证券市场上，市场通过给有价值的企业行为以更高货币价值评价的方法实现财富管理和资源有效配置的合理优化，这是一个伟大的创举。当然从经济中的个体来说，财富的管理只注重于分配，价值创造交给经济和社会机制去解决。

第二节　财富管理市场与财富管理机构

1. 财富管理的重要性

随着社会财富的不断增长，中国的中产阶级不断壮大，对财富管理的需求也越来越大，根据中国建设银行与波士顿咨询公司发布的中国私人银行市场发展报告《中国私人银行 2019：守正创新 匠心致远》，2018 年中国高净值人群数量稳居世界第二位。前面我们讲财富管理的过程是实现财富重新分配的过程，在财富重新分配的过程中实现财富的保值和增值，而实现财富的保值和增值最根本的体现是购买力的稳定和提高。在一定的时间范围内，社会购买力是随着社会经济的发展而增长的，因此财富管理的本质是在既定的购买力之间选择合适的价值载体，期望通过价值载体的购买力保持不变甚至是提高。因此，财富管理的途径是挑选合适的价值载体，也就是购买力载体。这些载体既包括货币、黄金，又包括有价证券等金融资产。

财富管理无论对国家、企业还是个人，都具有重要的意义。因为财富代表着对资源和购买力的占有状况。

对于一个国家来说，财富管理的能力决定着国家的富强程度，一个国家的初始资源禀赋如地理优势、资源状况是先天决定的，但这些初始禀赋并不完全决定着国家的富强程度。如果不注重资源的合理利用，也就是资源的财富管理，实现资源的经济效益最大化，照样可能沦落到二流国家的地步。例如委内瑞拉和伊朗，这两个国家都拥有大量的石油储备，有先天的资源优势，但这些资源优势却变成了其他国家的财富源泉，本国的国民却并没有很好地享受到资源带来的财富效应。国内某财富管理集团总裁有一句话很到位："没有一流的金融就不可能成为一流的强国，充其量只是二流的大国；没有一流财富管理的国家，就不可能成为一流的金融强国，充其量只能是二流的金融大国。"美国是世界一流的强国，也是一流的金融强国，美国的富强和强大有很多原因，但是有一个重要并且不可或缺的原因就是美国的金融体系十分发达，美国通过金融系统力量管理着美国的财富，同时利用金融霸权实现财富的不停增值，美元的国际地位和在大宗商品定价领域的主导地位都使得美元资产作为世界财富的最重要的一般等价物，美国通过美元霸权地位不断地从全世界获取购买力，这个购买力的获取途径就是对美元资产的恰当管理。说到国家财富管理，不得不说一说新加坡，新加坡的国家主权财富基金淡马锡（Temasek）是公认运行状况最良好的主权财富基金。从 1974 年淡马锡控股有限公司成立以后，公司资产每年年化复合回报率超过 15%，这么大的资产规模能取得如此骄傲的成绩，财富管理团队的努力和智慧功不可没，截至 2019 年 8 月，中国的外汇储备高达 3 万多亿美元，这些外汇储备都是中国人民尤其是优秀的企业家辛勤汗水的积累，很多是靠着低端制造业和曾经的血汗工厂一点一点积累起来的，管理这些财富不会贬值、购买力不断增加是一种责任。

再说企业的财富管理，对于实体企业来说，除了企业做投资是创造财富之外，企业自身的财富积累也需要进行财富管理。企业做并购重组、投资和金融理财，都是对原有财富的管理。尤其是一些具有盈余公积的企业，资金放在账上是一种严重的资源浪费，适当的财富管理是对股东负责任的态度。对于金融企业来说更是这样，金融企业的表内理财业务和企业自营投资业务都是企业自有资产管理的重要途径。对于机构的财富管理，不得不提的就是著名的诺贝尔基金会。诺贝尔基金会成立于 1896 年，成立的时候，瑞典的著名化学家、硝化甘油炸药的发明人阿尔弗雷德·贝恩哈德·诺贝尔（Alfred Bernhard Nobel）先生出资约 980 万美元（3100 万瑞典克朗）成立诺贝尔基金，诺贝尔奖基金会以诺贝尔基金每年的利息或投资收益授予世界上在六个重要领域内对人类做出最重大贡献的人。诺贝尔奖发了 100 多年，据统计，仅从 1991 到 2014 年，诺贝尔奖就发了 16335 万瑞典克朗。但诺贝尔基金的剩余资产竟然达到了初始资产规模的上百倍，财富管理的魔力不可小觑。

再说下家庭财富管理。毋庸置疑，家庭财富一定程度上决定了家庭的相对幸福指数。虽然说物质财富是家庭财富的一部分，精神财富和健康财富也很重要，但是物质财富作为家庭幸福的基础保障，是必不可少的。

最后说下个人财富管理。通俗地讲个人财富管理就是个人理财，对于芸芸众生来说，人生和财富密不可分，诺贝尔文学奖获得者莫言说过："人类社会看起来无比的复杂，车水马龙，灯红酒绿，其实认真地想一想也非常简单，无非就是贫穷者追求富贵，富贵者追求享受和刺激。"对于很多人来说，财富就是金钱，金钱演绎了太多的悲欢离合，金钱的管理智慧可以体现出一个人的重要智慧。对于大部分人来说，个人收入主要来源于两个方面，一个是工资性收入，一个是财产性收入，工资性收益一般是固定的，对于效益好的公司来说，年终奖可能比较丰厚。对工资性收益形成有效补充的就是个人的财产性收入。个人财产性收入的一个重要来源就是个人的投资理财收入。党的十八大报告提出：多渠道增加居民财产性收入。是对个人理财行为重要性的极大肯定。

2. 怎样进行财富管理

财富管理有四个阶段：财富积累、财富增值保值、财富保障和财富传承。财富积累是个人和单位资源、能力和社会贡献度的体现，财富增值保值是财富管理方法的结果，财富保障是财富资源配置的结果，财富传承是财富的代际转移。财富管理应该是终身的规划，应该不断根据自身的位置和社会状态做出调整。

我们经常认为的财富管理其实是指财富的增值保值。本书指的财富管理在大部分的情况下也是指财富的保值和增值。

财富管理是专业的学问。对于很多非专业人士来说，将财富交给专业的财富管理机构进行管理是比较合适的选择，但是掌握财富管理的基本理念还是很重要的。对于财富管理来说，综合化、专业化、多元化管理理念是人们普遍认可的管理理念。当然有些财富管理机构打出了国际化的管理理念，作者认为国际化其实是多元化资产配置的一部分。

综合化财富管理实际是财富管理的系统化，财富管理不应当简单地理解为投资或者理财，当然投资或者理财是财富管理最核心的内容。财富管理应该是全方位的，对财富管理对象进行综合的规划，对理财对象的资产负债状况进行全面的分析，对其风险偏好水平进行严谨的测评。并且这种规划不仅应该是基于当前时点的静态机会，应该是基于未来一定时期的动态规划。包括资产管理、负债管理、风险管理、消费管理、个人重大投资计划，甚至是税务筹划等方面。

专业化理财是指理财机构的专业化、理财方式和理念的专业化。首先是理财机构的专业化，目前银行、基金、券商、信托等传统金融机构以及方兴未艾的第三方理财机构都是专业化理财机构的代表，这些机构配备了具有丰富的财富管理知识储备的人才，以及与之相匹配的管理模式，可以为客户设计量身定制的理财模式以及提供多样化个性化的理财产品。理财方式和理念的专业化是指在客户风险偏好和理财产品设计方面，具有较多的金融工具以及组合管理模式实现客户的定制化需求。

多元化理财是指使用分散化的方法进行大类资产配置，以实现资产充分有效分散，实现财富稳定的保值增值。财富管理的核心资产配置，是基于投资者偏好的资产状态的多元化配置。财富管理不仅是管理财富，更是管理风险，财富管理本身也是进行风险投资的过程。所以，通过资产组合的方式进行分散是必要的，财富管理不能最终成为客户风险难以承受的源泉。资产配置和分散投资的重要性本书会在基金管理的章节进行重要论述。

3. 财富管理市场的现状

截至 2019 年 6 月，中国内地的财富管理市场总量加起来已经超过了 150 万亿元，而这百万亿规模的财富管理市场被以银行、基金、券商、信托等传统金融机构所瓜分，但是最近几年有一种趋势，就是财富管理机构越来越注重满足高净值人群的个性化、多元化需求，财富管理市场的业务范围也逐渐拓展，从有价证券投资开始向古董、字画等多元化领域发展。财富管理机构的重要性正在凸显。

但中国的财富管理行业尚有较多的不足之处，需要市场的淘汰机制以及时间去慢慢地改变和进化。

第一，财富管理行业专业能力和服务能力亟待提高，我国的财富管理市场仍然以金融机构尤其是银行为主导，理财市场比较死板，固定收益和刚性兑付的思维仍然在理财市场占据主导地位。随着刚性兑付机制地慢慢打破，人们的理财模式将发生彻底改变，风险和收益的权衡将主导人们的投资理念。投资者教育工作任重而道远，不尊重市场，不尊重风险的投资者将被市场狠狠地教育。

第二，居民资产配置不太合理的现象仍然比较严重，投资理财的途径不畅通，风险错配的现象在某些领域非常常见。例如目前中国居民的财富在房地产领域的配置比例相对过高，假如房地产市场未来某个试点开始低迷，叠加房地产市场流动性风险，居民的财产可能会受到不小的冲击。

第三，定制化的理财产品比较少，定制化理财产品多为高净值人群服务，面向大众阶层的定制化理财产品很少。

第四，专业化的理财服务人员不足，在财富管理公司，后台投资部门的投研力量相对比较强，但是前台客户风险收益特征测评、理财规划和理财方案设计部门的人员素质亟待提高。应该把卖理财产品的概念转换为卖理财规划服务的概念。

第三节　证券市场与财富管理

按照层次结构划分，一般可以将证券市场分为一级市场和二级市场。一级市场是筹集资金、发行证券的场所，又称为初级市场或发行市场；二级市场是证券流通、证券买卖的场所。一、二级证券市场相互依存，又相互制约。一级市场所发行的证券种类、数量与发行方式决定着二级市场上流通证券的规模、结构与流动性，二级市场对一级市场起着推动作用。对于绝大多数投资者来说，直接参与一级市场的难度较大，所以本书讨论的有价证券投资主要指二级市场上的有价证券买卖。

在我国当前的资本市场上，广大投资者可以直接参与门槛较低的二级市场主要指以下几个交易场所：股票市场，债券市场，期货期权等衍生品市场，黄金白银等贵金属市场等。基金管理公司和各种理财机构为广大投资者间接投资证券市场提供了诸多便利，以及更加专业化的理财服务，因此，通过专业理财机构参与证券市场是广大中小投资者未来的主流选择途径。

证券市场在财富管理中的作用越来越重要，证券市场有三大基本功能：筹资—投资功能、资产定价功能和资本配置功能，这三大功能一定程度上保证了财富管理和价值创造二者之间的统一。

筹资—投资功能是指证券市场既为资金需求者提供了通过发行证券筹集资金的机会，也为资金供给者提供了投资对象。在证券市场上，我们交易的股票和债券等非衍生金融产品，一般都是既有投资功能，又有筹资功能。例如，股票是筹资者发行的，筹集资金用于企业经营，但是发行之后，股票市场就成了大众的投资场所。

资产定价功能是证券市场在买卖双方的共同作用下，能够产生合理的定价结果。证券市场的交易机制形成了交易双方的充分竞争机制，正是通过这种充分的竞争机制，引导资本向价值被低估的方向流动，对创造价值的机构给予较高的价格评价，从而实现资源的优化配置。

资本配置功能是通过证券的定价功能实现的，在证券市场上，证券价格的高低是由该证券或该证券背后标的资产的未来可能提供的预期收益的高低决定的，证券价格的高低是证券价值的反映。在股票市场上，那些经营好、发展潜力巨大的优质企业，或者有巨大潜力的企业，其预期的报酬就比较高，因而在竞争机制的作用下，其市场价格也相应的比较高。这些企业的融资能力就会比较强，在这种引导机制下，资本就会自然地流向那些能够产生高额回报的企业或部门，从而实现资源的优化配置。

证券投资能创造财富吗？不能。证券资产本身是财富的载体，其价值是不断变化的，而财富的本质是购买力，价值的变化导致购买力在不同的财富持有主体之间转换，因此，证券投资不是创造财富，是在分配财富。证券市场的财富管理功能主要体现在财富的分配上，证券市场不创造价值，通过合理的分配价值促使证券的合理定价，持有优质的证券能够保证在当前或未来购买力中占据有利地位，并且借助于制度的力量保证有价值的市场行为得到更高的奖赏，间接的为真正价值创造部门提供支撑。这就是人们常说的证券市场的资源优化配置作用。

证券市场在实现财富重新分配的过程中，因为涉及存量博弈，必然是激烈竞争的过程，证券市场参与者通过持有价格被低估的证券，以期获得未来价值的增值，或者卖出价格被高估的证券以获得财富增值的实现。激烈的竞争必然意味着价值增值的过程不会那么一帆风顺，投资者要获取收益必然承担相应的风险。在竞争机制下，风险和收益必然是如影随形。在本书的第七章关于组合投资的内容中，我们将详细探讨证券风险和收益的关系。

第四节　证券市场与货币创造

本章第一节中我们讨论了货币、财富和购买力的关系，本节我们讨论证券市场和货币创造的关系。有价证券的价格就是货币与有价证券的交换关系，但是随证券市场的发展，证券的流动性越来越好，证券转换成货币很容易，于是证券市场一定程度上为货币创造提供了更多的途径。

我们先看我国对货币供应量的划分体系，根据中国人民银行印发的《中国人民银行货币供应量统计和公布暂行办法》，我国将货币划分为 M0、M1、M2、M3。各层次的货币内容如下：

M0 = 流通中的现金。

M1 = M0 + 企业存款（企业存款扣除单位定期存款和自筹基建存款）＋ 机关团体部队存款 + 农村存款 + 信用卡类存款（个人持有）。

M2 = M1 + 城乡居民储蓄存款 + 企业存款中具有定期性质的存款（单位定期存款和自筹基建存款）＋ 外币存款 + 信托类存款。

M3 = M2 + 金融债券 + 商业票据 + 大额可转让定期存单。

其中 M1 称为狭义的货币，M2 称为广义的货币。

我们再看一下货币乘数和货币创造的形成机制。一笔存款通过银行系统而对货币供给量所产生的倍数作用称为货币乘数，货币乘数能够形成货币创造。

例如，我们向银行存款 100 元人民币，银行会根据国家要求的法定存款准备金率（假设为 8%）以及自己设定的超额准备金率（假设为 2%）作为准备金被冻结。剩余的 90 元可以贷款给借款人，假如借款人借款 90 元，借款人借款后购买商品用于消费，之后这 90 元又被存入银行，银行继续冻结 10% 的资金作为法定存款准备金和超额存款准备金，剩下的 81 元还可以用于放贷款，如此形成反复，最终最多可以形成存款 1000 元，这就是货币乘数效应。但前提条件是没有现金露出，也就是没有人以持有现金的形式或者购买证券或基金资产被冻结在托管账户中。此外定期存款占比也影响货币乘数。

如果股票投资者本来准备花 100 万元购买某只股票，但是由于有融资融券资格，投资花了 70 万元购买股票，并融资 30 万元用于购买股票，这样投资者持有的股票市值 100 万元不变，还余下 30 万元用于消费，或者存入银行，银行就会多出 30 万元存款。这样看来，融资融券机制实际上是将股票市场的一部分资金省下来重新投入银行体系中用于货币创造。

如果是大股东的首发股份质押融资，那这种货币创造机制更清晰了，上市公司首发股票的融资款进入上市公司账户，大股东手中持有股票份额；大股东股票份额解禁后，可以将股票份额质押给银行，银行借钱给大股东；大股东将钱用于消费或者存入银行，资金又重新回到货币创造体系中。大股东质押融资实际上是通过促进银行发放贷款的方式放大货币乘数。

第五节　区块链技术和数字货币

近年来，区块链技术和数字货币成为互联网领域热门的话题，随着数字货币的出现，人们对货币概念变得逐渐模糊起来。那么数字货币究竟是不是货币，区块链技术和数字货币到底有什么联系，数字货币对金融市场和人们的财富管理有什么影响呢？下面我们尝试解答这些问题。

首先我们讨论数字货币和区块链技术，数字货币和区块链技术经常被人们一同提及，导致有不少人认为他们是一体的，甚至有人认为他们是等同的。事实上，他们是两个完全不一样的概念。数字货币只不过是使用了区块链技术的原理。

区块链技术是互联网技术的一次升级。从技术的角度定义区块链，区块链是以区块结构存储数据，多方参与数据维护，通过密码学 P2P 网络、共识算法等保证数据可靠传送的数据传输、存储、访问的技术体系，它也被称之为分布式账本技术，是互联网数据库技术的一种。对于没有相关理论背景知识的人来说，太复杂了，我们可以不去理解区块链技术的细节，但是区块链技术的技术特点我们需要知道：去中心化、不可篡改、可追溯。去中心化的意思是区块链在网络中有很多个节点，每个节点之间是地位平等的关系，节点之间可以自由交互信息，不存在一个节点管理另外节点的情况；不可篡改是指所有的用户节点都会有系统上相关记录的痕迹，这些记录一旦生成，没有办法修改，因为一旦修改，其他的节点不会认可你修改的信息，除非你修改所有的节点信息，但是理论上可能性几乎没有；可追溯性是指区块链的数据结构保证了从第一个区块开始所有的数据形成一个链条，在链条上的任何记录都可以追溯到该记录的本源。

数字货币是区块链技术在加密货币领域的成功应用，比特币是第一个利用区块链技术实现的加密货币，此后出现了很多类似的货币，如以太币、莱特币等。数字货币首先属于私人货币，和我们经常上论坛的论坛币是一样的，只不过论坛币是中心化货币，论坛管理员可以随时收回用户的论坛币，比特币去中心化，没有货币管理员或者中央银行管理。其次，数字货币去中介化发行，数字货币没有统一的中央银行。再次，区块链技术数字货币没有假币，所有现存的货币无法造假。最后，区块链技术数字货币交易无摩擦，高效率，无成本。

有人认为数字货币是货币工具属性的回归，作者是认同的。人类发明货币初衷是寻找一种代表财富的一般等价物，这种等价物能够被社会所认同，方便存储，并可以实现交易，数字货币较好地满足了这些特性，因此才有了"货币"的称呼。

数字货币到底是不是货币呢？答案肯定是否，虽然不少国家承认数字货币交易的合法性，但数字货币不是法定货币，数字货币是私人货币，与央行主导的法定货币是不同的，法定数字货币必须由央行主导发行，由国家信用支撑的数字货币，而以比特币为代表的数字货币实质是数字虚拟货币。

数字货币的出现，确实对货币的概念冲击很大，使货币的概念边界变得模糊起来。从现实情况来看，尽管法定货币的地位仍然不可动摇，但是历史上仍然出现过私人货币的场景，如20世纪20年代货币失控的德国曾有过"瓦拉"系统。

数字货币的出现对金融系统和监管带来很大的冲击，《人民日报》文章指出："无论是传统'私人货币'，还是类似于比特币的新型'私人货币'，都对各国货币当局的'货币权力'带来影响。但是从技术角度来看，全面禁止数字货币难以实现，各国更多着眼于交易中的底线监管与投资者保护，如反洗钱、市场操纵等。"

数字货币的出现对央行的货币政策可能产生了很大的影响，因为它不在央行法定货币体系内，但是在一定程度上充当着交易媒介的作用，因此当数字货币在交易中使用的范围扩大到一定重要性的时候，央行的货币政策有失灵的可能性。

数字货币具有货币的功能，但是又不是法定的货币，那么把数字货币看作一种金融资产是否合适呢，以色列央行曾经表示，数字货币更像是一种金融资产，而不是一种货币。

数字货币的优点使得法定货币数字化成为一种可能，国家发行法定数字货币不仅能够节省纸币发行的成本，而且能降低货币流通成本和存储成本，提升金融市场交易的速度和效率。同时能帮助银行简化交易结算流程，大大提高资金交易系统的安全性，让整个货币管理系统更加有效，同时央行还可以更加精准地监控货币的使用情况，以及货币乘数衍生出的货币量。数字货币的理论优势是明显的，因此有学者预测未来数字货币将取代纸质货币成为主流的支付手段。因此，虽然中国官方对非官方数字货币交易不提倡，但中国人民银行已经在积极地组织人员力量进行基于区块链技术的数字货币研究，目的是研发基于区块链技术、移动支付技术、可信可控云计算技术、密码学技术以及安全芯片技术的官方法定数字货币。

总之，数字货币是作为财富的载体而出现的，因而本文认为人们投资比特币等数字货币的行为不是博傻，因为数字货币确实被人们当作是财富的载体而持有。就好比黄金一样，它是公认的财富载体，不能认为持有黄金的人是在博傻。

区块链技术的出现重塑人们对货币和财富的思考方式、无论是货币还是财富，都是一种象征意义，法定货币是法律和国家强制力赋予其购买力的象征意义，而数字货币是人们自发地赋予其购买力的象征意义。

数字货币对我们的一个启示就是：财富的载体在变，投资的方向和维度在变，唯一不变的是购买力。我们的投资载体一定应该是未来购买力能够保持或者提高的对象。

第六节 财富管理的目标

对于个人和家庭来说，财富管理应该服务于生活，金钱财富不是生活的全部，幸福包含多个方面，因此，财富管理不仅仅应该是管理资产让其升值，这是最狭义的财富管理目标，广义的财富管理应该是使财富的效益最大化，财富增值是财富效益扩大的一种手段，但是当财富的增值和财富的使用相冲突的时候，就需要权衡财富增值和财富使用的利弊了，因此财富流动性管理也很重要。此外，我们后面的章节会一直强调，投资理财是带有风险的事情，收益和风险是成正比的关系，财富管理的过程中难免有财富缩水的现象，甚至是财富大幅缩水，如果因为财富管理带来财富缩水而严重影响了生活质量，那就是财富管理的失败了。

如何使财富的效用最大化呢？首先应该端正财富管理的态度和目标，财富管理应该尽可能为家庭和个人生活带来更多的幸福感。财富效用最大化，至少应包含如下的内容：①尽可能使家庭财富保值增值，这可以由投资管理来完成，但是投资管理的目标和方向以及用于风险性财富管理的资产比例要明确。对于普通工薪阶层来说，财富的保值比增值可能更重要，虽然普通家庭更加需要财富的增值，但是盲目追求财富的增值会带来风险的提高，而普通家庭的抗风险能力是有限的，因此要端正财富管理的态度。②财富的分配，在人生的不同阶段，财富的用途也不一样，盲目追求投资可能带来生活质量的下降。③财富管理是贯彻一生的事情，在人生的不同阶段，以及统一阶段下不同的人生际遇，都会产生不同的财富管理需求。财富充裕的时候，要注重财富的保值增值；财富不足的时候，要将大部分的财富用于衣食住行，并且留够足够的资金用于家庭意外花费。科学合理的财富管理理念可以让财富消费最大化地满足个人需求。让财富服务于生活，而不能让生活服务于财富，变成财富的奴隶。

财富管理是一生的事业，下面有一些重要的财富管理的原则供读者参考。

（1）安全性原则

安全性原则应该是财富管理的第一原则，风险的考量也是贯穿本书的一个重要话题。安全性原则不是说所有的投资必须是保证本金安全的，安全性原则应该是因人而异的，财富管理要保证家庭生活和家庭幸福的安全，不能因为财富管理出现财富缩水影响生活质量。对于高净值客户来说，一定比例的投资亏损是可以承受的，但是对于普通工薪阶层来说，固定收益类的理财可能更合适。

（2）全局性原则

财富管理应该是一个系统化工程，应该综合考量家庭事业和生活的方方面面。财富管理要和家庭成员收入及收入稳定性，家庭成员身体状态，家庭近期理想和未来理想相结合。

（3）流动性原则

流动性原则是指量入为出，财产比较富裕的家庭，可以进行一些长期投资，投资一些封闭式基金；收入支出比较紧凑的家庭，短期理财比较适合。理财要保证生活有一定的安全感，能平衡收入、支出与理财的关系，要对未来的支出有预见性。

（4）合理性原则

合理性原则是指理财资产的配置要同个人的风险偏好特征以及家庭的风险偏好特征相适应，避免理财产品的风险收益特征和个人的风险偏好发生错位。

（5）长期性原则

再次重复前面的话题，理财是一生的事业，理财是马拉松，不是短跑，一次或短期理财失败导致财富缩水是正常的现象。要着眼于长远，尤其是在做证券市场投资理财的时候，如果有可能，尽量做长期投资行为，因为后面我们将会讲到，风险和收益如影随形，承担了一定的风险，如果理财思路和理念以及方法没有重大的失误，理应获得相应的收益。但是在短期来看，风险和收益的平衡在概率上才有意义，而长期来看，风险和收益相匹配的可能性会更大些。

第二章　证券的价格与价值

　　第一章我们讨论了有价证券投资的重要意义，在有价证券投资领域，证券的价格与价值是两个重要的概念，也是大部分投资者进行投资的依据。我们讨论始终围绕着二级市场证券投资这个话题。

　　证券的价格是证券市场上交易对手方在某一时间点对有价证券进行交易的价格。在成熟的二级市场上，证券的价格很容易获取，国内主要的几大交易所，如上海、深圳证券交易所，大连、郑州、上海三大商品期货交易所，中国金融期货交易等，以及国外的纽约、纳斯达克、伦敦、东京等主要的证券交易所，在各个交易日的交易时间段实时公布各种有价证券的证券报价。这些在成熟交易场所交易的证券价格又称为证券的公允价格或市场价格。

　　证券的价值在不同类型的证券市场有着不同的含义，如股票的价值和期权的价值意义不同，我们将对不同类型的证券的价格和价值分别展开论述。

　　证券价格以证券的价值为中心，随着市场供求关系、货币的供给量以及证券交易市场结构的变动而围绕价值上下波动，这是作者认可的证券价格形成观点，本节我们首先讨论证券价值的评估模型，然后讨论证券价格在供求关系的影响下围绕价值波动的影响因素有哪些，以及这些因素是如何对证券价格形成作用的。影响证券供求关系的因素既有经济和市场因素，也有市场参与者的心理因素。本节我们重点讨论经济和市场因素，心理因素对证券价格的影响，我们放在本书第六章专门进行讨论。

　　证券市场的交易结构包括交易制度与规则、法律法规以及其他相关配套的软硬件设施。良好的证券市场交易结构能充分激发市场的竞争机制，降低交易摩擦，促使价格向价值快速回归。

　　有价证券投资短期看价格，在短期来看，证券的价格与价值具有偏离性，并且偏离幅度可能比较大，偏离周期也可能比较长。长期投资看价值，除非市场长期失灵，否则价格必然回归价值。

证券的价格变动体现出博弈特征，证券的博弈是对当前财富再分配的竞争，因此在这市场上，想要长期生存异常困难。

第一节 有价证券的市场价格与内在价值

市场价格是证券交易产生的，内在价值更能反映证券的真实价值，有时也被称为理论价值。成熟交易市场的市场价格是相对客观的价格，是证券交易形成的结果，容易获取，但内在价值具有主观性，每个人对证券内在价值的理解不一样，随着投资者对掌握的证券信息的变化，以及时间的变化，投资者对证券内在价值的理解也在变化。

一、股票的价值

从本质上讲，股票的价值来源于公司未来的收益，持有股票有预期可能的现金流入，即股票持有者预期可以从拥有的公司所有权获得股利和股东权益的增值。股票价值的直接来源是公司的股利政策或分红政策，但最终来源是公司未来的利润。然而未来公司收入和利润的多少是不确定，因此股票的价值是难以测定的。

股票价值的评价方法有很多种，国际流行的上市公司股票估值方法分为两类：绝对估值法和相对估值法。绝对估值法的主要模型有股利贴现模型、自由现金流模型和经济增加值模型。相对估值方法的主要模型有市盈率模型（PE）、市净率模型（PB）、市销率模型（PS）、市现率模型（PCF）以及托宾Q模型。

1. 绝对估值模型

（1）股利贴现模型

绝对估值法的理论基础是股利贴现模型，股利贴现模型认为股票价格等于股票持有期内所有预期股利的现值之和。用公式表示如下：

$$P = \sum_{t=1}^{\infty} \frac{Dt}{(1+r)^t}$$

其中，Dt 表示预期未来的股利收入，r 为股票的贴现率，P 是公司的股票价格。

股票贴现率是公司的股票投资者在相同的风险条件下所要求的最低报酬率。是投资股票的机会成本，取决于股票的风险程度。

因为未来的股息是预期的股息，因此，对未来股息的不同预期就产生了不同的股利贴现模型，如果预期未来股息数量保持不变，就是固定股利模型。如果预期股息的增长是一个常数，那么就成了固定股利增长模型；如果预期股利在不同阶段的增长速度不一样，就成了两阶段或三阶段股利贴现模型。

①固定股利贴现模型。

固定股利贴现模型认为未来的股息数量是保持不变的，即 $D_1 = D_2 = D_3 = \cdots\cdots = D_n$（$n = \infty$）。于是股利贴现模型就变成了下面的形式：

$$P = \sum_{t=1}^{\infty} \frac{D_1}{(1+r)^t} = \frac{D_1}{r}$$

②固定股利增长模型。

固定股利增长模型又称为戈登模型，该模型假定股息支付是不停地增长的，并且是一个常数，但股息增长的速度小于股利贴现模型中的贴现率。于是固定股利增长模型就变成了下面的形式：

$$P = \sum_{t=1}^{\infty} \frac{D_1 \times (1+g)^t}{(1+r)^t} = \frac{D_1}{r-g}$$

其中，g 为固定的股利增长率。

固定股利增长率模型适用于增长稳定的成熟公司，这类公司一般以低于正常经济增长率的速度增长，并且持续实行已经确定了的股利支付政策。

③两阶段股利贴现模型。

两阶段股利贴现模型认为公司增长分为两个阶段：股利高速增长阶段和后期的股利零增长阶段。那么股票价值的构成就也应该包括两个部分，高速增长阶段的股利现值和后期稳定阶段的股利现值。公式如下：

$$P = \sum_{t=1}^{n} \frac{D_1 \times (1+g)^t}{(1+r)^t} + \frac{Pn}{(1+r)^n} = \sum_{t=1}^{n} \frac{D_1 \times (1+g)^t}{(1+r)^t} + \frac{D_n}{r \times (1+r)^n}$$

其中，n 表示前 n 期的高速增长期，g 为股利高速增长期固定的股利增长率，P_n 表示第 n 期的时候股票的价值，$\dfrac{P_n}{(1+r)^n}$ 表示第 n 期股票现值的贴现。

两阶段股利增长模型一般适用于这样特征的公司：公司当前处于高度增长阶段，并且由于某种原因，这种高速增长会持续一段时间。在这段时间过去之后，支持公司高速增长的因素消失，公司进入股利稳定发放的阶段。这种情况发生的典型场景，如某公司拥有一项专利，该专利在未来 n 年内受到保护，因此公司可以在一定的时间范围内获得超常的增长，但一旦专利到期，公司无法保持继续高速增长，进入稳定发展阶段。还有一种情形就是公司处于一种超高增长行业，保持超高增长的原因是因为又进入壁垒，并预计这种进入壁垒在未来 n 年内能够持续阻止竞争者进入，但是 n 年之后进入壁垒可能消失，公司将进入稳定运营周期。

股利贴现模型适用于比较成熟稳定的公司，这类公司通常会继续实行已经确定了的股利支付政策。每个投资者都有自己要求的必要回报率，导致贴现率在一个较宽的范围内变动。每个投资者对股利的预期增长率估计不同。尽管变动的范围不大，但是在其他条件不变时，预期增长率的小幅变化都会使股票估值有一个显著变化。股利贴现模型不适用增长率趋近或者高于贴现率的情况。

（2）自由现金流模型

自由现金流模型是一个重要的绝对估值方法，该模型与股利贴现模型类似，只是用自由现金流替代了股利贴现模型中的股利。自由现金流模型认为公司的价值主要取决于五个因素：资本成本、销售增长率、边际营业利润率、新增固定资产投资以及新增营运资本。

自由现金流（Free Cash Flow）是一种新的企业价值评估方法，自由现金流的概念最早由美国西北大学拉巴波特（alfred rappport）、哈佛大学詹森（michael jensen）等人提出。之后被广泛应用，目前已经成为企业价值评估领域使用最广泛、理论体系最健全的价值评估指标，美国证监会要求上市公司年报中必须披露这一指标。

自由现金流是一种财务指标，主要用来衡量企业实际运营过程中能够持续回报给股东的现金，它是在不危及公司生存和发展的前提下可分配各股东的最大现金额。从股东持股最直接的收益方面衡量股票的价值。

自由现金流理论认为，公司做为企业的一种组织形式，其运营资金来源主要有两个方面：股权和债权。股权是企业所有人对公司的投入，债权是企业通过借款的形式获得的资金，主要是通过银行和非银行金融机构借入的资金或者是发行债券进行的融资。企业股权融资和债权融资获取资金的方式以及在公司收益中的索取权虽然不同，但是在企业经营发展过程中起到的作用却是一样的。在购买原材料、机器设备以及支付员工工资方面，权益资金和债务资金是没有任何区别的，因此，公司产生的现金流入减去库房成本、办公场所及设备成本和机器设备成本等资产性投入以及与员工工资等劳动力成本之后，再减去税务成本，最后的余额应该属于当前的股东和债权人。这部分资金就称为自由现金流量。

$$自由现金流量 = （税后净营业利润 + 折旧及摊销） - $$
$$（资本支出 + 营运资本增加）$$

与股利贴现模型不一样的是，自由现金流模型在经营现金流的基础上减去了资本性支出和股息支出，尽管股息支出是支付给股东的，但自由现金流模型认为这种支出是股东所期望的，是应该被减去的。因此自由现金流是公司可支配的现金，公司可以使用这些现金偿还债务，开发新产品，招收新的员工，甚至是增加股息支付或者是回购股票。

（3）经济增加值模型（经济附加值模型或超额收益率贴现模型）

经济增加值（Economic Value Added 简称 EVA），是美国 Stern Stewart 咨询公司开发的一种新型的公司价值分析工具和经营业绩评价指标，EVA 贴现模型是基于剩余价值的思想而建立起来的公司价值评估模型。经济附加值的计算方法如下：

$$经济附加值 = 公司税后利润 - 公司资本成本$$

其中：

$$公司税后利润 = 企业营业利润 - 企业所得税$$
$$公司资本成本 = 公司总资本 × 平均资本成本$$

其中：

$$平均资本成本 = 资本或股本费用率 × 资本构成率 + 负债费用率 × 负债构成率$$

由于经济附加值的方法是基于美国的会计体系提出来的，根据中国现行的会计制度和企业财务惯例，使用经济附加值方法的时候可能需要进行一些微调。

首先是税后利润的问题，根据我国现行的会计准则，税后利润则是指利润总额减去应交所得税后的余额。

其次是营业利润的问题，根据我国现行的会计准则，营业利润却不包括利息费用在内，利润总额中也不含利息。

最后是平均资本费用的计算问题，根据上述公式，平均资本成本＝资本或股本费用率×资本构成率＋负债费用率×负债构成率，但是资本费用率和负债费用率的如何计算问题是个备受争议的问题。

我们需要明确的是，经济增加值度量的是资本利润，而不是公司的会计利润。经济增加值理论认为，只有资本的净收益高于资本的平均社会收益，资本才能增值，公司才有价值。而传统的会计利润只是衡量企业在一段时间内的投入和产出的差异，没有考虑资本的使用也是有成本的，资本的投入规模、投入时间以及风险等都是需要考虑的因素。

EVA 度量的是"资本利润"，而不是通常的"会计利润"。EVA 从出资人角度出发，度量资本在一段时期内的净收益。只有净收益高于资本的社会平均收益，资本才能增值，因而符合价值管理的财务目标。而传统的会计利润所衡量的是企业一段时间内产出和消耗的差异，而不关注资本的投入规模、投入时间、投入成本和投资风险等重要因素。

经济增加值贴现模型从经济利润的角度对公司价值进行考量，与自由现金流量贴现模型比起来，更具有现实意义。

2. 相对估值模型

相对估值法是根据相对价值原则对股票进行估值的方法，该方法基于一个基本假设：市场上对于各种股票的定价方式从总体上是正确的，但是在对个别股票定价上会出错，而我们可以通过对各种标准化后的比率进行比较，确定这些错误，而这些错误将随着时间的推移而获得修正。一种股票的价值能够从可比资产的定价中推导出来，所以相对估值法的核心是可比资产的价格具有公允性。

（1）市盈率模型

市盈率（Price Earnings Ratio，简称 PE）法是相对估值法中最经典的估值方法。市盈率是每股股票价值除以每股股票的收益。根据定义可知市盈率是市场购买股票的价格是当期收益的多少倍。市盈率越高，表明购买者对这一股票的成长性越乐观，市盈率的计算方法：

$$PE = P/EPS$$

其中，P 是股票的价格，EPS 是股票的每股收益。

根据市盈率模型，如果目标公司的市盈率能够估算出来的话，用股票当前的收益乘以市盈率，就能得到公司的价值。

$$P = PE \times EPS$$

那么市盈率模型的核心就成了如何能够确定合理的市盈率，常用的方法就是使用与目标公司处于同一行业，经营比较类似的公司的市盈率水平作为参考标准，然后根据差异因素进行微调，进而得到估计的市盈率水平。

市盈率的计算中每股收益的计算最为重要，对于每股收益的不同计算方法得出的计算结果差距很大，这也是市盈率模型备受争议的地方。根据每股收益的不同计算方式，市盈率有动态市盈率、静态市盈率和预测市盈率三种。

动态市盈率：每股市价/上市公司前 12 个月的每股收益，因此动态市盈率又称为滚动市盈率。

静态市盈率：每股市价/上一个会计年度的每股收益。

预测市盈率：每股市价/根据季报或其他情况预测的当年每股收益。

此外，市盈率指标不是太稳定，随着经济周期的波动，上市公司的每股收益经常会大起大落，这样计算出来的市盈率指标也会大起大落。而且每股收益只是衡量公司经营状况的一个盈利因素，根据市盈率来估算股票的价值难免引起不少怀疑。

（2）市净率模型

市净率（Price – to – Book Ratio，简称 PB）估值法同市盈率估值方法类似，通过估计上市公司股票的市净率估计公司股票的价格。根据市净率的计算公式：

$$PB = P/BV$$

$$P = BV \times PB$$

其中，P 是股票的价格，BV 是每股净值产（Book Value）。

使用市净率模型进行估值的时候，首先要核算上市公司的净资产。其次是估算上市公司的市净率，这是问题的关键，上市公司的市净率估算一般是通过可比公司或者上市公司所在行业的平均市净率进行估算的。一般来说，计算出可比公司或者是行业平均市净率之后，要对该市净率进行微调，如根据可比公司的经营状况与想要估算股票价值的目标企业进行比较后微调市净率，或者是根据目标估值公司所在行业的地位情况来微调市净率。最后根据微调后的市净率与每股净资产相乘得出估值结果。

在进行公司价值评估的时候，市净率模型比市盈率模型更加稳定。前面我们讲过，对于周期性行业来说，公司的市盈率对行业周期的变动表现出过大的波动性，市盈率的变动范围可能出现数十倍甚至上百倍的变动，这给估值带来很大的不确定性。但是市净率指标就不同了，无论行业景气与否，公司的净资产一般不会出现较大的变动，盈利较好的企业净资产会逐渐增加，但是不会像市盈率一样宽幅波动，亏损的时候净资产会有所下降，而市盈率这时候可能变成了负值，市盈率估值模型就失效了，但是市净率估值模型依然有效。

市净率模型比较适合企业资产为大量实物资产的公司进行估值，对于那些公司资产中可供出售的金融资产占比较大，或者是商誉资产占比较大的公司，金融资产价格的波动或者是商誉的减值可能造成市净率的大幅波动，这时候市净率模型可能会失效。

（3）市销率模型

市销率（Price - to - Sales，简称 PS）估值法同市盈率估值法类似，通过估计上市公司的每股销售额来估计公司的股票价格。根据市销率的计算公式：

$$PS = P/Sale$$
$$P = PS \times Sale$$

其中，P 是股票的价格，Sale 是每股的销售额。

市销率估值方法的核心也是市销率指标的估算，同样，可比公司市销率调整估算法或行业平均市销调整估算法是重要的市销率估算方法。

市销率估值方法的优点是公司的销售收入不会为负值，即使是出现亏损的企业甚至是资不抵债的企业，只要公司还在运营，就有销售收入，因此市销率一般是有效的。此外市销率比较稳定，不容易被操控，因为销售收入是和其他企业业务往来中形成的，是有销售单据和相关凭证的。

但市销率模型也有它固有的缺陷，主要是销售收入不能反映销售成本的变化，也不能反映企业的生产成本，而销售成本和生产成本是企业经营状况很重要的体现。由于这个原因，市销率的估算只能用同行业的市销率和可比公司市销率进行估算，不能使用不同行业的市销率进行估算。对于那些关联销售比较多的企业，使用市销率估值要慎重。

市销率估值方法常用来估算尚未盈利的企业的价值，如服务类行业，其销售成本较低。市销率模型的估值效果可能会更好。

（4）市现率模型

市现率（Price Cash Flow Ratio，简称 PCF）估值法同市盈率估值法也类似，通过估计上市公司的每股现金流量来估计公司的股票价格。根据市现率的计算公式：

$$PCF = P/CFPS$$

$$P = PCF/CFPS$$

其中，P 是股票的价格，CFPS 是每股的现金流量。

市现率模型有很多优点：①现金流不容易被管理层操控；②公司的现金流比较稳定，至少比市盈率稳定；③现金流比净利润包含的信息更多，与净利润比起来显得更可靠一些。

但是市现率计算现金流量的方法是净利润＋折旧摊销等非现金费用，没有考虑经营性现金流的影响。

（5）托宾 Q 模型

托宾 Q 模型是诺贝尔经济学奖得主托宾提出的相对估值模型，托宾 Q 即资本的证券市场价格与其重置成本之比。重置成本是指在现有条件下，重新购置、建成或形成与评估对象完全相同或相类似的资产所耗费的全部费用，即在现有条件下固定资产的原值。根据托宾 Q 模型，股票价值就等于重置成本乘以托宾 Q 比率。在实践应用中，企业的托宾 Q 比率虽然可以从可比企业获取近似估值，但是企业的重置成本往往是难以估算的，因此在实际应用过程中会出现很多障碍。

二、债券的价值

债券的价值也是通过预期现金流贴现的方法得到的，债券的现金流贴现的价值也称为债券的公平价格（与公允价格是有区别的），债券的现金流贴现模型的输入变量是债券未来的现金流以及债券的贴现率。债券的贴现率是投资者对债券要求的必要回报率。债券的必要回报率由三部分组成：真实无风险利率、预期通胀率和债券的风险溢价。

按照债券的利息支付方式，一般将债券分为零息债券、付息债券和一次还本付息债券。

零息债券是一种常见的金融工具，零息债券没有票面利息，以贴现的方式发行，也就是说，零息债券发行的时候，发行价格是低于票面金额的，投资者持有零息债券的收益是债券的购买价格同票面金额的差额。零息债券到期时投资者获得票面金额的资金。因此零息债券的估值公式就是：

$$P = \frac{PV}{(1+r)^T}$$

其中，P 为债券的价值，PV 为债券的面值，r 为债券的贴现率，T 为债券距离到期日的时间。

附息债券是在债券到期日前支付利息，在债券到期的时候支付最后一次利息和本金的债券。付息债券一般包含如下的要素：票面利率、付息频率、付息日等。

附息债券的估值公式为：

$$P = \sum_{t=1}^{T} \frac{Ct}{(1+r)^T} + \frac{PV}{(1+r)^T}$$

其中，P 为债券的价值，PV 为债券的面值，r 为债券的贴现率，T 为债券距离到期日的时间，Ct 为第 t 期债券的票面利息，等于债券面值×票面面值。

一次还本付息债券是指在债券到期日前不支付利息，在债券到期日的时候，一次性的向债券持有人支付利息并归还本金，一次还本付息债券可视为零息债券。

三、期货的价值

期货合约是指由期货交易所统一制定的、规定在将来某一特定的时间和地点交割一定数量和质量商品的标准化远期合约。远期合约是交易双方约定在未来确定的时间，以确定的价格买卖指定数量的标的资产的合约。远期合约的三要素：标的资产、合约期限和交易价格。期货合约与远期合约的不同之处就是期货合约是远期合约的标准化。期货合约的要素包括：标的资产、数量和单位、质量和等级、交易时间、交割地点、报价单位、波动幅度限制等交易所条款。

根据标的资产不同，期货合约一般分为商品期货和金融期货两大类。金融期货主要是股指期货、国债期货、利率期货等；商品期货包括农产品期货、金属期货、化工品期货、能源期货等几大类。

期货的价格是对现货远期价格的预测，期货价格和现货价格之差称为基差，现货价格是期货价格的决定因素，市场供求决定现货价格，一般来说生产加工或开采成本是现货价值的最重要决定因素。

对于期货合约的价值（不是期货的价格）我们分三种情况讨论。

1. 无收益资产期货合约的价值

无收益资产是指到期日前不产生现金流的资产，如股票、大宗商品等。无收益资产期货合约多头的价值（期货合约在 t 时刻的远期价值）等于标的资产现货的价格减去交割价格（期货价格）的现值。因此期货的价格也成为使期货合约现值为 0 的交割价格。

$$F = S - K\,e^{-r(T-t)}$$

其中，F 为期货合约在 t 时刻的远期价值，S 为标的资产的现货价格，K 为期货合约的交割价格，r 为 t 时刻的无风险利率，T 为期货合约的到期时间，t 为现在的时间，T−t 代表期货合约距离到期日的时间。

2. 支付已知收益资产远期合约价值

支付已知收益资产是在期货合约到期前，为标的资产持有者提供的现金支付额度，如债券的利息和支付已知现金红利的股票。

$$F = S - I - K\,e^{-r(T-t)}$$

其中，F、S、K、r、T、t 的意义同无收益资产期货合约的价值定价公式中的一样，I 为期货合约有效期间支付利息的现值。

3. 支付已知收益率资产远期合约价值

支付已知收益率资产是指在期货合约到期前，为标的资产持有者支付与该资产价格呈一定比例的证券，且这个百分比是已知的。

$$F = S\,e^{(r-q)(T-t)}$$

其中，F、S、K、r、T、t 的意义同无收益资产期货合约的价值定价公式中的一样，q 为标的资产按照连续复利计算的已知收益率。

四、期权的价值

期权，是一种选择权，它规定买方在向卖方支付一定数量金额（指权利金）后有权在特定时间按照特定价格买入或卖出标的物，而卖方需要履行相应义务。所谓期权交易，实际上就是这种"权利"的买卖。对于权利的持有者也就是期权买方来说，购买期权的行为并没有得到任何商品，而只是购买到一种权利，这种权利使他能够在一定的时间点或时期内，以一定价格购买或者出售一定数量的某种资产的权利，条件是他必须支付一定的期权费。对于期权更进一步的描述可以参考本书第七章第四节的相关内容。

期权定价的研究一直是数理金融学者倾注极大心血的领域。1973 年，芝加哥大学教授 Black 和 Scholes 发表《期权定价与公司负债》一文，提出了著名的 Black – Scholes 模型（也就是常说的 B-S 模型或 B-S 公式），成为目前金融界公认的最经典的期权定价方法之一。Black – Scholes 期权定价模型的诞生，标志着现代期权理论的建立。

除了 Black – Scholes 期权定价模型之外，常用的期权定价模型还有二叉树期权定价模型、蒙特卡罗模拟方法以及有限差分方法。这三种方法被称为期权定价的数值方法，也就是这三种定价模型计算期权价值的时候没有一个固定的公式，需要借助于计算机进行大量的模拟演算计算出期权的价值，期权定价的数值方法常用于计算奇异期权的价值。

由于 Black – Scholes 期权定价模型的代表性和权威性，我们本节对 Black – Scholes 模型进行详细的阐述，其余的期权定价模型读者可以参考相关的专业文献。在阐述 Black – Scholes 期权定价模型的时候，我们尽量避免烦琐的公式推导，将主要精力集中在模型的含义上。

跟其他的经济学模型一样，Black – Scholes 期权定价模型的有如下几个关键的假设条件：

①标的资产的价格运行遵循几何布朗运动模型。

②标的资产的交易是连续的，可以进行卖空操作，并且标的资产在内的所有证券可以无限分割（可以以任何非整数单位交易）。

③没有交易费用。

④无风险利率为常数，投资者可以以无风险利率进行无限制借贷。

⑤均衡市场不存在套利机会。

假设标的资产价格遵循伊藤过程（一种随机过程），那么标的资产价格满足如下公式：

$$ds = \mu S dt + \sigma S dz \text{ 或 } \frac{dS}{S} = \mu dt + \sigma dz$$

其中，S为标的资产价格，μ为标的资产在单位时间内的连续复利期望收益率，σ为标的资产收益率标准差也称为标的资产价格的波动率（Volatility），z遵循标准布朗运动。也就是说，标的资产遵守飘移率为μs，标准差为σs的伊藤过程。也称为几何布朗运动。根据经济学家大量的实证研究结果，证明选择几何布朗运动作为描述股票价格的运动过程是合理的。几何布朗运动能较好地描述股票价格的运动特性。

在一系列的假设条件的基础下，经过数学公式的推导，Black和Scholes得到了如下的一个微分方程：

$$\frac{\partial f}{\partial t} + rS \frac{\partial f}{\partial S} + \frac{1}{2}\sigma^2 S^2 \frac{\partial^2 f}{\partial S^2} = rf$$

其中，f为以S为标的资产的衍生品的价值。

这就是著名的Black – Scholes微分方程，这个微分方程的伟大之处在于，它适用于所有价格取决于标的资产价格S的衍生品的定价，包括期货和各种奇异期权等。

从Black – Scholes微分方程我们发现：衍生品的价值决定公式中没有任何主观的变量存在，诸如标的资产价格（S）、时间（t）、标的资产波动率（σ）和无风险利率r，全都是客观变量。这就是我们说的风险中性定价，或者说期权的价值应该是独立于投资者的风险偏好的。

风险中性的结果给我们带来了定价的极大便利，在风险中性的条件下：标的资产在内的所有证券的预期收益率都等于无风险利率，所有未来的现金流都可以通过无风险利率进行贴现而得到现值。

于是欧式看涨期权的价值就可以用下面的公式表示：

$$C = e^{-r(T-t)} E \left[\max (S_T - X, 0) \right]$$

其中，C为欧式看涨期权的价值，X为看涨期权行权价，T为到期时刻，

E 代表对一个随机分布过程求期望。

对这个公式进行数学积分运算，我们就能得到伟大的 Black – Scholes 期权定价公式：

$$C = SN\ (d_1)\ - X\ e^{-r(T-t)}N\ (d_2)$$

$$d_1 = \frac{\ln\left(\dfrac{S}{X}\right) + (r + \sigma^2/2)\ (T-t)}{\sigma\ \sqrt{T-t}}$$

$$d_2 = \frac{\ln\left(\dfrac{S}{X}\right) + (r - \sigma^2/2)\ (T-t)}{\sigma\ \sqrt{T-t}} = d_1 - \sigma\ \sqrt{T-t}$$

其中，C 为欧式看涨期权价格，其行权价为 X；当前时刻为 t，到期时刻为 T；σ 为标的资产收益率标准差或者称波动率，N（x）为标准正态分的累积概率分布函数。

我们也可以用同样的方式推导出欧式看跌期权的价值：

$$P = X\ e^{-r(T-t)}N(-d_2) - SN\ (-d_1)$$

根据 Black – Scholes 期权定价公式我们知道期权的价值同以下几个因素密切相关：标的资产价格、标的资产价格波动率、期权行权价、到期期限和无风险利率。

五、价值投资理论

对有价证券内在价值研究的结果得到了价值投资理论支持者的追捧。虽然不同的价值投资者有自己的价值判断方法和统计模型，但是价值决定价格的思维是一致的。公认的价值投资理论的开创者是本杰明·格雷厄姆（Benjamin Graham），格雷厄姆的价值投资理论认为，金融市场的价格受一些内在的而又变幻莫测的因素支配，这些因素被格雷厄姆统称为市场因素。尽管市场因素变幻不定，但是金融资产的经济基础是稳定的，也就是证券的内在价值是稳定的。价值投资者应该在价格明显高于价值的时候卖出，在价格明显低于价值的时候买入。

价值投资理论经过多年的发展和不断完善，最终形成了以内在价值和安全边际为核心的价值投资理论体系。价值投资理念的信奉者沃伦·巴菲特先生将格雷厄姆的价值投资理论同后来菲利普·费雪关于成长型股票价值的观念相结合，在资本市场上创造了持续盈利的神话。

第二节　有价证券的价格与价值的关系

证券投资的核心话题是价格问题。什么样的价格是合理的，什么样的价格是不合理的，证券的合理价格又由什么决定，不合理的价格会向更加不合理的方向演进吗？不合理价格的演进极限是什么，不合理价格何时回归合理性，回归的周期有多长，回归的条件有什么？带着这些问题，本节我们尝试讨论证券的价格形成机制问题。

对于证券价格的形成机制，一直是学术界和投资界不断研究的话题。有的观点认为证券存在内在价值，证券价格和内在价值应该是长期统一的。证券价格围绕内在价值上下的波动。这些波动是受买卖双方形成的供求关系的影响。另一种观点认为，证券不存在稳定的内在价值，证券的现价基本上代表了证券的内在价值，在各种因素的影响下，证券价格遵循"随机漫步"的模式，这是著名的证券价格随机漫步理论（Random Walk Theory）。

对于两种理论，作者是比较认可价值决定价格，价格围绕价值上下波动的理论。因此，本章重点阐述这个理论，并对价值决定价格理论阐述作者自己的理解。在阐述这个理论之前，我们先看下证券价格的随机漫步理论。

随机漫步理论认为，证券的价格波动是随机游走的，没有规律可循的，证券的价格受多方面的因素影响，一件小事可能形成蝴蝶效应，对证券价格产生巨大的影响。证券市场上的人千差万别，使用的方法多种多样，买方和卖方都尽可能地对市场价格进行预判，最终，证券价格已经没有什么秘密可言，价格基本上反映了供求关系，每一个时点的价格基本上都是均衡价格，距离证券本身的价值不会偏差很大。

根据随机漫步理论，证券价格具有如下几个特点：

①证券的内在价值受到各种因素的影响是不断变化的，好的消息推升证券价值，并从证券价格的上升表现出来，坏的消息拉低证券价值，以证券价格的下降表现出来。因此，市场上没有所谓的高估或低估的证券。

②新的信息出现都会影响证券的价格，通过影响股价表现出来，在没有新信息出现的情况下，股票价格和内在价值是平衡的，但是新的信息的出现是永恒的。

③新的信息何时出现是不确定的，随机的，因此证券价值和价格的波动也表现出随机性。市场的变化并无固定的模式或规律，市场是一个无记忆的系统，一个利好或者利空之后，下一个出现的是利好还是利空，没有任何办法能够预测。任何预测价格或信息的努力都是徒劳的。

④技术分析和基本面分析也是无效的，所有股票专家同使用巫术的占卜者一样都是碰运气。

证券价格的随机游走理论在一些方面受到了实证研究的支持，最重要的有以下三个实证研究结果，对随机游走理论形成支撑。

①对美国标准普尔指数的研究表明，标准普尔指数成分股涨跌在统计学上呈正态分布现象。

②有人用投掷飞镖的方法挑选出 20 支股票，同华尔街专家建议的投资组合相比较，竟然毫不逊色。当然作者认为这个实验需要重复多次的实验结论支持，并且在一个相对较长的观察周期内。

③有人研究对冲基金经理的业绩发现，持续表现出色的基金经理是小概率事件，大部分基金经理今年的业绩对明年的业绩预测帮助不大。

证券价格的随机游走理论设定了太多的假设前提，尤其是理性人的假设（后面章节会有专门介绍），而实际上资本市场上有很多非理性因素，股票收益率经常出现的尖峰厚尾现象是对随机游走理论最大的反击，这在后面的章节也会有专门的介绍。因此，作者认为当前的资本市场，分析师和投研团队的努力是有价值的，是能带来超额收益的。价值决定价格的力量也是目前市场上认可的主流理论，下面我们对这个理论体系做详细的介绍，后面的章节内容也基本是围绕着这个理论做出的论述。

提到价格与价值的关系，我们不得不提到一个古老的经典理论——马克思的价值规律。价值规律认为，价格是一种从属于价值并由价值决定的货币表现形式，价值的变动是价格变动内在的、支配性的因素。商品价格不仅受价值的变动影响，还受供求关系和货币本身的价值影响，因此价格的变动不一定反映价值的变动。供求关系的变动会使得价格同价值偏离，但是竞争的存在会使价格向价值的方向移动。价值规律是商品经济的一般规律，价值规律的内容也受到很多传统经济学学者的支持。

证券作为一种特殊的商品，也有其内在价值和外在价格。内在价值表现为证券投资能给投资者带来的未来收益的能力。以内在价值为基础，证券市场的买卖双方在具体的市场环境下通过对各种可得信息的获取和分析，最终形成交易决策带来证券的市场价格。由于价值的变动，供求关系的变动，所以证券价格一直在变动，证券价格的不确定性是证券市场上永恒的话题。

理论上讲，证券的价格与价值应该是趋于一致，股票的价格是由市场供求关系的变化以及多空力量的消长决定的。在实际的资本市场上，价格与价值的偏离是常态，价格不是高于价值，就是低于价值。在某些情况下，市场供求关系的异常会导致价格同价值长期偏离，而且这种偏离由于各种原因无法形成归回机制，或者价格回归价值的机制被破坏。这种情况下，价格同价值的一致就成了有条件的一致关系。在市场失灵的条件下，价格可能不会回归价值，因此对价格的研究还要基于对市场结构的了解。但市场失灵并不否认价值规律在资本市场的有效性，市场失灵不是常态，在现代的二级市场交易环境中，市场失灵往往只是暂时的。

作为虚拟资本的有价证券，其交换价值或市场价格来源于其能够产生未来收益的能力。其价格运动形式可以归纳为如下几点：

①证券的价值由自身的现金流状况或标的资产状况，以及市场利率等因素决定，不随市场供求关系的改变而改变。

②证券的价格围绕价值上下波动，价格对价值的偏离主要受三个方面的影响：买卖双方产生的供求关系、货币的供给量和证券交易的市场结构。

③证券买卖双方的供求关系是决定价格对价值偏离最重要的因素，买卖双方供求关系产生的根源在于双方获取关于证券信息的不同，如关于证券的经济市场信息等，以及对证券信息的不同理解方式，也包括供求双方的心理因素。因此，分析证券价格的变动，既要对证券的价值有一定了解，还要对证券价格的供求关系有一定的了解。

④货币的供求对证券价格的影响主要是通过价值的计量单位以及资金的时间成本——利率来影响价格的。

⑤证券市场的交易结构包括交易制度与规则、法律法规以及其他相关配套

的软硬件设施，良好的证券市场交易结构能充分激发市场的竞争机制，降低交易摩擦，促使价格向价值快速回归。

最后是买卖的原则问题，如果以公平价值买入某只证券产品，那么投资者可以获取预期的公平收益，这个公平收益是对投资者承担风险的合理回报。本书的第七章将重点介绍证券投资风险和收益权衡的原理。消极型的投资人追求预期的公平收益，这就是指数投资和指数基金的运作原理。积极型投资人追求的不仅是预期的公平收益，还追求超额收益，超额收益的来源是证券价格与价值偏离。因此，有人说成功的投资不在于买好的，而在于买得好，买好的说明投资标的的质量不错，但是如果以超越价值的价格购买，同样可能获取不到预期的收益。即使很差的资产，如果定价够低，也可能获取丰厚的报酬。因此，以证券价值为根本出发点，寻找定价相对低于价值的投资标的，是一种不错的投资思维方式。

第三节　二级证券交易市场的价格形成机制

根据第二节的结论，证券的价格是以证券价值为基础，然后买卖双方在供求关系的基础上支付或者获得货币数量，供求关系影响价格和价值的偏离，有效的竞争机制可以使价格能够以更快的速度向价值回归。

证券市场微观结构理论的发展和研究结果表明，证券市场的组织形式和交易机制能够有效地降低交易成本，促使市场定价更加合理。政策制定和市场管理者可以通过对交易机制的选择和完善来影响交易行为和定价效率。

金融市场交易机制使证券买卖双方的买卖需求汇集在一个集中的市场里，为交易双方提供互通有无的渠道，使潜在的交易需求转化为实际交易。

二级市场的交易机制设计将影响到市场价格的波动模式，进而影响市场参与者的数量以及流动性。合理的交易机制以及规则设计能够将引起市场异常波动的交易扰动最小化。但这并不是说是抑制市场扰动，当影响证券价值的信息出现的时候，价格的反应速度越快，越有助于实现价格对价值的发现功能。但是完全抑制不必要的波动一方面不现实，另一方面可能会对市场造成负面影响。一定程度上说，市场价格的波动特征吸引了众多投机者和投资者参与市场，如果价格适中反应价值，那么一个没有波动性以及没有套利机会的市场，投资者的市场参与热情也会消失。试想一下，一个只有投资、没有投机者的市场，可能基本上没有活跃度。

不同的交易机制还应该有相应的制度规则相适应，如信息披露机制。不同的信息披露机制影响市场的透明性，进而影响市场的流动性和稳定性。

证券市场的交易机制主要有两种模式：一种是竞价交易机制，也称为指令驱动的交易机制；另一种是做市商机制，也称为报价驱动的交易机制。

做市商机制与竞价交易机制的区别：

①交易价格形成的方式不一样，做市商机制下，证券的开盘价和开盘后的交易价格是由做市商给出的，投资者只能选择接受或者不接受。而竞价交易机制下，证券的开盘价和开盘后的交易价格都是买卖双方竞价形成的。

②交易的对手方不同，在做市商机制下，买卖双方的交易指令都发送给做市商，做市商负责同时对买卖双方进行交易，买卖双方不直接进行交易，做市商几乎掌握着买卖双方所有的交易信息，在竞价交易机制下，买卖双方通过撮合系统互为对手方。

③处理大额订单的能力不同，在做市商机制下，做市商都是资金实力雄厚的机构，能够有效处理大额的申报指令。但是在竞价交易机制下，大额买卖指令需要等待交易对手方的出现才能成交，完成大额交易往往需要等待较长的时间。

广义的市场机制包含市场微观机构以及市场交易机制相匹配的规章制度。狭义的交易机制是交易的规则。

市场微观结构理论是对证券市场上金融资产的交易机制及价格形成过程和原因进行分析的一系列理论。市场微观结构理论研究不同的交易机制如何影响价格的形成过程以及交易机制的有效性和效率评价。促进市场交易机制有效实现资源优化配置，为改善市场交易机制提供新的设计理念和方法。

衡量交易机制市场效率有6个主要评价标准：流动性、透明度、稳定性、安全性、交易效率和交易成本。交易机制设计一般围绕着这6个方面进行设置，这6个指标既有相互促进的方面，又有相互制约和矛盾的方面，需要制度的设计者在这些指标之间进行抉择和权衡。

目前，在重要的资本市场上，纳斯达克选择做市商机制。纽约证券交易所、美国证券交易所采用竞价交易机制。中国的上海和深圳证券交易所大多采取竞价交易机制。

一、交易订单

1. 交易订单的基本要素

在讲解交易机制之前，我们先对交易订单进行说明，交易订单是市场参与者发出的交易指令的要素集合，交易订单的基本要素包括：

①价格：一般指投资者所能接受的最差的价格。

②数量：投资者想要买进或者卖出的证券资产的数量，一般是以手数为单位。

③时间：该订单的有效时间，一般来说，在中国的证券市场上，最长的订单有效时间是当天的交易日结束。如果投资者想要在第二个交易日继续执行当天没完成的订单，就需要借助于交易软件将当天的订单在第二天重新发出。

④交易方向：指买进还是卖出证券，在期货市场上还有开仓和平仓的区别。

2. 交易订单的基本类型

基本的交易订单类型一般有市价订单、限价订单、止损订单和止损限价订单。在中国的资本市场上，目前只有市价订单和限价订单两种类型的订单。

（1）市价订单

市价订单指按照当前市场上交易对手方报出的买价或卖价进行即时交易的定单。市价订单无法保证在特定的价格成交。

（2）限价订单

限价订单是交易者最常用的订单类型，指交易者在买卖委托中设定低于市场当前价格买进，或者高于市场卖出价格卖出的订单。一般来说，限价订单的委托价格都是以当前的市场价格为基础来设定的更优的成交价格，目前，我国的上海证券交易所和深圳证券交易所都采用限价委托的方式进行交易，即使是市价订单，也会转换为以涨跌停价格为限价的限价订单执行。

（3）止损订单

止损订单一般是在衍生品交易市场常见的订单类型，投资者设置一个止损订单，当市价价格达到交易者设定的触发价格的时候，自动结清当前的设定头寸。止损订单一般被触发后，将会以市价订单的形式报给市场进行即时成交。

（4）止损限价订单

止损限价订单也是在衍生品交易市场常见的订单类型，和止损订单类似，当市价价格达到交易者设定的触发价格的时候，自动以设定的价格结清当前的设定头寸。止损订单一般被触发后，将会以限价订单的形式报给市场进行即时成交。

3. 交易订单的特殊类型

除了基本订单类型之外，在某些国外的交易领域还有触发条件订单和市价转限价订单的特殊订单类型。

（1）限价买单

限价买单是指当投资者预期当市场价格以目前的价格下跌，到达某个价位后会反弹上涨，于是设定当市场价格小于或等于某个触发价格时以该价格限价买入。限价买单的设定环境是当前的市场价格一定是高于订单设定的触发价格的。

（2）止损买单

止损买单是指投资者预期市场价格在突破某个关键价位后会继续上涨，于是设定当市场价格大于或等于某个触发价格的时候以该价格限价买入，止损买单的设定环境是当前价格一定是低于订单设定的触发价格的。

（3）限价卖单

限价卖单是指投资者预期市场价格一旦上涨达到某个关键价位后，会冲高回落，于是设定当市场价格大于或等于某个触发价格的时候，以该价格限价卖出，限价卖单的设定环境是当前价格一定是低于订单设定的触发价格的。

（4）止损卖单

止损卖单是指投资者预期市场价格下跌突破某个关键点位后会继续下跌，于是设定当市场价格小于或等于某个触发价格的时候以该价格限价卖出，止损卖单的设定环境是当前价格一定是高于订单设定的触发价格的。

二、竞价交易机制

竞价交易机制按照成交规则分为集合竞价交易制度和连续竞价交易制度。

1. 集合竞价机制

集合竞价一般是在开盘前或收盘前一段时间设定的交易机制，在集合竞价交易阶段，投资者的所有交易订单不会立即予以撮合成交，而是由交易所主机将集合竞价阶段的所有买卖报价先行记录下来，然后在一个规定的时刻进行撮合成交。

一般来说集合竞价市场的价格确定遵循一定的原则，但不同的交易市场竞价规则也略有不同。后面我们会对中国两大证券交易所的集合竞价机制进行描述。

集合竞价阶段，交易所撮合成交系统会对全部的订单申报按照价格优先、时间优先的原则进行排序，并在此基础上确定一个基准价格。集合竞价阶段确定最终成交价格一般遵循如下原则：

①成交量最大：选择的基准价格必须使剩下未成交的申报量最小。也就是在集合竞价阶段累计买入与卖出差额绝对值最小。

②高于基准价格的买入申报订单和低于基准价格的卖出申报订单全部予以成交。不需要按照申报时间先后顺序。

③与基准价格相等的买卖申报订单中，必定有一方申报全部执行，可能存在有一方的申报无法执行交易。

2. 连续竞价机制

在连续竞价阶段，交易所撮合主机对买卖申报订单进行即时撮合成交。当出价最低的卖出申报订单价格小于或等于出价最高的买入申报订单的时候，撮合系统就会执行成交。在连续竞价阶段，一个新的有效订单如果不能立即成交，要么执行撤单操作，要么进入买卖订单排队等待序列，等待成交。交易主机对买卖双方的每次撮合交易称为一笔交易，交易所按照当前的订单排队情况以及即时订单申报情况连续进行撮合交易。

交易所撮合主机进行连续竞价的原则：

①撮合系统将买单申报和卖单申报进行优先序列排队，买单按照由高到低进行优先排队，卖单按照由低到高进行优先序列排队，按照相同价格申报的，根据报单进入申报系统的先后顺序进行优先序列排队。

②撮合系统根据价格优先、时间优先的原则进行连续竞价撮合。撮合成交价的确定原则是以此价格成交，能够有最大的成交量。价格优先的原则比时间优先的原则更加占优。也就是说只有在相同的报价情况下才按照时间优先的原则确定成交顺序，在报价优先的情况下，不考虑报单的时间先后顺序。

三、做市商机制

做市商交易机制，也称庄家机制或造市商机制，一般选择有一定实力和信誉的机构作为买卖中间人，向投资者同时提供买价和卖价，并按照自己提供的价格接受投资者的买卖要求。通过买价和卖价的差价实现利润。做市商制度中，市场参与者的买卖双方不直接进行交易，而是通过与做市商直接交易的方式实现证券买卖。一般来说，充当做市商的都是法人机构，具备雄厚的资金实力和信誉度。了解市场的微观结构，能够对市场的突发事件采取不同的做市策略进行应对。

做市商机制能够提高市场的流动性，并且可以在极端的行情下引导市场稳定运行。一般来说，做市商是实力雄厚的金融机构，其双边报价是在综合分析市场信息的情况下做出的最优报价，更容易体现市场的价格发现功能。做市商制度下，市场短期出现的买卖不平衡现象、对市场造成的异常冲击的现象会减少，因为当非市场因素导致的买卖指令不均衡时，做市商套利机会出现的概率增大，做市商通过主动承接不均衡报单，缓和买卖不均衡带来的市场冲击。做市商制度还能有效抑制价格操纵行为，当市场上出现单一主体连续大额同向单子的时候，做市商会迅速提高买卖价差，增加潜在市场操纵者的交易成本。做市商一般都极具实力，如果价格操纵者试图将价格带离基本价值太远，做市商会以对手方的形式吃掉操纵者的全部单子，然后在市场稳定下来之后，逐渐抛给市场获利。

做市商机制虽然有时被称为庄家制度，但是做市商和操纵市场的庄家是完全不同的两个概念。我们经常认为的庄家是在证券市场上利用信息和资金优势，通过各种方式操纵证券市场的价格，并以此来获取巨额收益的投机者。在这个意义上的庄家和市场操纵者是一个意思。做市商虽然凭借资金实力和信息优势可以操纵市场，但是在做市商监管体制下，做市商的主要目的是保证证券的流动性和连续交易。做市商有义务对市场提供持续的公开报价，并按照报价接受投资者的买卖需求。

做市商制度的两种形式：多元做市商制度（又称竞争型做市商制度）和特许做市商制度（又称为垄断型做市商制度）。

多元做市商制度下，每只证券品种有多个做市商同时向投资者提供双边报价，并且对做市商的进出一般都做出了明确的规定，满足一定条件的机构都能申请成为做市商。多元做市商制度的代表是纳斯达克的自动报价系统。多元做市商制度的优点在于众多做市商之间的竞争能降低交易成本，减少买卖价格之间的价差。交易成本的减少又会促进证券交易量提高。但是交易商之间的竞争可能导致交易商利润的减少，甚至造成交易商亏损。在极端行情下，交易商之间的竞争机制导致某些交易商过大的冒险行为，最终给证券市场带来不稳定的因素。

特许做市商制度下，每只证券只有一个做市商存在，特许做市商制度对做市商的资质要求比较高，做市商一方面要能满足市场买卖申报的吞吐量要求，另一方面要有很强的信息处理能力，对突发的市场行情做出及时反应。特许做市商制度只有一个做市商，垄断带来高的买卖价差和利润。但特许做市商制度下方便监管机构对做市商的行为管理，因为市场上就一家做市商，权利和责任义务非常明确，方便监管。

四、我国证券交易所重要交易机制

我国的主要证券交易市场有上海证券交易所、深圳证券交易所、中国金融期货交易所、上海期货交易所、大连商品交易所、郑州商品交易所和上海国际能源交易中心。

其中，上海证券交易所和深圳证券交易所是最重要的两个证券交易中心，股票、债券和个股期权都在这两个地方进行交易。这两个交易所都采取竞价的方式进行交易。目前，两个交易所都同时采用集合竞价和连续竞价两种交易机制进行交易，并且辅助大宗交易、协议转让等交易方式进行大额双边买卖。在上证 50ETF 期权交易中设置了一级交易商制度（和前文所述的交易商制度有所差异，可视为交易商制度的雏形。本文不对一级交易商制度进行详细描述，读者可以自行查阅交易所发布的相关资料）。

下面对我国上海证券交易所和深圳证券交易所在集合竞价和连续竞价机制下形成的一些重要制度进行重点讲述。

1. 交易时间

上海证券交易所：采用竞价交易方式的，除本规则另有规定外，每个交易日的 9：15 至 9：25 为开盘集合竞价时间，9：30 至 11：30、13：00 至 14：

57 为连续竞价时间，14：57 至 15：00 为收盘集合竞价时间。每个交易日 9：20 至 9：25 的开盘集合竞价阶段，14：57 至 15：00 的收盘集合竞价阶段，本所交易主机不接受撤单申报；其他接受交易申报的时间内，未成交申报可以撤销。撤销指令经本所交易主机确认方为有效。

深圳证券交易所：同上海证券交易所交易时间设置一致。

2. 订单类型

上海证券交易所：本所接受交易参与人的限价申报和市价申报。根据市场需要，本所可以接受下列方式的市价申报：①最优 5 档即时成交剩余撤销申报，即该申报在对手方实时最优 5 个价位内以对手方价格为成交价逐次成交，剩余未成交部分自动撤销。②最优 5 档即时成交剩余转限价申报，即该申报在对手方实时 5 个最优价位内以对手方价格为成交价逐次成交，剩余未成交部分按本方申报最新成交价转为限价申报；如该申报无成交的，按本方最优报价转为限价申报；如无本方申报的，该申报撤销。③本所规定的其他方式。市价申报只适用于有价格涨跌幅限制证券连续竞价期间的交易，本所另有规定的除外。

深圳证券交易所：投资者可以采用限价委托或市价委托的方式委托会员买卖证券。本所可以根据市场需要，接受下列类型的市价申报：①对手方最优价格申报；②本方最优价格申报；③最优 5 档即时成交剩余撤销申报；④即时成交剩余撤销申报；⑤全额成交或撤销申报；⑥本所规定的其他类型。对手方最优价格申报，以申报进入交易主机时集中申报簿中对手方队列的最优价格为其申报价格。本方最优价格申报，以申报进入交易主机时集中申报簿中本方队列的最优价格为其申报价格。最优 5 档即时成交剩余撤销申报，以对手方价格为成交价，与申报进入交易主机时集中申报簿中对手方最优 5 个价位的申报队列依次成交，未成交部分自动撤销。即时成交并撤销申报，以对手方价格为成交价，与申报进入交易主机时集中申报簿中对手方所有申报队列依次成交，未成交部分自动撤销。全额成交或撤销申报，以对手方价格为成交价，如与申报进入交易主机时集中申报簿中对手方所有申报队列依次成交能够使其完全成交的，则依次成交，否则申报全部自动撤销。市价申报只适用于有价格涨跌幅限制证券连续竞价期间的交易。其他交易时间，交易主机不接受市价申报。

3. 开盘价制度

上海证券交易所：证券的开盘价为当日该证券的第一笔成交价格。证券的开盘价通过集合竞价方式产生，不能产生开盘价的，以连续竞价方式产生。

深圳证券交易所：同上海证券交易所交易开盘价制度设置一致。

4. 收盘价制度

上海证券交易所：证券的收盘价通过集合竞价的方式产生。收盘集合竞价不能产生收盘价或未进行收盘集合竞价的，以当日该证券最后一笔交易前一分钟所有交易的成交量加权平均价（含最后一笔交易）为收盘价。基金、债券、债券买断式回购的收盘价为当日该证券最后一笔交易前一分钟所有交易的成交量加权平均价（含最后一笔交易）。债券质押式回购的收盘价为当日该证券最后一笔交易前一小时所有交易的成交量加权平均价（含最后一笔交易）。当日无成交的，以前收盘价为当日收盘价。

深圳证券交易所：证券的收盘价通过集合竞价的方式产生。收盘集合竞价不能产生收盘价或未进行收盘集合竞价的，以当日该证券最后一笔交易前一分钟所有交易的成交量加权平均价（含最后一笔交易）为收盘价。当日无成交的，以前收盘价为当日收盘价。

5. 涨跌停板制度

上海证券交易所：本所对股票、基金交易实行价格涨跌幅限制，涨跌幅比例为10%。属于下列情形之一的，首个交易日无价格涨跌幅限制：①首次公开发行上市的股票和封闭式基金；②增发上市的股票；③暂停上市后恢复上市的股票；④退市后重新上市的股票；⑤本所认定的其他情形。经证监会批准，本所可以调整证券的涨跌幅比例。

深圳证券交易所：本所对股票、基金交易实行价格涨跌幅限制，涨跌幅限制比例为10%，ST 和 * ST 等被实施特别处理的股票价格涨跌幅限制比例为5%。经证监会批准，本所可以调整证券的涨跌幅限制比例。属于下列情形之一的，股票上市首日不实行价格涨跌幅限制：①首次公开发行股票上市的；②暂停上市后恢复上市的；③证监会或本所认定的其他情形。

6. 大宗交易制度

上海证券交易所：在本所进行的证券买卖符合以下条件的，可以采用大宗交易方式：①A 股单笔买卖申报数量应当不低于 30 万股，或者交易金额不低于 200 万元人民币；②B 股单笔买卖申报数量应当不低于 30 万股，或者交易金额不低于 20 万元美元；③基金大宗交易的单笔买卖申报数量应当不低于 200 万份，或者交易金额不低于 200 万元人民币；④债券及债券回购大宗交易的单笔买卖申报数量应当不低于 1000 手，或者交易金额不低于 100 万元人民币；本所可以根据市场情况调整大宗交易的最低限额。本所每个交易日接受大宗交易申报的时间分别为：①9：30 至 11：30、13：00 至 15：30 接受意向申报；②9：30 至 11：30、13：00 至 15：30、16：00 至 17：00 接受成交申报；③15：00 至 15：30 接受固定价格申报。交易日的 15：00 仍处于停牌状态的证券，本所当日不再接受其大宗交易的申报。

深圳证券交易所：在本所进行的证券交易符合以下条件的，可以采用大宗交易方式：①A 股单笔交易数量不低于 30 万股，或者交易金额不低于 200 万元人民币；②B 股单笔交易数量不低于 3 万股，或者交易金额不低于 20 万元港币；③基金单笔交易数量不低于 200 万份，或者交易金额不低于 200 万元人民币；④债券单笔交易数量不低于 5000 张，或者交易金额不低于 50 万元人民币；⑤债券质押式回购单笔交易数量不低于 5000 张，或者交易金额不低于 50 万元人民币；⑥多只 A 股合计单向买入或卖出的交易金额不低于 300 万元人民币，且其中单只 A 股的交易数量不低于 10 万股；⑦多只基金合计单向买入或卖出的交易金额不低于 300 万元人民币，且其中单只基金的交易数量不低于 60 万份；⑧多只债券合计单向买入或卖出的交易金额不低于 100 万元人民币，且其中单只债券的交易数量不低于 2000 张。本所可以根据市场需要，调整大宗交易的最低限额。本所大宗交易采用协议大宗交易和盘后定价大宗交易方式。协议大宗交易，是指大宗交易双方互为指定交易对手方，协商确定交易价格及数量的交易方式。盘后定价大宗交易，是指证券交易收盘后按照时间优先的原则，以证券当日收盘价或证券当日成交量加权平均价格对大宗交易买卖申报逐笔连续撮合的交易方式。采用协议大宗交易方式的，本所接受申报的时间为每个交易日 9：15 至 11：30、13：00 至 15：30。采用盘后定价大宗交易方式的，本所接受申报的时间为每个交易日 15：05 至 15：30。当天全天停牌的证券，本所不接受其大宗交易申报。有价格涨跌幅限制证券的协议大宗交易的成交价格，在该证券当日涨跌幅限制价格范围内确定。无价格涨跌幅限制证券的协议大宗交易的成交价格，在前收盘价的上下 30% 之间确定。

五、两种交易机制的比较

关于竞价交易机制与做市商机制哪个更优的问题，市场上也有广泛的讨论。下面我们对这些讨论进行描述，本书的一些观点引用自其他学者的学术文献，在引用观点的过程中都予以说明。

一些学者认为，竞价交易方式比做市商机制下的平均交易成本更低，Huang and Stoll（1996）的研究报告指出，采用做市商机制的伦敦证券交易所和美国的纳斯达克交易所与采用竞价交易机制的纽约证券交易所比起来，伦敦证券交易所和美国的纳斯达克交易的证券品种平均交易价差要大一些。

在遏制过度投机方面，做市商机制更加灵活一些。在做市商机制下，做市商有责任在证券价格暴涨暴跌的时候采取措施稳定价格。此外，有做市商这个稳定器，市场的投机性就会大大减小。做市商是在综合分析所有的市场报价的基础上衡量自身的风险和收益，从而做出相对理性的报价，而在竞价机制下，投资者根据自己掌握的信息各自决策，在某些交易时点上，买卖双方可能都是随机报价或者非理性报价概率很大，因此有可能形成非理性的定价结果，而做市商比一般的投资者从专业程度来看要稳定和理性的多。因此做市商机制下形成的市场价格更容易接近证券的真实价值。

相对于竞价交易制度，做市商制度更容易形成垄断，即使在多元做市商制度下，如现在的纳斯达克的多元做市商制度，做市商也有可能结成同盟以获取不合理的利润。近年来，美国很多共同基金等机构对做市商制度的不透明性表示强烈的不满。

总的来说，竞价机制和做市商机制各有优缺点，作为两种重要的证券市场交易方式，两种制度是互补的，而不是互斥的，不同的制度适合不同的市场结构。

流动性是证券市场的生命力，在风险较高、流动性较差的市场环境下，做市商制度表现出良好的优越性。在做市商制度下，做市商负责对证券价格进行客观评价，作为统一的交易对手进行交易，能明显弥补流动性较差市场的缺陷，有了做市商的流动性提供机制，其他的证券投资者才能放心地买卖证券，不用担心流动性问题导致证券价格的成交价格偏离真实价值过远。但是在流动性和市场参与度较高的市场上，竞价交易制度的优势就明显了，做市商制度的交易成本相对较高。

第四节　股票价格的影响因素

影响股票价格的因素主要有：宏观经济因素、微观经济因素、政治环境以及其他因素。

1. 宏观经济因素

宏观经济因素通过两个途径影响股票的市场价格，一个途径是通过影响上市公司的市场环境影响上市公司业绩，从而对上市公司的价值产生影响；另一个途径是通过影响投资者的投资行为，进而对股票的价格产生影响。

（1）经济周期

经济周期也称为商业周期或景气循环，是指经济活动沿着经济发展的总趋势所表现出的有规律的扩张和收缩，是总体经济活动的扩张与受收缩的周期性变化。一般把经济周期划分为繁荣、衰退、萧条、复苏四个阶段的循环往复。人们常说股票市场是经济的晴雨表，股票市场不仅随经济周期的变化而变化，而且也能预示经济周期的变化。在正常情况下，股票市场和经济状况是如影随形的关系。

股票市场是宏观主体的重要组成部分，上市公司是宏观经济运行的重要微观基础。一般来说，在经济繁荣期，上市公司的经营状况良好，企业效益上升，企业盈利状况良好，投资者的财务状况也很好，可支配收入增加，并且投资者普遍对市场乐观，愿意进行股票投资，因此股票的价格就会上涨。在经济萧条期，整个经济状况处于混乱状态，大量企业亏损，企业经营活动收缩，甚至有些企业存在破产风险，股票持有者对经济前景非常悲观，纷纷卖出手中股票用于补贴消费或者用于购买安全性资产，股票价格可能出现连续性下跌。

但是经济周期对股票价格的影响又不一定是同步的，一般情况下，股票市场价格会领先经济周期一段时间。例如在经济衰退形成趋势以前，股票价格可能已经开始下跌了。

（2）财政政策

财政政策是国家制定的指导财政分配活动和处理各种财政分配关系的基本准则。财政政策是国家实现收入再分配的重要途径。财政政策的手段主要有税收、财政预算、财政投资、财政补贴、财政立法和执法、财政监察等。财政政策手段可以单独使用，也可以多种手段配合使用。

财政政策一般可分为扩张性财政政策、紧缩性财政政策和稳健性财政政策。扩张性财政政策又称为积极的财政政策，它通过增加和刺激社会总需求的方式实现财政政策目标，扩张性的财政政策包括降低税率、减免税收、扩大财政支出、增加财政补贴和减少国债发行等。税收的减少一方面增加上市公司净利润，降低企业负担；另一方面增加社会收入，刺激需求和消费支出，最直接的是增加投资者可用于证券投资的资金，直接促进股票价格上涨。扩大财政支出、增加财政补贴能够刺激投资，扩大就业，增加企业和劳动者收入，带动企业利润的增加，收入的增加同样能刺激需求以及带来股票投资的增量资金。减少国债发行通过影响证券市场的供求关系影响股票价格，国债规模减小，更多的资金用于股票投资，刺激股票价格上涨。紧缩性的财政政策给股票市场带来的影响则相反。

（3）货币政策

货币政策是指中央银行采用各种途径调节货币供应量的政策和措施的统称。中央银行的四大货币政策工具：调整利率、贴现率、法定准备金率和公开市场业务。除此之外，货币政策工具还有信用管制等非常规手段。一般来说，货币政策有四个重要的目标：稳定物价、促进经济增长、充分就业和调节国际收支平衡。货币政策的四个目标之间有一定的矛盾性，要同时实现四个目标基本是不可能的。具体实践中，一般以某一项或几项货币政策来实现某一个目标，由于会干扰其他目标的实现，而且这种干扰很有可能是负面的，因此货币政策对股票市场的影响是比较复杂的。

货币政策会对货币供应量产生影响，如扩张性的货币政策，在货币政策传导机制的作用下增加投资者的收入，同时会增加企业的收入。企业收入的增加会通过增加企业价格的方式促进股票价格上涨，投资者收入的增加促进投资者增加股票资产的投资。此外某些国家的货币政策工具就包括直接去证券市场购买股票或基金产品，这也直接导致股票价格的上涨。紧缩性的货币政策对股票市场的影响则相反。

（4）利率政策

利率政策是货币政策的重要组成部分，由于其重要性，我们把它单独列为一个重要的股票价格影响因素。央行的利率政策工具主要有调整中央银行基准利率、调整金融机构法定存贷款利率、制定金融机构存贷款利率的浮动范围等。

利率的上调一方面有助于吸收存款，抑制资本市场的投资热情。股票市场资金供给的减少对股票价格形成抑制作用。同时贷款利率的提高增加企业成本，降低企业的利润，从而降低企业的价值。同时根据股利贴现模型，贴现利率的提高，使得股票定价模型中分子增大，从而使股票价值减小。

（5）汇率政策

汇率政策通过影响本国货币的汇率升降来对进出口进行影响。同时影响资本的跨境流动以及国际收支项目的平衡。目前我国实行以市场供求为基础、参考一篮子货币进行调节、有管理的浮动汇率制度。

汇率政策对股票市场的影响途径主要有三个：一是通过影响货币供应量的途径间接影响股票价格，二是通过对贸易类企业盈利的影响从而影响企业的价值，三是对人们预期的影响。

由于中国实行强制结售汇制度，这种制度一定程度上影响货币政策的独立性。如果本币贬值，出口商品价格相对降低，进口商品价格升高，导致出口增多，进口减少，贸易顺差增大。由于实行强制结售汇制度，导致外汇储备增加，本币被动投放增加。

此外，本币贬值会刺激出口，增加出口企业利润，利润增加会通过增加企业价值的方式吸引投资者买入股票。

汇率的波动也会影响人们对国家经济好坏的预期，如果一国的汇率大幅波动，可能会造成投资者对经济状况不稳定的预期。同时汇率不稳定也会造成进出口企业的经营风险，最终影响投资者的投资偏好。

（6）产业及行业政策

产业政策是国家制定的，引导国家产业发展方向的各种政策手段，包括推动产业结构升级，淘汰落后产能等。产业政策是政府利用看得见的手对市场进行的直接干预。一般来说，产业政策用于解决市场失灵问题，实现经济发展的超越战略。产业政策可以分为鼓励引导类和淘汰类两种。

国家对行业发展的补贴和鼓励政策一定程度上影响人们对相关行业上市公司的盈利预期，从而带动股价向预期的方向发展。有一点需要明确的是，淘汰类产业政策不一定对行业就会产生负面的影响，如我国实施的钢铁行业的供给侧改革——淘汰落后污染产能的行为，给未淘汰钢铁企业带来了持续的高额利润率。

2. 微观经济因素

微观经济因素主要是与上市公司经营与财务相关的因素。微观经济因素对股票价格的影响有的是直接反映上市公司的业绩状况，影响人们对上市公司价值的判断；有的是通过对投资者投资行为的影响进而对股票价格产生影响的。

（1）公司经营状况

公司的经营状况与公司股票的价格呈正相关的关系，公司经营状况包括公司的经营范围以及附属业务的运行状况，企业员工及员工素质，生产经营状况，业务储备及业务进度，公司的财务状况等。公司财务状况是公司经营状况最直接的反映，后续会单独分析。

公司的经营状况与公司的治理水平及管理层的整体素质有关。公司治理主要包括资金的合理分配与使用问题、资源的合理配置问题、经营理念问题、解决管理人员同公司的利益机制协调问题、公司与外部利益机制的协调以及与社会利益的兼容问题等。

如果上市公司经营者水平一流，企业经营状况良好，企业在行业内的竞争地位不断得到加强，财务状况良好，那么公司的股票就会受到投资者的青睐，带来股票价格上涨的动力。

（2）公司财务状况

在本章第一节的介绍中我们知道，财务数据是公司股票价值估算的重要依据，财务报表分析也是很多股票分析师做公司基本面分析的重点内容。真实、良好的财务报表是对公司价值最直接的反映，这里对财务报表论述的假设前提是公司的财务报表真实可靠。财务造假的情况时有发生，这属于公司经营管理层面的问题。

综合评价公司的财务状况与经营状况，需要对公司的财务状况进行综合评价，常用的财务分析框架体系包含四个指标体系：获利能力指标、运营能力指标、偿债能力指标和发展能力指标。

①获利能力分析。

获得利润是企业经营的最终目的，也是公司价值的源泉，获利能力是企业资产的增值能力。企业通过筹资、投资活动获取收入，弥补成本和费用之后实现利润。企业的获利能力指标一般包括营业利润率、成本费用比率和净资产收益率几个指标。

a. 营业利润率

营业利润率是企业一定时内期营业利润与营业收入的比值。计算公式为：

$$营业利润率 = 营业利润/营业收入 \times 100\%$$

一般来说，企业的营业利润率越高，表明企业盈利能力越强，市场竞争力越大，企业发展潜力越大。通过考察企业营业利润占整个营业收入总额比重的历史情况，可以观察企业经营状况是否稳定，是否可能面临风险或者可能出现经营转差的迹象。

b. 成本费用比率

成本费用比率是企业一定时期内利润总额与成本费用总额的比值。计算公式为：

$$成本费用比率 = 利润总额/成本费用总额 \times 100\%$$

其中，成本费用总额 = 营业成本 + 营业税金及附加 + 销售费用 + 管理费用 + 财务费用。

企业的成本费用比率越高，表明企业为取得单位利润而付出的成本越小，企业费用支出控制得越好，企业的获利能力也越强。

c. 净资产收益率

净资产收益率是企业一定时期内净利润与平均净资产的比值。计算公式为：

$$净资产收益率 = 净利润/平均净资产 \times 100\%$$

其中，平均净资产 = （年初所有者权益 + 年末所有者权益）/2。

企业净资产收益率是评价企业利用自有资本及资本积累获取利润的最具综合性与代表性的指标，该指标综合反映企业资本运营的效率。一般来说，企业净资产收益率的使用不受行业局限，通用性强，适用范围广，在国际上经常被用来对企业进行综合评价。通过考察过去一段时间的企业净资产收益率，以及对该指标与同行业其他企业进行对比分析，可以看出该企业的获利能力在同行业中所处的地位，以及与行业同类企业的差异。一般来说，企业的净资产收益率越高，企业自有资本获取利润的能力越强，企业运营效率越高，企业对投资人、债权人利益的保障程度越高。

②运营能力分析

运营能力是企业通过对自身生产资料和资源的使用来产生价值的综合能力。企业拥有或控制的生产资料和资源，表现为对各项资产以及资金的占用和使用。因此，生产资料和资源的运营能力实际上就是企业对总资产以及其各个组成要素的运营能力。企业运营能力的强弱取决于企业资产的周转速度、资产运营状况、资产管理水平等多种因素。企业运营能力指标一般包括：应收账款周转率、存货周转率、固定资产周转率和总资产周转率。

a. 应收账款周转率

应收账款周转率是企业在一定时期内营业收入与平均应收账款余额的比值，计算公式为：

$$应收账款周转率 = 营业收入 / 平均应收账款余额$$

其中，平均应收账款余额 = （年初应收账款余额 + 年末应收账款余额）/2。

应收账款周转率反映了企业应收账款变现速度的快慢以及管理效率的高低，一个企业应收账款周转率高，表明企业的周转较快，账龄较短，资产的流动性强，短期偿债能力强。

b. 存货周转率

存货周转率是企业在一定时期内营业成本与平均存货余额的比值，计算公式为：

$$存货周转率 = 营业成本 / 平均存货余额$$

其中，平均存货余额 = （年初存货余额 + 年末存货余额）/2。

存货周转速度的快慢，不仅反映了企业投入、产出、销售等各个环节管理工作状况的好坏，而且对企业的债务偿付能力产生很大的影响。一般来说，企业的存货周转率越高，表明企业投入资金的变现速度越快，资金使用效率越高。因此，通过对企业存货周转率的分析，可以找到企业在存货管理方面存在的问题，通过采取方案解决这些问题，可以帮助企业增加资金使用效率。对于企业来说，存货水平要保持适中，既不能过少，过少可能造成生产中断或者销售紧张；又不能过多，过多容易形成存货呆滞、仓库积压。而且不同企业的合理存货水平也差距很大。此外，存货是企业流动资产的重要组成部分，其质量和流动性对企业流动比率有重要影响，进而会对企业的短期偿债能力产生影响。

c. 固定资产周转率

固定资产周转率是企业一定时期内营业收入与平均固定资产净值的比值，计算公式为：

固定资产周转率 = 营业收入/平均固定资产净值

其中，平均固定资产净值 = （年初固定资产净值 + 年末固定资产净值）/2。

一般来说，一个企业的固定资产周转率越高，表明该企业固定资产利用得越充分，固定资产投资得当，结构配置合理，固定资产使用效率较高；反之，如果企业的固定资产周转率不高，则表明企业固定资产使用效率较低，同时也表明企业的营运能力不强。

d. 总资产周转率

总资产周转率是企业在一定时内期营业收入与平均资产总额的比值，计算公式为：

总资产周转率 = 营业收入/平均资产总额

其中，平均资产总额 = （年初资产总额 + 年末资产总额）/2。

一般来说，一个企业的总资产周转率越高，表明企业全部资产的使用效率越高；反之，如果企业的总资产周转率较低，则表明企业利用全部资产进行经营的效率较差，最终会影响企业的获利能力。

③偿债能力分析

偿债能力是指企业偿还到期债务本息的能力，偿债能力反映了企业对资产的变现能力，以及企业的现金流状况。企业偿债能力指标一般包括流动比率、速动比率和资产负债率。

a. 流动比率

流动比率是企业流动资产与流动负债的比值，流动比率代表企业单位流动负债有多少流动资产可以作为偿还的来源，反映企业可在短期内使用流动资产转变为现金，用来偿还到期流动负债的能力。计算公式为：

流动比率 = 流动资产/流动负债 × 100%

一般来说，企业的流动比率越高，说明企业的短期偿债能力越强，企业债券人的权益越容易得到保证。如果企业的流动比率过低，表明企业资金运营可能比较艰难，很可能出现债务违约。但是，并不是流动比率越高越好，过高的流动比率说明企业流动资产比较多，企业的资金使用率可能偏低。一般来说，企业流动比率的高低主要取决于企业经营者对待风险与收益的态度。

b. 速动比率

速动比率是企业速动资产总额与流动负债的比值。计算公式为：

$$速动比率 = 速动资产/流动负债 \times 100\%$$

其中，速动资产 = 货币资金 + 交易性金融资产 + 应收账款 + 应收票据 = 流动资产 – 存货 – 预付账款 – 1 年内到期的非流动资产 – 其他流动资产

由于速动资产剔除了存货、预付账款等变现能力较弱或价值不稳定的资产，因此，在评价企业偿还短期负债能力的时候，速动比率比流动比率更加准确、可靠。一般来说，企业的速动比率越高，说明企业偿还短期负债的能力越强。但是当企业的速动比率过高的时候，尽管企业资金流动性安全系数很高，却会因企业现金或现金等价物等资产占用过多而使企业的资金使用效率降低，大大增加企业的机会成本。

c. 资产负债率

资产负债率又称负债比率，是企业负债总额与资产总额的比值。它表明在企业总资产当中，需要偿还的债务资金所占的比重，还表明企业资产对债权人权益的有效保障的程度。计算公式为：

$$资产负债率 = 负债总额/资产总额 \times 100\%$$

一般来说，企业的资产负债率越低，说明企业长期偿债能力越强。对债权人来说，企业的资产负债率越低越好，这样企业的债务偿还能力越强。但是，对企业自身来说，资产负债率不是越低越好，而要保持合理的比例，如果企业的资产负债率过大，在良好的市场环境下，企业盈利状况较好，较多地使用债务资金可以增加企业所有者盈利的效率。但是一旦企业经营状况出现恶化，较高的资产负债率导致企业面临较大的偿债压力，甚至可能导致企业因资金链断裂而出现经营危机，甚至倒闭。因此企业的资产负债率应该同企业的生产经营状况、市场环境等因素相一致。随着企业和市场状况的不断改变，合理的资产负债率也是不断发生变化的。

④发展能力分析

发展能力是企业在持续运营的基础上，不断扩大业务边界和企业规模、增加企业价值的潜在能力。通过企业发展能力分析可以把握和预测企业的发展趋势和发展方向，为投资者做出投资决策提供重要依据。企业的发展能力指标一

般包括总资产增长率、营业收入增长率和营业利润增长率。

a. 总资产增长率

总资产增长率是企业当前年度的总资产增长额同年初资产总额的比值,计算公式为:

总资产增长率＝本年总资产增长额/年初资产总额×100%

其中,本年总资产增长额＝年末资产总额－年初资产总额。

总资产增长率从企业资产总量扩张前景方面衡量企业的未来发展能力。总资产增长率越高,表明企业在过去一定时期内资产规模扩张的速度越快。但是总资产增长率指标仅仅考虑了资产增长的总量,而没有考虑资产增长的品质,现实中企业盲目扩张带来总资产增长率快速增长,导致企业增长的后续乏力,透支企业的未来增长前景。

b. 营业收入增长率

营业收入增长率是评价企业成长状况和发展能力的重要指标。营业收入增长率是企业本年度营业收入增长额与上年度营业收入总额的比率,计算公式为:

营业收入增长率＝年度营业收入增长额/上年度营业收入总额×100%

其中,本年度营业收入增长额＝本年度营业收入总额－上年度营业收入总额。

营业收入增长率衡量企业的生产经营能力和市场开拓能力的当前趋势,营业收入的不断增长一方面为企业生存和发展带来现金流入,另一方面为企业的市场开拓提供动力和源源不断的资金支持。一般来说,营业收入增长率长期为正的企业发展前景较好。如果营业收入增长率长期低于零,说明企业经营出现问题,或许是产品或服务本身的质量问题,或者是销售渠道问题。分析营业收入增长率的时候,一般会分析过去一段时间的连续指标,结合过去一段时间的企业市场占有情况、行业发展情况进行综合分析。

c. 营业利润增长率

营业利润增长率是企业本年度营业利润增长额与上年度营业利润总额的比值,与营业收入增长率不同的是,营业利润增长率考虑了企业的营业成本。营业利润增长率不仅反映企业的成长状况和发展能力,还反映了企业的发展给企业的所有者带来的收益情况。计算公式为:

营业利润增长率＝本年度营业利润增长额/上年度营业利润总额×100%

其中，本年度营业利润增长额＝本年度营业利润总额－上年度营业利润总额。

一般来说，营业利润增长率长期为正的企业具有较高的投资价值，因为这些企业不仅成长性较好，而且能为企业所有者带来越来越多的利润。

3. 公司外部环境

除了宏观经济环境，公司的外部环境还有公司所在行业在国民经济中的地位，公司在行业中的地位，行业的发展周期，公司的区位优势等。

区位优势方面，由于区域经济发展状况、区域对外交通与信息沟通的便利程度、区域内的投资活跃程度等的不同，分属于各区域的股票价格自然也会存在差异，即便是相同产业的股票也是如此。经济发展较快、交通便利、信息化程度高的地区，投资活跃，股票投资有较好的预期；相反，经济发展迟缓、交通不便、信息闭塞的地区，其股票价格总体上呈平淡下跌趋势。

行业在国民经济中地位的变更，行业的发展前景和发展潜力，新兴行业引来的冲击等，以及上市公司在行业中所处的位置、经营业绩、经营状况、资金组合的改变及领导层人事变动等都会影响相关股票的价格。

在产业方面，每一种产业都会经历一个由成长到衰退的发展过程，这个过程称为产业的生命周期。产业的生命周期通常分为四个阶段，即初创期、成长期、稳定期和衰退期。处于不同发展阶段的产业在经营状况及发展前景方面有较大差异，这必然会反映在股票价格上。蒸蒸日上的产业股票价格呈上升趋势，日见衰落的产业股票价格则逐渐下落。

4. 政治环境

长期来看，政治因素对公司的业绩和公司价值会产生深远的影响，政治因素的影响主要是对投资者投资心理和投资行为的影响，进而对股价产生影响。

政治稳定性方面，政治的稳定性对股票市场有直接的影响。政局动荡，国家的治理就会混乱，经济政策、货币政策和财政政策等连续性不好，风险加大造成企业估值的下降。政局混乱的情况下人们对风险资产的需求也会下降。

政府对经济治理方面，政府对经济的治理方式也会对市场造成比较大的影响。从世界各国的实践来看，信奉市场经济的国家和地区股票市场一般都比较稳定和繁荣，在市场经济体制下，政府对经济直接干预过多，会对上市公司带来较多的不确定性因素，上市公司风险加大，公司价值就会下降。

5. 法律环境和监管环境

一般来说，法律法规不健全的股票市场投机性更强，波动性更剧烈，股票价格同价值更容易偏离。监管的缺位容易造成股价的人为操纵，不正当交易行为增多，惩罚机制的缺位造成违法违规的成本更低，这会助长资本的违规行为。反之，法律法规体系健全的市场上，违规成本很高，股票价格更容易反映公司的实际价值。

6. 军事因素

军事因素也是影响股票市场价格的重要因素。如果一些敏感的国家和地区发生军事冲突或对抗，很容易导致人们避险情绪的提高，资金向安全资产转移将降低股票市场的投资需求，造成股票价格的下跌。例如伊朗核问题、以色列问题都是牵动世界经济的重大地区性问题。这些地区矛盾的激化会对世界政治格局造成极大的影响，必然对全球经济发展蒙上一层阴影。是世界股票乃至资本市场的风险因素之一。

7. 其他因素

一些非主流因素在某一段时间内可能对公司的股价造成较大的影响，甚至会导致股票价格长期偏离股票价值和公司基本面。例如资金的操纵、股东减持、企业财务造假、股东股权质押、股票投资人数和投资者结构等。

一般资金的操纵者会集中资金优势、内部信息优势和媒体舆论优势，达到操纵股票价格获取不当利益的目的。资金操纵行为一方面使股票价格严重偏离价值，影响正常的投资秩序；另一方面即使公司的股价最终围绕公司价值变动，但是，由于价格波动巨大，并且价格与价值长时间偏离，造成投资者对正确的投资逻辑产生怀疑。一个庄家横行的市场环境下，正常的投资逻辑遭到破坏，不理性投资因素的增多使证券市场的理财功能和资源优化配置功能受到冲击。

股东增减持股票一方面直接影响股票的供求关系，如果股东选择股票市场盘中减持，股东的短期大量卖出股票容易造成二级市场股票价格直接的下跌；另一方面，股东增减持影响投资者对公司的信心，尤其是大股东作为企业内部人，对企业经营状况和企业价值更了解，因此大股东减持股票一般被认为是不看好公司未来发展的表现，外部投资者可能因此卖出股票造成股价下跌。

上市公司财务造假意味着上市公司的诚信问题，财务造假一旦坐实，公司的价值评估体系就会崩溃，对公司股价可能造成毁灭性的打击。

股东股权质押可能造成上市公司实际控制人变更，如果股权质押期间公司股票价格持续大幅下跌，上市公司股东又没有充裕的资金或者其他财产补充质押，有可能造成上市公司易主。因此大股东股票质押率高的股票风险较大。

上市公司股票的投资人数和投资者结构对股票价格的波动模式有重要影响。一般来说，同一个上市公司，投资人数越多，说明持仓越分散，股票价格波动越小，很多投资者认为这是股票的底部特征之一。如果股票的机构投资者人数较多，可能在某些时刻机构投资者进入或退出的时候，对股价造成较大的冲击。

此外，文化自然因素也可能对股票市场产生整体的影响。例如储蓄文化和消费文化的差异造成社会储蓄率的不同，投资文化和投资意识较强的国家和地区，对股票资产的认可度比较高，股票的价值可能相对较高。另外，投资者的整体文化素养也对投资者的投资理念和投资行为造成影响，如文化素质较高的投资者会相对理性进行投资，这样的投资者占大多数的市场，股票价格的波动性相对较低。

自然环境因素也是影响股票市场的宏观因素之一。自然环境恶劣、灾难多发的国家和地区的证券市场都不发达，由于企业的经营风险加大，再加上投资者风险规避的意愿较强，投资股票等风险资产的动力相对较低。

第五节　债券价格的影响因素

根据本章第一节债券的定价模型我们知道，影响债券价格的因素主要有债券票面利率、市场利率和债券的到期期限。债券的价值分析离不开对利率的讨论，有三个与利率相关的重要理论需要投资者了解：利率的决定理论、利率的风险结构理论和利率的期限结构理论。

1. 利率理论

（1）利率的决定理论

利率水平的决定因素也是学术界一直争论的话题，一种观点认为，资金的利率取决于借贷双方的供求关系。他们使用传统的供给需求模型解释理论的形成过程；另一种观点认为，货币的供求决定利率水平。在此争论的基础上，利率决定理论形成了两个对立的理论派系——古典学派的借贷资金理论和凯恩斯学派的流动性偏好理论。

古典利率理论形成于 18 世纪中期，它是经济学家一系列研究成果的综合理论。该理论认为，储蓄和投资的数量都是关于利率的一个函数，储蓄和投资的均衡产生了市场的均衡利率，因而存在一个均衡的利率水平，在该利率水平的调节下，投资和储蓄的均衡水平下的工资和价格水平能够实现充分就业均衡状态。该理论认为社会上存在一个完全不被货币供应量变动影响，并且能促使经济体系处于充分就业均衡状态的单一利率水平，因而该利率理论被称为"真实利率理论"（Real Interest Rate Theory）。

根据古典利率理论，利率水平能够自动调节经济，使经济达到充分就业水平，当储蓄大于投资的时候，利率就会下降，促使人们自动减少储蓄增加投资；当储蓄小于投资的时候，利率就会上升，促使人们增加储蓄减少投资。在古典利率学派看来，货币政策是无效的。

以凯恩斯为代表的经济学家认为利率是纯粹的货币现象，古典利率理论将储蓄和投资看成是两个对立的因素是错误的。凯恩斯的流动性偏好理论认为，储蓄取决于收入，而收入又取决于投资，所以储蓄和投资是相互依存的。储蓄和投资只要一个发生变动，另一个也会随之变动。利率取决于货币的供求平衡关系，而货币的需求取决于人们对流动性的偏好，因此凯恩斯的利率决定理论被称为流动性偏好理论。

根据流动性偏好理论，货币可以影响利率的变动，通过利率变动影响人们的投资支出行为，从而改变经济总量。货币供给和货币需求决定利率，当货币供给曲线与货币需求曲线的平坦部分相交的时候，改变货币供给对利率水平几乎产生不了多大的影响，货币需求弹性变得很大，这就是著名的流动性陷阱。

（2）利率的风险结构理论

在债券市场上，不同的债券发行人发行相同票面利率和期限结构的债券的时候，其市场价格基本是不相同的，因此债券持有人持有到期的债券收益率是不一样的，这种不同称为利率的风险结构。一般来说，市场上通常会采用信用评级的方式来确定不同债券的违约风险大小，从而确定债券的风险溢价（债券利率高出无风险利率的部分称为风险溢价）。

市场评级机构确定债券发行人的信用评级的时候主要参考两个因素：债券发行人的违约风险和债券的流动性风险。

债券的违约风险是指债券的发行人不能按照债券协议条款的规定履行到期偿付本金及支付利息的义务。由于不同发行主体的现金流状况不一样，因此债务偿付能力也不同。一般来说，对于相同规模的债务水平来说，大公司的现金偿付能力要好于小公司，因此大公司的违约风险小，小公司要想发行同等规模的债券，必须支付比大公司更高的利率来吸引投资者。

流动性风险也是债券投资者购买债券要考虑的因素。一般来说，债券市场的流动性状况低于股票市场，并且公司债市场的流动性低于政府债券市场，因此公司债券必须支付更高的收益率，才能吸引投资者购买，而这个更高的收益率不仅仅是债券的违约风险溢价，还应该包括债券的流动性风险溢价。

（3）利率的期限结构理论

利率期限结构是指在某一时间点，不同期限长度资金的收益率与到期期限之间的关系。利率期限结构是不同期限的资金供求关系的反映和结果，是市场利率的总体水平和变化方向的详细描述。

分析利率期限结构，我们需要对几个不同的利率定义进行说明：

①票面利率。票面利率是债券利息与债券面值的比率，是债券发行人承诺一定的时期内支付给债券持有人利息的计算标准。

②到期收益率。到期收益率是指如果债券持有人买入债券并持有至债券期满后得到的收益率。持有期收益率包括债券的利息收益和资本损益（债券面值同债券买入价格之间的差额）。

③即期收益率。即期收益率也称为零息收益率，是不同到期期限零息债券的到期收益率的简称。在债券定价公式中，进行现金流贴现的收益率（贴现率）用的就是即期收益率。

由于零息债券的到期收益率等于相同期限的即期利率，因此，利率的期限结构也可以表示为零息债券的即期利率与零息债券期限之间的关系，该关系用一条曲线描述，就是债券的收益率曲线。收益率曲线是对债券到期收益率与期限之间关系的描述，表现了债券短期利率和长期利率的差异性。

债券的利率期限结构理论有三种解释：预期理论、分割市场理论和流动性溢价理论。

预期理论认为，不同期限的债券之间具有完全替代性，若市场预期未来短期利率高于当前短期利率，则当前长期债券利率应高于短期利率，此时的债券收益率曲线向上倾斜。反之，若市场预期未来短期利率低于当前短期利率，则当前长期债券利率应低于短期利率，此时的债券收益率曲线向下倾斜；如果市场预期未来短期利率保持不变，则债券收益率曲线应该呈水平状。

分割市场理论认为，债券投资者倾向于购买其资产流动性与债务期限相匹配的债券品种。在一定的理财需求下，人们对特定期限的债券有着特别的偏好。因此，不同期限债券的利率由该债券的供求所决定，不同的投资者偏好水平和市场供给量最终决定了债券收益率曲线的形状。

流动性溢价理论认为，由于长期债券流动性相对较差，而投资者对于流动性较高的债券更为偏好。因此，长期债券的利率应等于其存续期限内所有短期债券利率的平均值加上流动性溢价。根据流动性溢价理论，即使投资者预期未来短期利率保持不变，债券收益率曲线也会向上倾斜。即使投资者预期的未来短期利率会下降，债券收益率曲线也可能是水平的。

2. 影响债券价格的因素

（1）票面利率

债券的票面利率也称为债券的名义利率。债券的名义利率越高，在其他条件不变的情况下，债券持有人持有债券到期的到期收益率就越高，因而债券的价值就越大。债券的票面利率一般是债券发行的时候，根据债券的安全性、当前的国债收益率、债券的期限长短等因素综合确定的，债券的票面利率是发行人对债券的定价结果，但是债券发行后市场定价可能与发行人定价不一致，因此导致债券的售价与债券的面值不一致。债券的定价机制也就是通过面值与售价的不一致来调节债券初次定价与后续市场定价的不一致问题的。因此，债券的面值与票面利率确定之后，债券的价值并不是确定了。债券的售价一般与债券的面值不一致，体现的就是市场利率的变动以及其他影响债券价格的因素变动引起债券价值的重新定价。

（2）市场利率

债券的市场利率一般由两部分构成，即无风险利率和利率风险溢价。无风险利率一般使用相同期限的国债利率来代替。利率风险溢价同债券发行主体的信用评级及违约风险有关。相同的债券期限和付息方式、不同的债券发行主体的利率风险溢价是不一样的，反映的就是不同债券主体的违约风险不同，因此利率风险溢价的不同又称为信用利差。一般来说，利率风险溢价受公司的违约风险影响外，还受经济形势的影响比较大，在经济形势较好的时候，利率风险溢价通常比较小，而一旦经济形势变差，人们的风险规避意识就会增强，债券的风险溢价就会扩大。注意这个扩大和缩小是相对的，是相对于相同信用评级的发行主体而言的，即使是相同的发行主体，在不同的经济环境下，其信用评级也是有差距的。

无风险利率跟货币政策和利率政策密切相关，中央银行的基准利率、宏观经济运行状况、货币供应量、通货膨胀率以及国外的利率水平都对国债收益率形成重要的影响。

中央银行的基准利率。中央银行基准利率包括法定准备金利率、再贷款利率、再贴现利率等。作为利率金融产品的国债，对利率变化非常敏感。因此，中央银行基准利率是国债二级市场收益率的重要影响因素。

宏观经济运行状况。在经济运行状况良好时，一方面投资旺盛，利率有上升的要求或预期，在这种预期下，国债现券价格有下行压力；另一方面，宏观经济上升时期，股市行情上行，资金从债市流向股市引起债市下行，从而导致现券内在收益率上升。反之，当宏观经济处于商业周期的萎缩时期，实业投资风险增大，国债市场作为良好的资金避风港受到众多投资者的青睐，此时国债现券价格会上行；另一方面，经济衰退时，中央银行降低利率水平也是情理之中的事情，降息的预期与现实进一步推动国债现券市场的行情，从而导致内在收益率下降。然而，当宏观经济形势急剧恶化或发生严重的金融危机时，特别是经常项目出现严重赤字、国内发生通货膨胀，从而导致本币贬值、资本外逃和偿债危机时，国债现券价格会急流直下，许多新兴市场所发生的情况正是如此。

货币供应量。若加大货币供应量，资金面就相对宽松，则国债现券市场有望走强，其内在收益率下降。影响货币供应量的主要因素是法定准备金利率、法定准备金比率和公开市场操作。当法定准备金利率和法定准备金比率下降时，货币供应量增加，国债现券价格提高。

通货膨胀率。通货膨胀率是决定长期收益率趋势的首要经济因素。在名义利率保持不变情况下，通胀率下降，实际利率上升，此时存在利率下调空间，投资者形成利率下调的预期，国债现券价格将上升。通货膨胀率决定了投资的实际收益率，国债的到期收益率只有在大于通货膨胀率的情况下才会吸引投资者。在高通胀时期，持有债券，尤其是长期债券，其固定的票面利息往往低于物价上涨幅度，将遭受严重贬值。为此，投资者将寻求其他保值和增值手段而抛售国债。另外，为控制通胀，政府将卖出国债、回笼货币，从而导致国债市场供大于求，价格下跌，收益率曲线抬高。

国外利率水平。在资本自由流动的情况下，当国外利率水平提高时，如最有影响力的美国联邦基金利率（隔夜拆借利率）上升时，国内资金外流，国债现券价格下跌，从而内在收益率上升。由于人民币在资本项目下不可自由兑换，因此汇率和国外利率水平对中国国债市场的影响不大。

（3）债券的到期期限

债券的到期期限对债券价格的影响一方面体现在利率期限结构上，另一方面体现在债券的久期上。

根据利率期限结构理论，不同的到期期限的债券其债券收益率曲线是不一样的，因而即使相同的债券发行人，相同的票息，债券的到期收益率也很有可能是不一样的。

债券的久期是衡量债券平均到期期限的指标。数学意义上讲，久期就是债券距离到期时间的加权平均值，权重与支付利息或本金的现值成比例。债券久期是一种测度债券发生未来现金流的平均期限的方法。由于债券价格对利率的敏感性会随着债券的到期时间的增加而增加，因此债券久期经常被用来测度债券价格对利率变化的敏感程度。

一般来说，在其他因素不变的情况下，债券的到期时间越长，债券的久期越长，债券价格对利率变化的敏感性越强。

第六节　期货价格的影响因素

根据第一章的内容，期货的价格主要受现货价格的影响，其次是期货和现货之间的基差的影响。

1. 影响期货和现货基差的因素

（1）品质差异

在期货合同中规定买卖的标的资产是标准化的货物，现货市场上实际交易的商品品级，与交易所规定的期货合同中标准化的商品品级往往不一致，品质的差异通过基差的形式展现出来。

（2）交割仓库的位置

期货交易所的期货合同中，明确规定了现货交割地点，这些地点一旦确定不可更改。而实际上，现货购买方的货物需求地点往往并不与交易所指定的交货地点一致，因此基差也体现了现货买方与期货交易所交割仓库两个地点之间的运费。

（3）时间因素

由于现货买方的货物需求时间与期货的交割时间往往不一致，这样，期货价格与现货价格之间存在时间差异。时间因素对不同时间点的货物价格影响主要体现在仓储费用上，具体费用包括库存费、保险费和货物占用资金的成本（利息）。这些费用也会以基差的形式体现。

2. 影响大宗商品现货价格的因素

（1）供求关系

现货的价格受市场供求的影响，当供过于求的时候，现货价格下跌；当供不应求的时候，现货价格上涨。分析现货的供求关系可以参考现货的库存量、现货产量、经济状况、需求状况、替代品状况及国外产品状况等。

（2）经济周期

大宗商品现货价格受经济周期的影响非常明显，在经济周期的各个阶段，现货的生产和销售都会规律性地扩张和紧缩，同时会表现在库存上面，体现为库存周期。

（3）政府政策

政府政策尤其是产业政策会对现货的供求产生巨大的影响，如环保政策对污染类企业的生产和加工短期产生比较大的限制。

（4）政治因素

很多国际性大宗商品，如原油、铜等属于世界供应链体系，重要的大宗商品生产国发生罢工、大选、政变、内战等，会对供给产生巨大的扰动。

（5）自然因素

农产品的价格受自然因素的影响尤为明显，如厄尔尼诺现象引起大豆、玉米的减产等。另外，地震等自然灾害影响矿山的安全性，容易造成供应中断。

（6）季节性因素

很多大宗商品具有明显的季节性特征，如螺纹钢的季节性因素受房地产季节性开工的影响。农产品的供应旺季一般价格不会上涨很高。

第七节　期权价格的影响因素

本章第二节对期权的定价模型进行了详细的描述，根据价格围绕价值上下波动的分析模式，影响期权价值的因素都会对期权的价格产生影响。

一般来说，影响期权价值的因素主要有：标的资产的价格、期权的结构（行权价、障碍价格、敲出价格等）、标的资产波动率、到期时间和无风险利率五个重要因素。

标的资产价格的影响因素视不同的标的资产情况有所不同，一般来说，期权的标的资产主要为股票、股票指数、大宗商品现货、大宗商品期货、汇率、利率、债券等。本章的第四、五、六节分别对股票、债券、期货等重要的资产的价格影响因素做了分析。汇率和利率的影响因素与本国的货币政策、利率和汇率政策相关，本章第四节介绍股票价格影响因素的时候有过介绍，这里不做重复的阐述。

在分析期权价值的时候，我们经常将期权的价值分为内在价值和时间价值两个组成部分。期权的内在价值是在不考虑交易成本的情况下，期权的权利方立即执行期权合约可以获得的行权收益。当然这里的行权是假定能够行权，欧式期权不到行权时间是无法行权的。期权的价格减去期权的内在价值就是期权的时间价值。期权的时间价值是期权的权利持有者在期权的有效期内由于标的资产价格的波动而能为自己带来收益的可能性。由于是一种可能性，因此又称为其隐含的价值。一般来说，对于普通期权，标的资产的波动性越强，期权持有者获利的可能性越大，期权的时间价值就越大。正常情况下，期权的时间价值总是大于等于 0 的，如果现实中期权的价格减去期权的内涵价值之后得出负值，那么说明期权定价偏低了，如果这个负值足够大，市场的套利力量会很快行动，将期权的时间价值向大于等于 0 的方向推动。

根据期权的执行价格同标的资产价格之间的关系，我们将期权分为实值期权、平值期权和虚值期权。依据这三类期权标准，可以将期权价值中的时间价值和内在价值的比例关系做大致的区分，因为在不同种类的期权中，期权价值的时间价值成分占比是不同的。

对于看涨期权来说，实值期权的执行价格小于标的资产的价格；平值期权的执行价格等于标的资产的价格；虚值期权的执行价格大于标的资产的价格。对于普通期权，在期权结构一定的情况下，当期权处于平值状态的时候，期权的时间价值达到最大值，这时候市场价格的变动导致期权价值的变动主要是增加或减少了期权的内涵价值。

1. 期权结构

期权结构是期权品种的重要合约条款，普通期权的期权结构主要包括期权的行权价、行权方式（美式、欧式）。奇异期权的期权结构可能还包括期权的敲出价格＼敲入价格（障碍期权）等。奇异期权的定价不在本书的讨论范围，我们讨论期权行权价因素对期权价格的影响时，都假设其他条件不变（影响期权的其他因素不变）。这在分析期权价格的其他影响因素的时候，我们也是采取这一分析方式。后面的分析我们就不再赘述这一原则。

对于看涨期权来说，期权的行权价越低，期权的内在价值就越大，看涨期权价格与行权价负相关。对于看跌期权来说，期权的行权价越高，期权的内在价值就越大，看跌期权价格与行权价正相关。

2. 标的资产价格

学术界一般使用希腊字母 Delta 衡量标的资产的价格对期权价格的影响大小。从数学意义上讲，期权的 Delta 是期权价格对标的资产价格的偏导数，它用于度量期权价格对标的资产价格变动的敏感性。

期权的 Delta 取值一般在 ［-1，1］ 之间，也就是说，理论上讲，标的资产价格变化的速度至少不会小于期权价格的变化速度。

一般来说，普通看涨期权的 Delta 为正的，标的资产的价格上升，普通看涨期权的价格就应该上涨；普通看跌期权的 Delta 为负的，标的资产的价格上升，普通看跌期权的价格就应该下跌。

对于普通看涨期权来说，标的资产的价格越高，价格变动对期权价值的影响程度就越大；对于普通看跌期权来说，标的资产的价格越低，价格变动对期权价值的影响程度就越大。

对于普通看涨期权来说，随着期权到期日的临近，实值看涨期权的 Delta 将逐渐收敛于 1，平值看涨期权的 Delta 将逐渐收敛于 0.5，虚值看涨期权的 Delta 将逐渐收敛于 0；对于普通看跌期权来说，随着期权到期日的临近，实值看跌期权的 Delta 将逐渐收敛于 -1，平值看跌期权的 Delta 将逐渐收敛于 -0.5，虚值看跌期权的 Delta 将逐渐收敛于 0。

对于标的资产价格对期权价格的影响，还有一个希腊字母 Gamma。从数学意义上讲，Gamma 定义为期权价值对标的资产价格的二阶偏导数。它用于度量 Delta 对标的资产价格的敏感性。当 Gamma 比较小的时候，Delta 变化很缓慢。Gamma 还有一个特性是，同一个时刻，相同参数的看涨、看跌期权的 Gamma 是相同的。对于普通期权来说，Gamma 永远为正，也就是说随着标的资产价格的上涨，期权的 Delta 数值总是变大的。

随着期权到期时间的临近，平值期权的 Gamma 是单调递增直至无穷大。非平值期权（实值和虚值期权）的 Gamma 先变大后变小，随着到期日的临近，逐渐归于零。

3. 标的资产波动率

学术界一般使用希腊字母 Vega 衡量标的资产的波动率变化对期权价格的影响大小。从数学意义上讲，期权的 Vega 是期权价格对标的资产波动率的偏导数，它用于度量期权价格对标的资产波动率变动的敏感性。

在参数相同时，普通看涨期权和看跌期权的 Vega 是相同的。而且无论是看涨期权还是看跌期权，它们的 Vega 都是相同的，也就是标的资产波动率加大，期权价值会增加。

无论是看涨期权还是看跌期权，在当标的资产价格位于行权价附近时，Vega 最大，波动率对期权价值的影响是最大的。以这个点为中心，在行权价两边，无论是标的资产价格上涨还是下跌，Vega 值都将逐渐减少。

随着期权到期时间的临近，无论是平值期权、虚值期权还是实值期权，它们的 Vega 值都会越来越小。

4. 到期时间

学术界一般使用希腊字母 Theta 衡量标的期权到期时间对期权价格的影响大小。从数学意义上讲，期权的 Theta 是期权到期时间对标的资产价格的偏导数，它用于度量期权价格对标的到期时间变动的敏感性。

对于普通看涨期权来说，期权的 Theta 值恒为负值；对于普通看跌期权来说，期权的 Theta 值一般为负值，但是在严重虚值的时候，期权的 Theta 值可能为正。

无论是看涨期权还是看跌期权，在行权价附近，期权的 Theta 值绝对值最大（注意为负值），也就是在行权价附近时，到期时间变化对期权价格影响最大。

随着期权到期时间的临近，平值期权的 Theta 是单调递减直至负无穷大。非平值期权（实值和虚值期权）的 Theta 先变小后变大，随着到期日的临近，逐渐归于零。也就是说，随着到期日的越来越接近，平值期权的时间价值流逝越来越快，而非平值期权受到的影响越来越小。

5. 无风险利率

学术界一般使用希腊字母 Rho 衡量利率变化对期权价格的影响大小。从数学意义上讲，期权的 Rho 是期权价格对利率的偏导数，它用于度量期权价格对利率变动的敏感性。

对于普通看涨期权来说，期权的 Rho 值恒为正值；对于普通看跌期权来说，期权的 Rho 恒为负值。

对于普通看涨期权来说，标的资产价格越高，Rho 值越大，利率变动对期权价格的影响越大；对于普通看跌期权来说，标的资产价格越低，Rho 值越小，但绝对值越大，利率变动对期权价格的影响越大。

无论是看涨期权还是看跌期权，随着期权到期日的临近，Rho 值都会逐渐收敛于零。也就是说随着到期日的临近，利率变化对期权价值的影响越来越小。

第三章 投资、投机与博弈

人们经常用投资和投机来对有价证券的二级市场交易属性进行分类，那么究竟何为投资、何为投机？不同的人又有不同的理解。本文以目的为导向对交易的属性进行分类。分类是为了指导二级市场参与者在交易的过程中知行合一，明白获取的收益最终来源于哪里，或者是交易的基本逻辑是什么。

投资，其基本逻辑应该是基于对目标证券内在价值的分析，因价格和价值偏离而产生投资机会，因认可价格会回归价值而进行交易。由于价格与价值偏离可能是长期的。因此投资一般是长期的。因为有内在价值逻辑存在，因此投资应该是有逻辑上的安全边际的。

投机，基本逻辑是研究价格波动的规律，方法可能是基于对标的资产内在价值的分析，或者是纯粹的技术分析，基于一个既定的分析方式或者模型对价格进行预测。因此投机一般是短期的，因其逻辑是基于预测，预测是概率意义上的，因此会出错，没有逻辑上的安全边际。

从整个资本市场来看，在某一个时间点，无论投资和投机，最终都是一个零和博弈或者是负和博弈（考虑到手续费和印花税等交易成本）。

从盈利意义和社会价值来看，投资和投机并无好坏之分，只是交易的性质和逻辑不同罢了。我们不能因为看到索罗斯通过做空英镑获利，就说做空的人是坏人，认为做空是可耻的。再拿中国近年楼市的"炒房团"来说，不能因为他们的投机炒作在一定程度上推高了房价，就认为投资房产是不道德行为。

为了同市场概念保持一致，后续章节我们继续以投资代指投机和投资两个概念，在需要将两种类型交易分开的时候，我们会做出说明。

由于证券投资是在不确定情况下的重复性博弈，同赌博的性质有类似之处，本章根据凯利公式的原理对投资活动进行解释，希望对投资者有所帮助。

第一节　有价证券交易的性质划分

市场上一直就有投资和投机的性质之争，为什么要对市场交易行为进行属性划分，表面上看，只要能获取利润，什么样的投资方法都无所谓。投资和投机究竟有何区别，许多市场参与者终其一生也没有认真思考过这个话题。投资家沃伦·巴菲特曾经说过，真正的风险来自你不知道自己在做什么。因此如果想在交易领域长期活下去，交易者不得不去思考两者的区别。这里需要特别指出，我们对两种交易方式不置褒贬。

作为交易方法，投资和投机有很大的相似之处：两者都以盈利为目的，收益的来源都来自买卖价差。两者的收益都具有不确定性，也就是两者都是在风险和收益之间进行的权衡，都存在亏损的可能性和现实性。

现代证券分析之父本杰明·格雷厄姆在其著作《聪明的投资者》中对投资和投机的区分进行了重点阐述，他的主要观点如下：

①投资是有安全边际保护的，投机没有这种保护机制。

②投资的逻辑来自于证券估值，投机的逻辑是市场预测。

③投资使用的分析方法是基本面分析方法，投机使用的方法是市场分析或技术分析方法。

投资家沃伦·巴菲特是价值投资理念的信奉者，巴菲特的一句名言，相信大家都耳熟能详：如果你没有准备好持有一只股票超过10年，那么你连10分钟都不要持有它。巴菲特的很多观点也和价值投资有关，如最终决定公司价格的是公司的价值，没有任何时候适合将优秀的公司脱手，好的企业比好的价格重要。

作者认可格雷厄姆和巴菲特关于投资和投机的区分，作者从交易逻辑、分析方法、风险控制、交易周期四个方面对投资和投机做出区别和定义。

1. 交易逻辑

投资者注重价值判断，关注价值。投资者基于证券估值，证券估值的方法本书第二章已经讨论过，当然那些是经典的证券估值方法，每个投资者都有自己认为合适的方法，如巴菲特有自己的特定选股逻辑，中国的期货交易大师傅海棠（价值投资信奉者）也有自己的大宗商品分析逻辑。证券估值的素材可以是公司治理结构，或者是行业地位、宏观经济等。投资者的投资逻辑必须是基于"逻辑"的，而不能是基于"假设"的。

投机者基于价格预测，关注价格。投机者只要认为证券的价格有上升的可能性，就会买入证券等待获利；同样，如果认为证券价格有下跌的可能，就会做空证券等待获利。而不太关注证券的价格是否反映证券的价值。

2. 分析方法

投资者主要使用基本面分析方法，当然也会关注技术指标等技术分析要素，但是决策的主要依据是基本面分析结果。基本面分析方法讲逻辑，认为证券的内在价值是投资的本质，证券的市场价格只是内在价值的反映。基本面分析关注的因素很多，主要有宏观因素，如经济形势、政治军事因素、经济政策和财政政策、市场心理、突发事件等；产业及行业因素，如供给需求、产业政策、行业前景、技术突破等；公司基本面因素，如管理结构、行业地位、技术专利、产品或服务优势、品牌优势、区位优势、公司战略、公司规模、人员素质等。基本面分析以定性分析为主，但有时也结合定量分析。投资者的分析必须是全面的，不能漏掉主要矛盾，这样才能保证投资者的资本安全性。

投机者主要使用技术分析方法，当然投机者也不会对重大基本面信息视而不见，但其主要决策依据是技术分析结果，技术分析方法讲概率。技术分析方法往往从资产价格的历史信息（量、价、时、空）中挖掘交易信息，

那么基本面分析和技术分析相结合的方法是否可提倡的呢，投资界有一种流行很广的思维，很多投资者也在不自觉地使用这种方法，就是把基本面分析与技术分析相结合，在股票市场就是"选股"与"择时"相结合。作者是认可这种分析模式的，假如每次交易都是一次博弈，投资和投机的逻辑是彼此独立的，有各自的胜利和盈亏比，经过两次筛选，胜利的概率是会增加的，但损失的是盈利的机会降低了，或者说是资金的使用效率降低了。但市场上也有不同的声音，格雷厄姆就认为："任何将投资和投机结合起来的努力都是不合逻辑和令人困惑的。"至于何种观点是符合现实的，可能很难得出明确的结论，读者可以认真体会各种观点的逻辑，然后融入自己的分析中，而不是生硬地照搬别人的观点直接使用。

3. 风险控制

无论是投资还是投机，都是一种冒险行为，只是不同类型的交易标的风险等级不一样，即使是我们认为是无风险资产的国债，也不是完全无风险的，只是国债有政府信誉做担保，可靠性比较高而已。不同类型的交易者对风险态度不同。根据格雷厄姆对投资的理解，投资的核心是"安全性"，或者成为安全边际，"安全边际"思维是格雷厄姆投资理论的中心思想，"我们建议用安全边际这一概念为标准来区分投资业务和投机业务"。但如果简单以安全性来区分投资和投机，我们就会得到这样的结果：投资就是一次获利的投机，这显然是有缺陷的结论。那么我们如何定义安全性的标准呢，一方面是交易逻辑的安全性，也就是说投资逻辑应该是基于合理假设的逻辑，而不是建立在不确定性假设之上的主观判断。另一方面是可能的亏损或回撤可预期、可监测、可计量，可预期是所有的可能风险来源可以提前预知，可监测是指风险发生前的指标或者迹象有迹可循，具有发现的可能性和现实性，可计量是风险发生时损失的额度可以提前测算或估计。

从投资收益来源的角度来看，安全边际是有价证券的市场价格低于其内在价值的差额。这里指出一个误区，市场上有一种声音认为风险小的金融工具交易是投机，风险大的金融工具交易是投资，比如认为债券和优先股交易是投资，期货和期权交易是投机，这是完全错误的，投资交易同样存在风险。

4. 交易周期

一般来讲投资是长期的，以代际财富转移为出发点，着眼于获取未来财富分配权；投机，以获取当前财富为目的，着眼于以当前财富的待机转移从而增大未来财富分配能力。

那么多长时间持有有价证券是长期的呢？市场上有一种声音认为持有有价证券超过一年是投资，低于一年的持有是投机行为，这条标准显然是不够准确，或者说是不够科学的。作者认为，投资行为的持有周期是持有至交易逻辑消失，或者是进行交易的时候有强烈的持有至交易逻辑消失的动机。

投机行为的交易周期一般相对比较短，有一个造成这种现象的原因就是投机是基于预测，预测是基于某种范式或者模型，当然普通投资者的模型可能就是自己大脑的一瞬间的思维逻辑，而且影响有价证券价格的可参考因素很多，变数比较大，如市场情绪等因素的主观性比较大。因此，一方面预测模型的闪烁性，另一方面模型输入的不确定性，造成预测结果变数比较大，因此投机周期相对比较短。

市场上主流的思想认为：长期持有标的资产的行为称为投资，短期持有标的资产获取价差的行为称为投机。本书认为，表面是都是获取价差，投资者获取价差的逻辑是内在价值和价格的偏离，价值规律会指导价格向价值回归。投机者投机的逻辑是预测价格的合力方向，也就是一个看自己的判断，一个是看别人的判断，事实上都是一种博弈，一个博自己的判断，一个博他人的判断。事实上，资本市场上很多人根本没有投资体系，仅仅凭借感觉在做投资，或者是听消息或者别人的判断在做投资，这在中国证券交易以散户为主的市场上是一个普遍的现象。本书以投资来统一描述有价证券交易行为。

第二节　量价时空四个维度的博弈

无论是投资还是投机，二级市场交易都是围绕着量价时空四个维度在进行博弈。对证券投资来说，量价时空四个维度是证券投资最重要、最基础的分析维度。

1. 价格

价格是证券投资中最重要的分析维度，位居四大分析要素的首要位置，无论是何种分析方法，是基于基本面的分析方法还是基于技术分析的分析方法，都离不开对价格要素的分析。

对于基本面分析方法来说，价格围绕价值上下波动，虽然基本面分析注重证券的价值，但是价格偏离价值的幅度以及价格同价值的偏离是否会很快回归也是基本面分析者必须关注的。

对于技术分析方法来说，价格是技术分析的锚，所有的技术指标和技术形态，要么直接和价格有关，要么其分析框架中必须包含价格的锚定作用。也就是说使用的技术指标和技术形态等必须是对价格形成有规律的关联机制。

2. 成交量和持仓量

对于股票和债券资产来说，在一定的时间内其总量有限，因此成交量是证券分析的重点。对于期权期货等衍生品合约来说，合约的总量是不停地变化的，因此成交量和持仓量都很重要。

有的技术分析师认为，成交量在分析市场价格的短期运行趋势的时候，比价格本身更有价值，因为很多时候市场具有很多非理性的因素存在，成交量的大小直接表明了一段时间内多空双方对市场的价格区间和技术形态等的认可程度。市场上向来就有一种说法：量是价格的先行，先有天量后见天价，地量之后方有地价。说的就是量是价的先行指标。不过也不能把成交量的作用过度夸大化、绝对化。成交量在某些时候也会骗人，需要结合实际情况进行具体的分析。

市场中一直流行这样一句话："股市中价格可以骗人，消息可以骗人，唯有成交量是真实的。"成交量与证券价格密不可分，成交量是价格变动的原动力。在股票市场上，股价的上涨需要成交量的配合，如果没有成交量，股价的上涨经常被人们认为是虚高。成交量分析可以帮助投资者掌握成交量和价格之间的微妙关系。

成交量是证券市场供需双方博弈的体现。价格是供需博弈的结果，成交量反映供需博弈的细节。当证券市场上供不应求的时候，成交量可能放大，当供过于求的时候，市场可能比较冷清，买卖稀少，成交量萎缩。此外，广义的成交量信息还包括成交手数、成交金额、换手率等因素，狭义的成交量一般指成交手数。

技术分析派倾向于认为成交量是市场价格波动的原动力，如果没有成交量的配合，价格就如同无本之木。因此成交量分析成为投资者分析市场的重要依据：一般来说，市场对当前价格认同程度越高时，成交量越小。而在价格很低的时候，长期低迷的成交量往往是底部的重要特征。当市场对当前价格认可分歧越大的时候，成交量往往会突然放大，甚至会持续一段时间，如果成交量的放大伴随着价格朝某个方向突破，那么有较大的概率价格会朝着这个方向持续突破。说明价格经过多空分歧和博弈后，某一个方向的力量暂时占据了上风。

对于衍生品市场来说，持仓量分析也同样重要。持仓量，又被称为控盘量或未平仓合约数量，是指投资者买入或卖出后尚未对冲或进行实物交割的衍生品合约的总数量。

在期货市场上，持仓量是这样计算的：一个多头和一个空头同时建立各自新的头寸（1手）时，持仓量增加两个合约单位；如果交易的一方进行新开仓位，另一方却进行平仓操作，那么持仓量不变；交易双方都是平仓操作，那么持仓量就减少两个合约单位。

由于期货合约同时有很多不同月份的合约在同时交易，因此进行持仓量分析的时候一般考虑将所有合约持仓量进行加总，当然对期货合约进行成交量分析的时候也经常将所有合约的持仓量进行加总。

在进行持仓量分析的时候，有很多投资者还关注机构的持仓结构。期货市场上，交易所会每天公布所有经纪商的持仓结构和持仓均价，通过这些持仓结构和价格可以对主力机构的持仓进行分析。这些投资者认为，主力机构的持仓结构往往预示着价格的发展方向。一般来说，在基本面信息基本稳定的情况下，主力机构特别是大型现货套保商比一般投资者对现货的基本面的信息更有优势，他们对现货的理解更透彻、信息掌握更全面，因而他们的动向对于投资者有很强的指导意义。但是持仓结构对价格并不是具有确定性的决定作用，决定期货价格的关键还是现货市场的供求关系，持仓结构只不过是客观反映了基本面的一些细节，并不是全部。而且持仓结构只是期货经纪商的持仓结构，这些持仓中究竟有多少是机构套保商的持仓，又有多少是期货投机者的持仓，也有很大的不确定性。

3. 时间

时间因素是证券投资必须考虑的重要因素，也是一个在交易中比较容易被忽略的问题，时间因素对投资的影响主要体现在三个方面，一是对价格的影响，二是投资周期对投资策略的影响，三是影响投资的机会成本。

（1）时间因素与价格

当市场价格在一个区域盘整很久，说明在这个区域多空双方出现了比较大的一致，这个一致导致多空双方的成本集中在这个区域。如果价格在某个时间点突破这个区域，那么表示过去一段时间的多空平衡被打破，给交易带来的意义就很大。市场上有句话叫"横有多长、竖有多高"，指的就是如果长期形成一个盘整区域，盘整的时间越长，一旦多空平衡被打破，价格纵向发展的空间就会越大。

另外，在股票市场上还有一种现象，当一只股票下跌一定的幅度花费的时间越来越少的时候，说明股票的下跌动能越来越足，即使有反弹，可能也是短暂的，但是要结合具体情况，一般在下跌的初期出现加速下跌情况，即使出现反弹，也要以回避为主，但是如果反弹过程中伴随着成交量的巨幅放大，那可能是下跌的结束。

（2）时间因素与策略执行

策略的时间周期问题也是投资者需要注意的问题。一般来说，不同周期的策略其风险收益特征都不一样，短线策略一般是胜率相对较高，盈亏比相对较低；长线策略一般胜率相对较低，但是盈亏比较高。因此，在交易的过程中，短线策略的止盈止损必须保持在合理的范围之内，保持相对较大的止损和较小的止盈空间可能是合理的。但是对长线策略来说，保持相对较小的止损和较大的止盈是合理的。注意我们刚才讲的止盈和止损空间都是相对的概念，长线策略的小止损是相对于大止盈而言的，跟短线策略的止盈止损没有关系。对于高胜率的交易系统来说，长期保持很高的盈亏比是不现实的，因此不建议为了追求高的盈亏比而对策略进行过度的优化，因为有极大的可能会影响策略的胜率，最终导致策略逻辑彻底改变。对于低胜率的交易系统，必须有较高的盈亏比，因为胜率较低，如果不能在一次盈利的交易中赚取足够多的钱，就没法弥补多次亏损带来的损失，最终导致策略长期是赔钱的，因此长线投资策略不能急于止盈，要在一次趋势中赚取足够多的钱。

对于价值投资者来说，投资中的时间观念尤为重要。由于价值投资者的投资逻辑是价格必然回归价值，但是价格回归价值需要时间，在很多情况下，市场价格会长期大幅偏离价值，也正是这种长期大幅偏离带来了更大的投资机会。因此需要价值投资者耐心等待。

等待也是一种交易，等待是对不利行情的规避，对有利行情的选择。同时等待也是对交易纪律的遵守，对交易心态的磨练。对于很多初入市场的人来说，害怕错过行情，只要一有疑似的交易机会，就迫不及待地去交易，结果等到真正的好机会来临时，已经没有资金了。

从风险控制手段来说，时间的重要性也是不言而喻的，当市场行情出现重大变动，执行止盈止损的时间点把握是考量投资者是否优秀的重要方面。市场上有一句话叫作会买的是学生，会卖的才是师傅。行情剧烈变动的时候，时间就是金钱，机会可能稍纵即逝，也可能等待就是风险，如何选择，又是一个难题。

（3）时间因素与投资机会成本

在投资的过程中，投资的机会成本往往也是投资者容易忽略的因素。当一个交易机会来临的时候，投资者会面临是否进行交易的抉择。一般来说，是否满足策略的开仓条件是投资者是否进行交易的充分条件，但是，对于很多成熟的投资者来说，又将策略的投资机会分为不同的种类，如分为一般的投资机会、好的投资机会和绝佳的投资机会。对于一般的投资机会，可以试一试，但是如果把资金全部使用上，那么未来好的投资机会来临的时候，将没有足够的资金把握更好的机会。因此，当投资机会来临的时候，是立即进行交易还是等等也是一个权衡的话题。

4. 空间

空间因素包括价格上涨或下跌的空间、价格的形态结构、投资分析的维度空间。

（1）价格上涨或下跌的空间

历史最高价和最低价与当前价位的关系往往是判断当前价格水平的重要标尺。当然有效的历史时间长度如何界定又是一个权衡的话题，投资者可以根据市场结构和产业结构状况，对有效的历史参考时间进行合理判断。当证券的价格突破过去很长一段时间的最高价或者最低价的时候，说明当前的多空双方有一方明显强势。如果某个证券品种突破了过去几年，甚至是历史最高价，那么我们就需要对该品种进行重新地审视了，因为极有可能是证券的供需格局发生了不可逆转的改变，或者是证券本身的价值发生了剧变。价值投资者这时候可能需要对证券的估值系统进行重新评估。

在空间因素中，支撑位与压力位具有重要的参考价值，支撑位与压力位可以是切线系统界定的支撑压力体系，也可以是均线系统界定的支撑压力体系，或者是某个其他技术指标的界定的支撑压力体系（如 MACD 背离的价格位置）。支撑压力的点位固然重要，距离支撑压力点位的价格空间也很重要，如价格距离某个均线上方比较远的时候，均线的支撑作用能可能比较微弱，但是当价格达到均线附近的时候，均线的支撑作用就比较强了。

（2）价格的形态结构

价格的形态结构是包含价格上下空间和左右延展的综合性判断标准。例如头肩顶结构是一种既包含价格的空间因素，又包含价格形成的时间因素的指标类型。

价格的上下空间以及形成价格上下空间的时间长短因素对价格上下空间也有极大的指导意义。例如上文所说的支撑位与压力位，如果形成这个支撑压力价位经历了较长的时间，也就是说多空双方在该价格范围经历了很长时间的激烈博弈。那么支撑或压力的作用就会更强。

（3）投资分析的维度空间

在量价的基本分析维度下，又有不同的细分维度，如价格中的开盘价、收盘价、最高价和最低价，时间因素中的盘整周期等。投资者进行投资决策的时候会根据不同的策略体系选择不同的输入信息。随着投资技术的发展，基本上投资者策略输入的因素都是多元输入，仅仅依靠一个价格维度进行投资决策的投资者越来越少。

量价时空构成了投资分析的基本维度空间，前面说的时空因素也都是关于量价的时空因素，除了量价之外还有其他的因素也是投资分析的重要输入因素，如证券的行业信息、产业信息、宏观基本面信息等。

策略的优化过程不仅包括策略逻辑的优化，还包括策略输入信息的优化，更多维度的信息输入，减少信息输入的噪音，在同样的信息维度使用不同的方法对信息进行加工变换，都是策略优化的重要方法。

第三节　凯利公式与投机原理

二级市场的证券投资是一种博弈的过程，由于其不确定性、较大的随机性以及重复进行的特征，在很多文献中也将投资博弈称之为赌博。凯利公式是关于在随机博弈的情况下如何进行最优博弈的理论。

1. 凯利公式的基本思想

凯利公式是起源于信息技术领域的理论，原本用于降低噪音对通信讯号的干扰，使噪音干扰引起信息错误的概率降低到最低。后来由于其在处理不确定性重复事件中的优良作用，很快被人们用于赌场中指导赌博以及投资中指导投资。在本节的论述中，我们将赌博、博弈和投资等同为一个概念，但这并不意味着作者认为投资就是赌博，仅仅是因为投资和赌博在处理不确定性结果方面具有相似性。

在一个重复的赌局中，存在一个单次赌资投入的最佳比例，在这个比例的投入下，赌博参与者的盈利空间可以实现最大化的复合增长。这个单次赌资投入的最佳比例用数学公式表示，就是凯利公式。

如果我们假设：

单次赌博获胜的概率为 p，亏损的概率为 q，则 $q = 1 - p$；

赔率（又称盈亏比）为 b（$b > 0$）；

为了简便起见我们假设如果单次赌博亏损，就会亏损掉当次的全部下注，如果单次赌博获胜，就能赢得 b 倍投注金额的盈利（赌资之外的盈利）。

上述假设是一个完整可重复赌局的全部条件，根据上述假设以及凯利公式的原理，单次赌资投入的最佳比例为 f。

$$f = (bp - q) / b = p - q/b$$

由公式的假设可知，$p - q/b \leqslant p$。

根据凯利公式，我们有如下的结论：

①每次下注本金投入比例永远不能超过胜率。

这个结论告诉我们，在投资领域，即使盈利的确定性比较高，但是每次投入全部本金也并不一定是最佳的选择，还要看赔率是否支持，以及盈利和亏损的结构特征，这在凯利公式的复杂形式中我们将会介绍。

②高胜率的交易系统不一定是好的系统，高胜率的系统一般都有比较低的赔率。

我们以一个例子进行说明，假设一个投资系统的胜率很高，为 0.8，也就是说做 1000 次交易，有 800 次是盈利的，但是平均每次盈利很少，亏损的话赔的比较多，假设赔率为 0.2，投资者用单次使用初始本金 10% 的资金进行交易。那么在这样的交易系统下，假设交易 1000 次，投资者基本上很难赚到钱。重复这样的交易次数越多，投资者赔钱的确定性越大。一般来说，高频率交易系统的特征就是高胜率低赔率的系统。

③低胜率的交易系统不一定是差的系统，低胜率的系统如果有比较高的赔率也是可以盈利的。

我们依然以例子来说明：假设一个投资系统的胜率很低，为 0.3，但是平均每次盈利赚的钱很多，亏损的话赔"相对"比较多，假设赔率为 3，投资者用单次使用初始本金10%的资金进行交易，假设交易1000次。那么在这样的交易系统下，投资者基本是确定性的赚钱。一般来说，低频率交易系统的特征就是低胜率高赔率的系统。

④对于很多交易者来说，盈利状态的不稳定不是行情不配合，根本原因是在某种胜率和赔率的系统下，盈亏状态跟行情的相关性太大了。

我们依然以例子来说明：假设一个投资系统的胜率为0.6，赔率为0.65，投资者用单次使用初始本金10%的资金进行交易。根据这样的交易系统进行交易，假设交易1000次，投资者可能会盈利，也可能会亏损，具体的盈亏状态视这1000次交易中盈利出现在前半段时间的概率高还是后半段时间的概率高（总的胜率都一样为0.6），也就是行情的状态决定了1000次交易中投资者是盈利还是亏损。

⑤对于很多交易投资者的投资体系来说，投资体系不稳定导致策略的胜率和赔率统计特征不稳定，导致盈利状态时好时坏。

2. 凯利公式的复杂形式

如果我们假设：

单次赌博获胜的概率为p，亏损的概率为q，则$q=1-p$；

赔率：如果单次赌博亏损，就会亏损掉当次的赌注的c倍（$0<c<1$），如果当次赌博获胜，就能赢得b倍投注金额的盈利（赌资之外的盈利）。

根据上述假设以及凯利公式的原理，单次赌资投入的最佳比例为f。

$$f = (bp-cq)/bc = p/c - q/b$$

根据这个凯利公式，当c非常小，b非常大的时候，f存在大于1的可能性。f大于1说明借债投资是合理的，也就是说，如果存在这样一个投资机会：投资的预期损失非常小，但是可能的回报非常高，并且胜率p大于损失的比例c，投资者借钱进行投资是最佳的选择，但是即使是借钱，也不是借得越多越好，最佳杠杆比例也是有一定数量的。

但是非常遗憾的是，低风险、高回报的投资机会非常罕见，即使有，出现的概率也很小。

3. 鱼与熊掌不可兼得：胜率和盈亏比的此消彼长关系

经过上面的分析，我们了解到，如果一个投资系统具有稳定的胜率和赔率，那么这个投资系统就会有稳定的盈亏状况。是不是找到一个高胜率同时具有高赔率的交易系统，投资者就能长期稳定盈利了呢？答案是理论上可行，实际上不存在这样的交易系统。

在现实的投资中，我们会发现，高胜率的交易系统都拥有较低的赔率，同样的，低胜率的交易系统必须保证较高的赔率才能最终盈利。

我们对策略系统进行改进的过程中也会发现，一个表现很差的交易系统，想要同时提高该系统的胜率和赔率可能是可行的，但是如果一个交易系统已经比较优秀了，这时候同时提高交易系统胜率和赔率基本是不可能的，或者是困难重重。那么保持胜率不变，提高赔率的方案是否可行呢？答案也是困难重重或者是难以实现。基本上，我们在提高胜率的同时，发现策略的赔率跟着下降了，同样我们在提高策略赔率的同时，胜率跟着下降了。在这种情况下，如何对胜率和赔率进行权衡，又是一个没有对错的权衡问题。

第四章 投资的科学与艺术

关于投资是一门科学还是一门艺术，一直以来也是人们不断争论的话题。作者认为，投资既有科学性，又包含艺术性，投资是科学与艺术的结合。

投资是一门科学，在证券投资的过程中，人们使用大量的自然科学和社会科学的基本理论和模型，并在此基础上总结出大量的投资参考资料。因此投资具有科学性。

投资是一门艺术，因为没人能将一定能挣大钱的投资方法说出来或者描述出来，人们虽然在投资的过程中使用大量的数学和各种定量分析模型，但是如何用这些投资方法去挣钱，不同的人又有不同的理解，正所谓"道可道、非常道"。

投资是科学与艺术的结合，投资需要科学方法以及科学模型的指导。历史会重演、市场会重复，但不是简单的重复。行情每次的表现形式都不一样，因此科学方法或模型，需要艺术性的使用。

同投资的科学与艺术的争论一样，究竟何为科学，何为艺术，不同的人可能给出不同的定义，科学与艺术的定义本身也是一个很有争议的哲学话题。有人说"哲学"挑起争论，"科学"终止争论。"艺术"是哲学与科学的抽象实体。为了对投资的科学与艺术进行描述，本书首先将科学与艺术的讨论范畴进行界定（注意不是定义），然后在界定的范围内进行讨论。

《辞海》对"科学"的解释为：科学是运用范畴、定理、定律等思维形式反映现实世界各种现象的本质和规律的知识体系。

根据研究对象的不同，人们将科学分为自然科学、社会科学和思维科学，以及总结和贯穿于三个领域的哲学和数学。根据与实践的联系不同，人们将科学分为理论科学、技术科学、应用科学等。

我们讨论投资的科学性，主要从投资使用的科学方法、客观体系、科学理论，以及对规律的把握等方面进行阐述。

对于艺术的界定比对科学的界定更加困难，《现代汉语词典》对艺术的定义为"通过形象塑造来反映社会生活，表现作者思想感情的一种社会意识形态；富有创造性的方式、方法"。《辞海》对艺术的解释为："它是人类以感情和想象作为特性的把握世界的一种特殊方式，即通过审美创造活动再现现实和表现情感理想，在想象中实现审美主体和审美客体的互相对象化。"

我们讨论投资的艺术性，主要从投资的主观化、情感化、创造性、主体和客体的相互对象化等几个方面进行阐述。

第一节　投资的科学性

1. 运用科学的方法进行策略研究

一般来说，投资者构建投资策略的过程中，都是通过证券价格相关的因素进行长期严谨的观察，构建分析模型并进行历史信息验证，最终接受市场的验证。这种研究方法是科学的研究方法，休现出策略构建过程的科学性。

经典的科学研究方法包括归纳法和演绎法。这也是证券投资者常用的两种方法，投资者一方面在投资过程中对投资相关的各种信息进行归纳总结，得出宝贵的交易逻辑或者投资经验，并在这些逻辑和经验的基础上总结出具体的投资策略。另一方面，投资者利用已有的数学模型、经济学模型或者心理学模型对投资实践进行解释和演绎，形成具体的投资策略。

2. 投资体系的日渐客观化

成熟的投资者不停地追逐投资体系的完整、稳定和客观，以实现投资风格的稳定。用凯利公式的逻辑分析就是，投资者不断地追求策略胜率和赔率稳定性。追求稳定性的过程也就是投资体系客观化的过程。

投资是主观因素和客观的结合，客观化的投资体系可以最大程度地避免人性弱点对投资的不利影响。成熟的投资体系都是日渐客观化的投资体系，如越来越受到市场重视的量化投资模式就是投资体系日渐客观化的体现。当前，即使很多机构使用的是主观投资的投资方式，主观投资者的很多信息输入都依靠大量的客观信息做依据，这些客观信息很多都不是原始的数据信息，而是经过各种数量化模型处理过的信息。例如，目标股票市盈率在行业中所处的分位数，过去几个交易日中主动买单和主动卖单的比例等，这些客观化因素也会大量被主观投资者采用。

3. 使用科学的理论作指导

投资者大量使用各种自然科学和社会科学的模型来指导投资，有的投资策略直接使用已有的模型。人们使用的各种证券的估值模型是金融模型的直接使用，凯利公式模型是计算机信息技术模型的使用。对波动率的统计经常使用的GARCH 类模型是统计学模型。期权定价模型中使用了很多数学和物理学模型。此外社会心理学模型也被人们用来指导投资活动，本书的第六章对行为金融学的描述中会有详细的介绍。

4. 投资策略是对价格运行模式的规律性把握

价格运行的整体性规律难以把握，因此我们无法用一个或一系列模型精确地对价格运行模式进行解释，但是价格运行模式的一个个特殊片段的规律性，却是有被发现和总结的可能性。投资者可以选择这些特殊片段的价格运行特征进行观察和总结，进而建立投资策略模型对价格模式进行分析和把握。每个策略都是从不同的侧面对价格运行的某种模式进行分析和把握的。

第二节　投资的艺术性

投资需要想象力，投资还需要创造性，需要投资者不停地对市场进行分析，并不断地发展原有的投资理论并创造新的投资模型。想象力和创造性经常带有艺术性。

同样一套策略系统，有的人使用了就能挣钱，有的人使用了反而赔钱，这也充分体现了投资的艺术性。

1. 投资的主观化因素

投资离不开人的因素，任何投资策略和分析模型都是人开发出来的，策略的整个生命周期都是在人的干预下进行的，包括策略的开发、策略的评估、策略的运行。即使是客观化程度比较高的量化投资，也是人的主观思维在计算机模型上的客观化运行，并且程序化模型何时配置，配置多大的仓位、配置在那个品种上，一般还是需要人为因素的干预。

2. 投资的情感化因素

既然投资离不开人的因素，那么投资过程中一定会表现出人的情感化烙印。人是有情感的动物，投资者的情感化因素不仅影响自身策略的执行，也会因为策略的执行对市场行为造成影响，使得价格的运行过程出现诸多的非理性行为。市场非理性现象的研究又带来针对这些非理性现象的理性策略。

3. 主体和客体的相互对象化

投资是投资主体（投资者）和投资客体（证券价格）的相互对象化的过程。一方面是人的主观行为分析客观的市场价格，另一方面是市场价格又是人的主观行为的合力产生的。

投资者发现价格运行模型形成策略，策略的运行状况使得投资主体对市场进行重新评估，并对策略进行不断的升级和改进。

第三节　定量投资与定性投资

定量分析和定性分析是投资者对市场进行分析的两种模式，定性分析是指投资者运用历史行情、市场信息等各种要素，通过观察、分析、定性，并使用非数量化的手段获得投资逻辑和投资策略的方法。定性分析主要是一种价值判断，它建立在解释学、现象学和建构主义理论等人文主义的方法论基础上。定量分析通常建立在大量的数据分析的基础上，分析者通过对数据的观察和统计得出对价格运行模式的合理解释。

很多人认为在投资中定量分析是科学，定性分析是艺术。作者认为，定量分析和定性分析中都既包含科学的成分，又包含艺术的成分；定量分析方法中科学的成分大一些，定性分析方法中艺术的成分大一些。

在定性分析中，对于影响证券价格因素的处理很多时候采用模糊处理的方法，如当前逢高做空、逢低做多，很多分析师在震荡行情下都喜欢给出这样的投资建议，但究竟什么是高价格，什么是低价格，不同的投资者估计有不同的判断吧。模糊界定的处理也是很多人认为定性分析是艺术的原因。定量研究就不同了，定量研究追求准确，甚至是精确，如一个均线系统，均线金叉做多，均线死叉做空，均线金叉和死叉在价格运行到一定的价位的时候是很多人都能看到的客观事实，因此很多人把定量分析认为是科学。

定性分析中也经常不可避免地出现定量的因素，通常对于不同的投资者来说，同一个定性分析结论不同的人对其理解是不一样的。这个不一样来源对定性分析结果最终的定量评价标准。我们还以逢高做空、逢低做多为例来进行说明，如果一个投资者使用基于切线的支撑压力体系来对震荡区间进行分析，那么这位投资者眼里的高点应该是当前价格上方的压力位，低点应该是当前价格下方的支撑位。如果投资者是采用布林线技术指标进行分析的，那么可能布林带的上下轨就是他眼里的高低点。基本上每个定性分析研究员都有一套上市公司盈利预测的模型，这个模型很多都是数量化模型。

定量分析中也离不开定性分析的因素，很多定量分析方法都是源于定性分析中得出的灵感，然后通过定量化建模将定性分析体系定量化。我们可能会看到基于大量数据和复杂数学模型的定量分析方法，但是这些数据和分析模型背后的逻辑可能是定性分析逻辑在支撑。甚至这些数据有很多都是基于定性分析的结论而得到的，如分析师推荐的买卖评价数据，这类数据基本上是定性分析的结论，经常被很多定量分析模型作为输入的原始数据进行分析。

定性分析可以处理大量非结构化数据，也就是很多难以量化或者是无法量化的数据都可以纳入定性分析模型。此外定性分析模型一般是基于逻辑的或者是基于各种经济学分析模式的。虽然这些分析模式有众多假设前提的存在，从而导致各种使用的风险，但是逻辑和模式一般是明确的。定性分析的缺点是同样的分析体系不同的投资者可能得出不同的分析结果。

定量分析确定性大，容易形成客观的分析体系，排除人为因素的干扰。但是定量分析体系也有其局限性，定量分析一般对历史数据比较而来，一方面历史数据的质量难以保证，数据中可能包含大量的噪声因素。另一方面某些历史信息难以数量化，或者是数量化的代价太大了，需要花费较大的人力物力成本。

事实上，无论是以定量分析为主的投资者还是以定性分析为主的投资者，只要方法使用得当，都可以产生长期的超额收益。定性投资者的代表人物巴菲特先生在对公司的基本面分析中获取了巨大的成功。定量分析的代表性人物西蒙斯先生管理的文艺复兴对冲基金，使用数量化建模的分析模式，同样取得了辉煌的业绩。

定量分析投资和定性分析投资并不是矛盾的，而是可以相辅相成、互为补充，投资者可以同时使用定性分析和定量分析两种模式进行投资分析。

第四节　科学与艺术的结合

投资的过程兼具了科学的严谨和艺术的灵感。在投资的过程中，可以以科学的方法和程序为主导，但是对待研究的结果，我们要用艺术的眼光去看待，并且在使用投资策略的时候，要以更加艺术的方式去使用。例如，数量化投资模型的客观性比较强，但是在使用的过程中人为对模型进行干预，就形成了人机结合的量化投资模式。再如，在很多定性分析中，分析师对某个标准的定义具有很大的模糊性是一个艺术性问题，这虽然带来了分析结果使用者的分歧，但是这种模糊性是告诉分析结果的使用者在不同的情况下应该采取不同的判断标注，因为历史行情是死的，现实行情是活的。所以不给出且定性的标准未尝不是一个好的方法。

科学的东西很多时候可以通过后天努力去获得，但是艺术性的东西有些部分可能是天生的。证券投资中人性的因素对投资者投资结果的影响很大，因此我们经常会看到一种现象，很多理论知识很专业的分析师在做分析的时候很成功，一旦成为基金经理接触到实际交易，反而表现得不是很出色。在短线交易中这个现象更加明显，日内短线交易员的先天禀赋很重要，这个先天禀赋就是性格，尤其是纪律性好的人更容易成为优秀的日内交易员。

投资的艺术性往往成为投资者能够最终成功的瓶颈，这个瓶颈一定程度上是人性的瓶颈。人性的瓶颈可以通过客观化的投研体系去进行一定程度的弥补。也就是说艺术性不够，科学可以来补。但是科学能对艺术性带来多大的有益补充，这个问题作者也无法给出建议。

第五章　投资理念与策略实施

投资管理有三大支柱：投资策略、资金管理、投资心理管理。本章对投资策略和资金管理做细致的讲解，第六章我们将对投资心理做详细的阐述。

如果说投资理念是人生观，那么投资风格就是价值观，研究体系是方法论，策略体系是具体的方法，资金管理体系和策略风控体系是具体方法的使用规范。

投资理念是关于投资的框架性指导，投资理念对投资者的投资风格产生重大的影响，在投资理念和投资风格的指导下，投资者选择合适的策略体系、资金管理体系和风险控制体系。同时策略体系、资金管理体系和风险控制体系又对投资者的投资风格产生影响。

对于成熟的投资者来说，其投资理念、投资风格与策略体系、资金管理体系、风控体系是一致的。成熟投资者的投资理念和投资风格比较稳定，除非市场结构或投资者对市场的理解发生根本性变化，否则投资理念和投资风格会长时间稳定。在投资理念和投资风格的指导下，投资者的策略体系、资金管理体系、风控体系可能一直在发生变化，但是无论这三个方面如何变化，都是同投资者的投资理念和投资风格是一致的，体现在投资者的投资结果上就是投资的风险和收益特征是稳定的。

对于证券投资基金来说，采用组合投资管理方式需要对策略、资金、投资市场进行动态管理，动态管理需要综合考虑市场因素、基金的风险收益预期、基金的净值情况、基金的产品期限等因素，是一个更加复杂的系统工程。本书对基金产品的生命周期管理仅仅是抛出话题，因为涉及太多风险和收益的权衡问题，以及管理的艺术性问题，对于这些问题的合理回答，需要具有艺术性的，且包含智慧性的建议，本书不做这方面的尝试。

第一节　投资理念

投资理念的概念经常被人提起，大部分基金管理公司提出属于自己的独特投资理念，甚至很多长期生存在资本市场上的个人投资者也会有一套自己的投资理念，那么投资理念究竟应该包含什么内容呢？

有人说投资理念不能用语言去完整准确地描述，也就是说只可意会不可言传，需要投资者去体会、领悟、思考。

有人说投资理念是投资者在投资生活过程中的人生观和价值观，是对投资活动最普遍规律的了解。

作者参考了众多的文章，加上作者自己对投资的理解认为：投资理念是投资者对投资风险和收益的理解方式，包含了投资者对收益的预期，对投资目标的期望，对利润的来源理解以及针对投资风险的态度。对于个人投资者，投资理念属于投资者的个性特征，如果对于机构投资者，投资理念是机构投资的框架指导。投资理念是投资者对自己的投资行为进行分析、评价的原则性指导。反映了投资者的投资目的、愿望，以及价值观。

投资理念的形成过程是投资实践过程中不断磨合、反思的过程，是投资者内心的升华，是一种抽象且高度概括的理论。成熟的投资理念是投资者进行策略开发、交易实施的框架性指导，是投资原则，是投资者在投资过程中始终信奉的东西。

投资理念的形成是一个过程，而且投资理念的形成可以参考其他成功投资者的交易信条，但是，投资理念必须在投资主体的投资实践过程中自发地形成，是一种潜意识的认可，强制灌输的投资理念是不可靠的。投资理念因人而异，每个投资者个体千差万别，对风险和收益的理解也不一样，因此每个人的投资理念都不一样，成功的投资理念也不尽相同。

投资理念中最核心的要素是对风险和收益的理解。正确的投资理念必须建立在合理的风险收益预期基础上，任何脱离风险考量的收益预期都是不正确的投资理念。

投资理念必须是投资者自发认可的行为规范，不是强制执行。因此成熟投资者的投资理念是投资者投资活动的纲领性指导，在这种指导下的投资策略和投资活动同投资者的投资理念是完美吻合的。

第二节 投资风格

著名的投资大师查理·芒格对于与投资风格有这样的描述：如果你的投资思维完全依赖于别人，依靠专家的建议或者投资顾问来进行投资，那么一旦超出投资者熟悉的领域，投资者将遭受很多磨难。作为投资者要有自己独立的思维模式，形成自己的投资风格，这样才能从容地应对市场带来的难题。

在投资管理事业中，投资风格管理同资金管理具有同等重要的地位。美国林克斯投资顾问公司通过市场调查得出一个令人惊讶的结论：很多投资大师的过人之处并不是他们有任何过人之处，或者是投资的独门秘术，而仅仅是因为他们有一套相对固定的投资风格，一套简单实用的投资原则以及与之相适应的操作手法，并纪律严明、不折不扣地去执行这个投资方法。因此，他们得出结论，投资者没有必要追求和掌握过多的东西，只需找到一种适合他们自己的投资风格就可以了。

投资风格是对投资理念的真实反映，在成熟稳定的投资理念指导下，会出现与之相适应的投资风格。

证券投资领域，关于投资的方法、理论、技巧多种多样。在投资实践中，并不是需要投资者把所有的理论和信息进行统一的加工，事实上成功的投资不需要那么多东西，一种相对固定的与自己性格特征相匹配的投资风格，一套与投资风格相适应的简单投资策略，再加上一点基本投资常识，进行必要的投资心态管理，这就足够了。重要的是要形成自己自有的投资风格并对投资风格进行系统的管理。

对于投资风格的研究主要集中在证券投资基金上，因为随着机构投资在市场上占据的地位越来越重要，个人理财主要通过投资机构进行间接理财管理。证券投资基金投资风格的划分方法有很多种，目前主流的基金风格划分方法主要有两种：一种是基于基金持有的资产组合的特征进行的划分，这种基金风格测度方法称为基于投资组合的风格分析方法；一种是将基金的历史业绩同市场上某些能够观测到的典型风格因素进行比较，如进行回归分析，然后将各个风格因素的回归系数作为基金投资风格的测度方法。这种基金风格测度方法称为基于收益的风格分析方法。

根据不同的基金投资风格分析思路，常见的基金投资风格方法分类有如下几种。

1. 积极型和消极型

积极型投资策略基金试图通过积极的选股策略和投资管理方式跑赢市场平均收益。积极型策略基金认为，通过投资方面的专业知识和技能，以及经验和信息优势，可以捕捉到一些普通投资者无法获得的信息，再通过科学合理的资金使用和组合配置，能够跑赢市场指数。积极型证券投资基金通过对股票的收益状况做出预测，根据市场行情和新的信息不停地主动改变投资组合中各种股票的权重。目前国内市场上的证券投资基金以积极型投资策略为主。积极型投资风格基金是市场参与者在实践的过程中逐渐形成的多元化的投资策略的集中体现。消极性投资策略基金往往追踪某个市场指数，消极型策略基金认为市场是有效的试图利用公半信息预测股票价格的未来趋势的方法在长期看来是无效的，而追踪某个指数的走势长期看了可以获得更高的收益。本章后续章节讲述的内容大部分都是阐释积极型投资策略体系的。积极型投资策略否认市场的有效性，以技术分析为基础的投资策略否认市场是弱势有效市场。以基本面分析为基础的投资策略否认半强式有效市场。关于有效市场假说的理论本书后面的章节有详细的介绍。

2. 成长型、价值型和混合型

成长型基金和价值型基金是对股票型基金进行的划分。价值成长型基金的划分标准是基金资产中股票持仓的上市公司所处的发展阶段。

成长型基金投资处于成长期的公司的股票。一般来说，这些公司来自新型行业，公司发展速度比较快，虽然这些公司很少有分红或者是派息，但是公司价值对应公司的成长是快速上涨的。投资这些公司的预期收益较高，但是同时投资风险较大。

价值型基金投资发展成熟期的股票。这些公司一般来自传统行业，公司发展速度较慢，但公司经营稳定，一般有较为丰厚的分红或者派息，市盈率和市净率较低。由于公司处于发展成熟期，因此公司股票价格波动相对于成长期股票较小，在市场的下行周期，公司股价抗跌性强，投资这些公司的股票虽然预期收益比较低，但是投资风险比较小。

既投资于成长期上市公司股票，又投资于成熟期上市公司股票的基金，我们称之为混合型基金。

3. 大盘型、中盘型和小盘型

大、中、小盘型基金的也是对股票型基金进行的划分，划分标准是根据基金大部分资产所投资股票市值的大小来进行划分的。

大盘型基金投资股票市值比较大、公司规模比较大的上市公司股票。这些公司股票价格相对稳定，经营比较成熟，因此风险相对偏低，长期持有可以获得稳定的长期收益。价值投资者一般喜欢大盘型基金。

小盘型基金一般投资股票市值比较小、公司规模比较小的上市公司股票。同大盘股比起来，小盘股更有可能比较容易获得高的投资收益。但是小盘股投资风险相对较大。

中盘型基金同时兼顾大小盘基金，投资风格保持中庸。试图在风险和收益之间取得均衡的水平。

4. 技术分析型和基本面分析型

技术分析型基金和基本面分析型基金的划分标准是基金的投资策略类型。技术分析型基金依靠技术分析体系进行选股或者择时操作，技术分析型基金虽然也关注基本面信息，但是最终的投资决策是基于一套完整的技术分析体系，在技术指标没有达到进场或者出场的时候，即使基本面信息比较支持，投资者也不会进行投资操作。

基本面分析型基金更加关注宏观环境以及投资标的相关产业和行业状况，包括产品的供需状况等。基本面分析型基金也使用技术指标等技术分析的工具，但是投资逻辑是基于基本面的，技术分析只是辅助工具。

当然很多基金公司宣称公司的投资逻辑是技术分析和基本面分析的结合。实际上，在资本市场上，很少有基金管理公司单纯根据技术分析体系或者基本面分析体系进行投资决策，一般的基金管理人都会同时使用两种分析方式，但是投资过程中一般会有一种分析模式占主导地位，另一个只是作为辅助决策。这样占主导地位的分析方式就决定了基金的投资风格类型。

同时，资本市场上对基本面分析型基金又做了进一步的分类，根据基金在基本面分析的时候采用的分析方式的不同，将基本面分析基金又分为头下型基金和底上型基金。头下型基金在选择股票的时候，先根据宏观经济的运行状况以及经济周期的位置，选择合适的行业，然后再从这些行业中选择合适的股票，也称为自上而下的选股方式；底上型基金的选股步骤恰好相反，底上行基金首先发掘优质的股票，形成备选股票池，然后根据公司所处的行业以及当前的基本面信息对该股票做出最终的投资结论。

基金投资风格有诸多因素的影响，投资理念和与之相适应的投资策略是影响基金投资风格的决定性因素，此外证券市场的周期性波动也会影响基金的投资风格，因为很多基金的投资风格是经常变动的，这被称为风格漂移现象。另外基金经理的个人偏好也对基金的投资风格产生重要的影响。有学者的研究表明基金的规模以及基金的分红策略也会影响基金的投资风格。

（1）投资理念与投资策略

正如本章第一节所认为的：投资理念是投资者对投资风险和收益的理解方式，包含了投资者对收益的预期，对投资目标的期望，对于利润的来源理解，以及风险的态度。因此投资埋念对投资者投资风格的形成起到框架性指导作用。

投资理念包含了投资者对收益的预期以及对风险的理解，因此基金管理人会根据市场环境和预期目标进行策略和基金资产配置，以实现既定的目标。不同的投资策略体系和资产配置方案一定程度上影响基金的投资风格。

（2）证券市场波动性

实证研究表明，很多基金的投资风格随着证券市场的波动也在发生改变。一般来说，在股票市场的上行周期，无论是投资人还是基金经理都偏向于乐观，因此在投资策略和资产配置方面倾向于激进型的方案配置，表现出积极型管理的特征，并且更倾向于配置成长股票。在市场的下行周期，市场参与主体对市场普遍比较悲观，尤其是在市场下行很长一段时间的时候，很多基金经理都倾向于持有大盘蓝筹股等分红性比较好的股票，消极型的指数投资策略也开始被更多的基金经理采用。

（3）基金经理个人偏好

基金经理的性格和个人偏好也是决定基金的投资风格的重要因素，很多实证研究表明，男性基金经理的投资风格要明显比女性基金经理的投资风格偏激进。这从一个侧面表明，基金经理的个人性格和偏好对基金的投资风格有明显的影响作用。一般来说，喜欢冒险的人对风险的承受能力比较大，更容易采取偏激进的投资策略；而性格沉稳的基金经理更容易偏向于采用保守型的投资方案。

（4）基金规模

基金规模的大小也从客观上影响基金的投资风格。一般来说，规模较大的证券投资基金，基金在买卖证券的过程中对市场的冲击比较大，因此配置流动性比较好、成交活跃的证券资产成为必要。而规模比较小的证券投资基金由于船小好掉头，在投资的过程中可以采用灵活配置的策略，在成长股以及小盘股上配置较大的比例。此外当基金份额遇到持续净赎回导致基金大规模缩水的时候，基金经理被迫配置流动性比较好的货币类资产，使得基金风格被动性稳健。

（5）基金分红策略

基金的分红策略也是影响基金投资风格的客观因素之一。习惯于短期分红的基金，基金经理只能将资产配置容易变现的资产，投资策略也只能大部分配置与短线投资策略。而封闭式基金或者是阶段性分红的基金产品，基金经理可以大规模配置长期价值类资产，使用买入并持有的策略。

第三节　研究体系

基本面分析和技术分析是两种主流的投资分析方法。长期以来，两种分析流派那个更优的问题一直是人们争论不休的话题，但是长期以来没有哪个流派表现出持续优势地位，因此很多投资者尝试将两种分析方法相融合。正如本章前面的内容所提到的，即使是将两种分析方式相融合，投资者也可能必须解决哪种分析方法占主导地位的问题。因为两种分析方法的差距实在太大了，将两种分析体系完整融合，不分主次实在是一个难以解决的问题。本节我们对两种分析方法进行分别讨论，至于投资者选择哪种投资分析方法，以及两种方法如何同时使用，本书不做任何建议。

1. 基本面分析体系

基本分析体系注重影响证券价格的因素分析。他们认为，证券价格的变动受各种因素的共同影响，如果能找到当前影响证券价格的最重要的因素或者是所有因素的合力，就能对证券价格的未来方向做出合理的预期。

基本面分析的假设前提是证券的价格由内在价值决定，并且受各种内在的和外在的因素影响而频繁变动。这些因素一方面影响证券的内在价值，另一方面使得证券的价格围绕价值上下波动。因此证券基本面分析有两个重要的任务：一是对证券内在价值进行评估，用于作为判断证券市场价格是否偏离价值过远的依据。二是进行因素分析，通过分析影响证券价格和价值的因素或逻辑关联情况，预测证券价格的变动方向。在日常投资中，个人投资者主要使用第二种方法，也就是进行基本面分析的目的主要是分析影响证券价格的因素，然后根据这种因素对证券价格的影响方式做出证券价格的方向性预判。而机构投资者由于掌握更多、更准确的信息，以及各种价值评估模型，因此机构投资者会使用第一种方法对争取的内在价值进行评估。总体上来说，使用因素分析的投资者还是占绝大多数的。

一般来说，影响证券投资的基本面因素包括如下几个方面。

（1）按照内容分

按照内容分为政治、经济、社会、军事、政策、自然、市场、心理等因素。

对于不同的证券品种，价格影响因素不一样，本书第二章分别就股票、债券、期货和期权的价格影响因素做了全面的描述。

（2）按照层次分

按照层次分为宏观经济因素、行业因素、企业因素等。

宏观因素可以通过经济周期对周期性行业产生深远的影响，宏观因素包括经济、政治、社会等方面的重大影响因素。例如周期性行业对宏观经济周期的影响非常大。此外一个国家的发展阶段和发展水平、经济制度和市场体制、财政和货币政策、收入水平、贸易政策及国际收支状况等都对整个市场产生深远的影响。

行业因素是指对那些对国民经济中同性质的生产和经营单位产生影响的因素。一般来说，行业因素或者对行业的供求关系产生影响，或者对行业的发展产生限制或促进作用，或者对行业的组织结构产生影响（如竞争态势等），或者对行业的资源和技术状况产生影响等。

企业因素是指对单个企业的发展产生影响的因素，在股票市场上就是对上市公司产生影响的事件，如发明专利、中标重大项目等。在大宗商品领域，属于行业重点企业，或有垄断地位企业上线或下线生产线等事件也会对整个行业产生影响。

（3）按照地域分

按照地域划分为区域因素、国内因素和国际因素。

区域因素是对一个区域的企业产生影响的因素，如经济特区的设立对区域内上市公司的发展产生促进作用。区域大气污染状况带来的环保限产预期对于高排放企业的生产产生潜在的限制等。

国内因素是对某个国家范围内产生的全国性影响因素，如国家的经济政策、货币政策和财政政策等。

国际因素是指国际上发生的重大事件对国内的影响，如美国的货币政策对世界重要经济体宽松货币政策的预期。美国对伊朗的态度影响国际油价以及对全球经济发展的预期等。

（4）按照影响的广度分

按照影响的广度划分为整体性因素、局部性因素和个别性因素。

整体性因素是对各行业的发展都产生重大影响的因素，如宏观经济政策、军事活动等。

局部性因素是对国民经济的部分部门产生影响的因素，如产业政策、行业技术突破、个别大宗商品的供给冲击等。

个别性因素是对个别公司产生影响的因素，如企业得到政府补贴、企业获得政府采购合同等。

（5）按照发生的时间顺序分

按照发生的时间顺序划分为已发生因素、正在发生因素和将要发生因素。

已发生的因素对市场的影响主要集中在是否充分反映市场的问题上。正在发生的因素对市场的影响主要集中在因素的影响大小上。将要发生的因素对市场的影响主要集中在市场的预期程度以及市场的酝酿程度。

（6）按照信息出现的充分程度分

按照信息出现的充分程度划分为确定性因素和不确定因素。

确定性因素对市场的影响主要集中在因素的影响大小以及持续时间长短

上。确定因素对证券价格的影响越大，持续时间越长，给投资者带来交易的机会就越大。

不确定因素对市场的影响主要体现在不确定因素发生的未来时间点是否确定，以及不确定的可能结果是否可以预期。如果不确定因素发生的未来时间点可以确定，那么对交易产生的价值就比较大。可以利用不确定性的确定发生来进行交易，如果不确定因素的不确定范围难以估计，那么交易的价值就不大，因为无法充分估计风险。

（7）按照发生状态分

按照发生状态划分为常态因素和非常态因素。

常态因素对投资者来说容易把控，因为常态因素经常发生，有历史情形可以参照，对投资的风险和收益比较容易形成预期。

非常态因素因为发生的频率比较低，没有历史行情参照，因此对投资者的投资技巧要求较高。但是如果能够很好地把握非常态因素的投资机会，投资获利的预期收益将会非常丰厚。

（8）按照对价格的影响方向分

按照对价格的影响方向划分为利多因素、利空因素和中性因素。

利多因素是对证券价格产生上涨动力的因素。这些因素的出现对证券来说是利好。

利空因素是对证券价格产生下跌动力的因素。这些因素的出现对证券来说是利空。

中性因素一般是复合型因素，也就是说一连串的时间或数据出现，有好消息，也有坏消息，很难判断消息出现之后投资者是倾向于买入的多还是卖出的多。

需要提醒读者的是，利多利空因素都是从分析逻辑上的利好和利空，但是当信息出现之后，证券市场如何反映，却具有很大的不确定性。在资本市场上有一句话叫利多出尽是利空、利空出尽是利多。讲的就是当利好消息公布的时候，市场反而按照预期相反的方向发展。这是因为在消息出现之前，市场已经对消息充分地预估，价格已经充分反映甚至是过度反映了消息的影响，于是出现消息兑现之后证券价格的反向波动。

2. 技术分析体系

技术分析也是一种重要的投资分析方法，技术分析者通过分析证券交易过去的交易数据（主要是成交量和价格）来识别交易机会。通过交易数据观察过去的市场表现，并应用图表分析技术或各种数序分析方法对证券价格的行为模式进行分析，找出规律性的价格运行模式，并据此对证券市场未来的价格变动做出预测。

（1）技术分析三大假设

①市场行为涵盖了一切信息。根据这一假设，影响证券价格的一切因素都已反映在市场价格中，无论是基本面因素还是其他的市场情绪因素，都最终反映在了价格走势中。这一假设对投资者的意义在于，投资者只需关注价格变化的趋势，而不用去了解市场上到底发生了什么。

②市场以趋势方式演变。这一假设认为，证券价格的变动具有连续性，证券当前价格和过去的变动是有关联的。市场有内在的驱动力驱使价格朝原来的方向演化，或者说是价格出现反转的概率比较小。正是由于这一信条的支持，技术分析者才能按图索骥，找到价格变化的规律性。

有人认为这句话应该这样理解：除非出现新的外部冲击，否则价格会继续向原来的方向演化。

③历史会重演。历史会重演是技术分析最重要的假设前提。技术分析一定程度上是人们对过去证券价格运动模式的规律性总结。技术分析体系认为历史虽然不会完全重复过去的模式，但是会以相似的模式不断重复，证券的价格涨跌是有迹可循的。市场的驱动力是有规律的，投资者的交易行为也是不断重复的。在市场的规律性以及投资者行为重复性的共同作用下，市场表现出不断重复的特征：涨久必跌、跌久必涨、涨跌交替、无穷往复。

技术分析的基本要素：价、量、时、空，其中价格和成交量（持仓量）是市场行为最直接、最基本的表现，时间和空间因素也是在价、量的基础上进行展开的。关于价、量、时、空的论述详见本书第三章的相关内容。

（2）技术分析的基本方法

常见的技术分析的基本方法有：指标法、切线法、形态法、K线法、波浪法、周期法等。

①指标法。

技术指标是最常见也是应用最广泛的技术分析体系。一般来说，技术指标通过建立数学模型，通过算法将过去一段时间的量价数据进行运算，从而得到一个确定的数值，这个数值就是技术指标值。投资者利用技术指标值、技术指标值与原有的量价值或者一段时间内技术指标值之间的关系或形态为投资操作提供指导。

技术指标因使用简单，使用原则明确，因而受到广大投资者广泛使用。技术指标类型数不胜数，并且过一段时间就会有新的技术指标涌现，常用的技术指标有指数平滑移动平均线（MACD，也被称为指标之王）、移动平均线（MA）、相对强弱指标（RSI）、随机指标（KDJ）、趋向指标（DMI）、乖离率（BIAS）等。

②切线法。

切线法是根据一定的画线原则，在价格图标上或者成交量图标上绘制的一条或者一系列的直线。然后根据这些直线上的价格点位寻找价格变动的特征。

一般我们把切线分为支撑线和压力线。支撑线对价格起到一定的支撑作用，压力线对价格的变动具有抑制作用。支撑线和压力线是可以相互转换的，如在价格从下向上的运行的过程中，如果向上触及压力线，价格就有掉头向下的可能性；但是如果价格比较强势，在触碰压力线之后，向上突破，那么原来的压力线就会变成支撑线。

③形态法。

价格或成交量形态也是人们技术分析常用的方法，技术形态是证券的价格图表或者是技术指标图标在过去一段时间内轨迹的典型图形形状，如三角形形状或矩形形状等。既然技术分析认为市场行为包含一切信息，那么价格的运行形态中必然包含着一切与价格变动相关的信息。常用的技术形态有头肩顶、头肩底、双重顶、三重顶、上升三角形、下跌三角形、旗形、棱形等。还有一些综合K线形态，包括均线多头排列、均线空头排列、背离等。

④K线法。

K线法主要有单K线形态和多K线形态。单K线形态包括大阳线、小阴线、十字星、墓碑线等。多K线形态包括三只乌鸦、孕线、抱线、五连阳、红三兵等。

⑤波浪法。

艾略特波浪理论（Elliott Wave Principle）是技术分析的一种重要理论。该理论认为证券价格走势不断重复一种模式，表现出固定的周期性。在证券价格上涨的过程中，每一个周期由 5 个上升浪和 3 个下跌浪组成。在证券价格的下跌过程中，每一个周期由 5 个下跌浪和 3 个上升浪组成，波浪理论发现不断变化的股价结构形态反映了自然和谐之美。

根据这一发现，艾略特提出了一套相关的市场分析理论。他精炼出市场的 13 种典型形态或称为波浪，在各种市场上这些形态重复出现，虽然出现的时间间隔及幅度大小在每次出现都表现得不一样。

无论是技术指标还是技术形态，投资者使用技术分析目的基本上是为了发现两个重要的信息：趋势出现和趋势结束的迹象。发现趋势和找到支撑阻力是所有技术分析方法一直的努力方向。

3. 对两种分析体系的评价

（1）基本面分析的优缺点

基本面分析的优点主要是能够比较全面地把握证券价格的基本走势，基本面分析立足影响证券价格变化的各种因素。基本面分析建立在各种经济模型上，或者是社会活动的运行规律上，更容易让人信服，理论基础牢固。

基本面分析是为了判断证券现行的价位是否合理，并预测证券价格的长远走势，技术分析主要用于预测证券价格的短期走势。

基本面分析获取信息的成本较高，信息处理、整合、归类的难度也大，甚至对于某些信息需要识别其真假及质量，存在信息使用的风险。此外信息获取可能具有时滞效应，投资者无法判断获取的信息是否已经被市场所反映，或者是市场已经反映的程度。

（2）技术分析的优缺点

技术分析具备直观、准确、可操作性强等特点。技术分析没有复杂的因果关系，无论多么复杂的技术算法，到最后都能表现在一张图表上，直观、客观。技术分析见效快，获利周期短，分析结果直接。

技术分析体系是精确的，但是又是不准确的，是概率意义上的正确。

技术分析的缺点是考虑对象的范围相对较窄，对证券长远的市场趋势难以进行有效的判断。

技术分析只关注价格的变动，技术分析建立在对历史数据的统计上。技术分析的三大假设前提有不牢靠的地方。

第四节　策略体系

在投资理念和投资风格的指导下，投资者下一步工作就是构建自己的投资策略体系。明确的投资理念和稳定的投资风格带来与之相适应的投资策略体系，同样，稳定的投资策略体系强化投资理念和投资风格的稳定性。投资理念、投资风格和投资策略保持一致是投资者成熟的重要标志。

一个完整的投资策略体系包括单个投资策略选择、策略类型选择、投资市场以及投资标的选择、投资周期选择和多策略配合体系选择。

单个投资策略是投资策略体系的重要组成部分，证券投资策略是我们基于对市场规律的理解和认识，利用这种认识根据投资目标制定指导我们投资的规则体系和行动计划方案。

1. 投资策略的组成要素

一个完整的投资策略应包含如下几个方面。

（1）策略的投资目标

投资目标是策略使用的重要导向，不同的策略有不同的特性，短线投资策略适用于抓取小的波段，长线投资策略可以抓取大的趋势。因此，使用短线投资策略不能追求单次、短期过高的收益，而使用长线投资策略，如果追求的收益过低，很可能破坏策略本身的风险收益特征。

（2）策略的使用条件

不同的策略适用不同的场景，反转类型的策略适用于行情震荡出现概率大的时候，趋势类策略适用于消息面稳定、市场推动因素明显的时候。日内波动规律不明显的品种使用短线投资策略的效果要差，日内波动剧烈的品种比较适合做日内交易，日内跳动明显且价格一次跳动带来的收益远高于交易成本的品种，适合做高频交易策略。

（3）策略的基本逻辑

了解策略的基本逻辑可以让投资者在使用策略的时候心中有数，并且能够在合适的时间、合适的品种上使用合适的策略。例如有些策略的逻辑就是动量突破，使用的假设前提是有效支撑或者压力位置一旦突破，行情就会顺势继续顺着突破的方向演绎。因此在使用这些策略的时候，如果能够对市场上形成突破的因素有充分的把握，那么策略使用的胜算就会加大。

（4）策略的有效性

投资是在概率意义上进行获利的，任何策略都是在多次交易的时候形成的预期收益。因此预期收益为正的投资策略才是可行的投资策略。而策略的预期收益受策略的胜率和盈亏比制约。策略的胜率、盈亏比与策略收益以及风险收益特征的关系我们在本书第三章凯利公式部分有详细的解释。

（5）策略的交易规则

策略的交易规则是策略最核心的要素。它包括进场时机选择、出场时机选择、交易品种选择、策略风控方案（含策略终止规则）等。进场时机和出场时机我们一般称之为择时，择时是策略最重要的特征，如果策略能够在进场时点选择好，就会减少后续操作带来的压力。交易品种选择又称为择股，是对投资标的的选择。策略风控方案是策略的必不可少的组成部分，包括策略的仓位控制，策略的止盈止损方案以及策略的终止条件等。

2. 策略分类

（1）按策略投资周期的长短分

根据策略投资周期的长短，可以将策略分为长、中、短期策略。

一般来说，长期投资策略的预期持仓周期一般以月为单位，中期投资策略的预期持仓周期一般以周为单位，短期投资策略一般以日内持仓为主。此外，短期投资策略又分为日内波段交易策略和日内高频交易策略。日内波段交易策略的持仓时间在几分钟到几十分钟之间，日内高频交易策略的持仓周期很短，一般是1分钟以内，甚至以毫秒计算。这里说的持仓周期都是预期持仓周期或者是平均持仓周期，如一个长期投资策略刚建完仓市场出现突发事件，导致策略被止损，或者市场出现重大利好，交易逻辑发生变化，投资者止盈出局，这样实际的持仓周期可能很短。但是短线投资策略一般持仓时间不会超越策略平均持仓周期过长，如日内投资策略如果持仓周期超过一个交易日，那么策略的风险收益特征就会发生较大的变化，导致策略变味儿，这也是初级投资者容易犯的错误。本来是做短线的，一旦产生亏损，短线操作就变成了长线持有了，持仓逻辑彻底被推翻了。

（2）按策略投资时机分

根据策略投资时机的不同，可以将策略分为左侧交易策略和右侧交易策略。

左侧交易又称为逆势交易，是投资者预判当前的趋势即将结束或者正在结束，从而提前做出与当前趋势发展方向相反的投资方向的策略。右侧交易又称为顺势交易，投资者预判当前趋势还将继续，从而做出与当前趋势发展方向相同的投资方向的策略。左侧交易和右侧交易都是在一定的投资周期上的交易，因为在不同的投资周期下，当前的趋势方向可能是不同的，如在 5 分钟周期上可能处于上涨趋势中，但是在日线级别处于下行周期中。

（3）按策略投资市场分

根据策略投资市场的不同，可以将策略分为权益类投资策略、债券类投资策略、衍生品类投资策略和混合类投资策略。

权益类投资策略一般是指股票相关的投资策略，包括股票多头策略、股票多空策略以及股票市场中性策略三种重要的策略类型。

债券类投资策略是指专门投资于债券产品的投资策略，债券投资策略一般寻求较为稳定的投资收益。

衍生品投资策略包括期货 CTA 投资策略和期权投资策略两种。CTA 策略又称为管理期货策略，投资方向为商品期货为主，可能包括一定的金融期货投资。期权投资策略是以期权为主要投资标的或者投资组合组成部分的投资策略。

混合类投资策略包括跨市场套利策略，宏观对冲策略。这些策略同时在几个不同的投资市场进行投资等。

（4）按策略投资方式分

根据策略投资方式的不同，可以将策略分为主观策略和量化策略。

主观策略以人的主观分析逻辑为分析方式的投资策略。在主观策略中，人为判断的成分比较大，虽然为了保持策略的稳定性，投资者一直致力于投资策略的客观性，但是主观策略总是有一些无法完全客观化的东西。

量化策略采用数量化的方法，对金融信息（一般为量价信息）进行整合，最终得出投资结论的投资方法。量化策略一般基于某个数学算法或者数学模型，借助于计算机技术实现分析工作的自动化和客观化。

（5）按策略研究体系分

根据策略研究体系的不同，可以将策略分为基本面投资策略和技术分析策略，这两种策略类型在本章第三节有过完整的描述。

（6）按策略盈利方式与市场价格之间的关系分

根据策略盈利方式与市场价格之间关系的不同，可以将策略分为方向性策略和市场中性策略。

方向性策略的盈利同某个品种的涨跌方向直接相关，如买入并持有策略、动量策略、反转策略都是方向性投资策略。

市场中性策略又称为非方向投资策略，市场中性策略一般通过同时构建资产的多头和空头头寸，试图在任何市场环境下都能获利。市场中性策略类型很多，如 Alpha 投资策略、统计套利策略、跨期套利策略、跨品种套利策略、跨市场套利策略、ETF 套利策略、波动率套利策略、可转债套利策略、固定收益套利策略等。

（7）按市场价格当前趋势与策略预期方向之间的差别分

根据市场价格的当前趋势与策略预期方向之间的差别，可以将策略分为动量策略、反转策略和其他策略。

动量策略在证券价格上涨的过程中继续追涨，在价格下跌的时候继续追跌。动量策略认为资产价格在一段时间内的趋势能够延续。

反转策略是在证券上涨的过程中做空，在证券下跌的过程中做多。反转策略认为物极必反，长时间的上涨或下跌必然意味着未来价格或朝原来相反的方向运动。

（8）按投资标的和投资时机的偏好性分

根据策略的对于投资标的和投资时机的偏好性的不同，可以将策略分为选股策略和择时策略。

选股策略本来是与股票相关的策略类型，但是选股策略的逻辑在其他的市场也是适用的。选股策略重视投资标的的选择，也就是重视投资标的的内在价值。

择时策略重视投资的时机选择，对于择时策略来说，只要投资时机合适，投资标的价值的重要性不是首要考虑的因素。

3. 策略的评价

一般来说，优秀的投资策略具有如下的特征：能够反映市场的本质规律，即策略的基础逻辑清晰，符合经济和金融规律，符合市场运行的统计特征，符合人性中的理性思维以及非理性因素的影响。在不同的市场中都能表现优良，但是每种策略都有其适用的特征，策略是风险和收益的权衡，策略的优良表现不仅仅在于盈利的优良性，还在于亏损控制的优良性。一个策略在适合的市场行情下能够稳定挣钱，在不适合的市场行情下亏损较少，这就叫在不同的市场中都表现优良。优秀的策略应该逻辑简单，尽管可能使用很复杂的算法，但是算法的逻辑是简单的，如头肩顶结构看空的策略，可能我们判断头肩顶结构使用了非常复杂的算法，如模式识别算法，滤波算法等，但是策略逻辑很简单。此外优秀的策略都有明显的风险收益特征，适应的市场行情，一目了然。

不优秀的策略要么长期内无法获取预期的收益，要么预期收益不稳定，时好时坏。策略的投资逻辑建立在不合理或者长期不稳定的假设之上，从而造成策略收益的不稳定，或者是策略蕴含着较大的风险，可能在某些特定的行情下风险过大。此外有些策略操作太过复杂，逻辑基础不明晰，可操作性和可理解性差。

4. 投资策略的市场适应性

不同的市场有不同的特点，不同的交易品种也有不同的价格运行特征，甚至在不同的时期，同样的证券品种也有不同的特点，只有策略的特征与市场、品种波动特征相适应才是好的策略使用方式。因此策略的特征应该包括策略的市场适应性指导方案，因为没有策略能够适应所有的市场行情及所有的交易品种。

5. 投资策略与投资周期

不同的时间维度上，证券价格的波动特征不一样，如在 5 分钟级别上震荡出现的概率很大，而在日线或周线级别上，趋势就很明显。因此，投资策略类型与投资的时间周期也要相匹配。

6. 策略的完善

策略的完善过程是永无止境的，市场的变化是无终止的，市场行情的多样性是不可穷举的，人们对市场的认知也是不断加深和完善的。因此策略需要在行情演化的投资者的认知中不断进步。

策略的完善过程最大的忌讳是试图制造一个印钞机，试图使策略在任何市场行情下都挣钱，这无论在理论上还是在实践中都是不可实现的。

作者认为，策略的完善过程应该是不断使策略的风险收益特征更加明显，策略适用的行情特征更加明确，使得策略在适合的行情下赚得足够多，在不适应的行情下亏得尽可能少。不建议投资者试图使策略在不适应的行情想办法挣钱。这样很可能改变了策略的原有逻辑和风格特征，使策略变成了其他的策略，即使经过改变策略在原本亏损的行情下挣钱了，但是很有可能是在很多原本应该挣钱的行情下却亏钱了。

7. 多策略体系

多策略体系是策略使用最常用的方法，一方面多策略体系可以降低投资风险，另一方面多策略的相互配合可以在市场行情的不同特征和阶段下获取收益。

多策略体系的配合有三种方式，一是长、中、短线策略的配合，同时赚取不同波动特征的钱。二是将同一策略配置于不同的市场和不同的品种上以实现策略投资的风险分散效果。三是在同一品种上配置不同类型的策略，以赚取不同投资逻辑的钱。

第五节　策略风控体系

1. 风险预期管理

风险预期管理是风险管理的第一步，只有对投资风险进行事前充分合理的预估，才能制定行之有效的风险管理方案。

风险预期管理需要在两个方向同时努力，一个方面是对投资标的的价格波动规律有深刻的研究，对投资标的的历史极端风险和未来极端风险进行充分合理的评估，并对预期投资时间段内出现极端行情的概率进行评估。另一个方面是对使用的策略和策略体系进行评估，评估策略在准备投资的市场上极端行情下的运行状况，以及评估出现这种极端行情亏损的额度及概率。每个策略的极端风险行情都是不一样的，行情的极端不一定意味着策略亏损的极端，趋势投资策略在行情出现非理性极端上涨或下跌的时候盈利可能是最好的。因此极端行情也和准备使用的策略相匹配。

2. 止盈止损策略

止盈止损是策略风控最重要的方式和手段。止盈止损有基于策略逻辑的止盈止损，以及基于策略外逻辑的止盈止损。基于策略逻辑的止盈止损是指根据策略逻辑，当策略提示做多的时候，对持有的做空的仓位进行止盈或者止损，反之，当策略提示做空的时候，对持有的做多仓位进行止盈或止损操作。策略逻辑外止损是指根据策略逻辑持有做多的仓位，基于风控标准，虽然策略逻辑依然支持持有做多仓位，依然对做多仓位进行止盈止损处理。同理，根据策略逻辑持有做空的仓位，基于风控标准，虽然策略逻辑依然支持持有做空仓位，依然对做空仓位进行止盈止损处理。

常见的策略外止盈止损方式有如下几种：

时间止盈止损：开仓后经过一定的时间，如果价格运行没有达到预期的点位，那么此时无论盈利与否，都平仓离场。

价差止盈止损：开仓之后，盈利一定的点位或亏损一定的点位进行止盈止损操作。

百分比止盈止损：同价差止盈止损类似，只不过是以盈利一定的百分比或亏损一定的百分比进行止盈止损操作。

以价差为基础的跟踪止盈止损：以开仓后的最高价或者最低价标准，回撤幅度超过一定的价差时进行止盈或止损操作。例如开多仓之后，以开仓价格下方一定的价差为基准进行止损操作，当价格向下触及止损价格的时候平仓出局；如果开多仓之后，价格向上运行，那么以价格运行的最高价下方一定的价差为基础进行止盈或止损设置。同理，开空仓之后，以开仓价格上方一定的价差为基准进行止损操作，当价格向上触及止损价格的时候平仓出局；如果开空仓之后，价格向下运行，那么以价格运行的最底价上方一定的价差为基础进行止盈或止损设置。

以盈亏百分比为基础的跟踪止盈止损：跟以价差为基础的跟踪止盈止损类似，只不过将止盈止损的价差标准设置为盈亏百分比标准。

技术指标及技术形态止盈止损：技术指标和技术形态经常作为辅助其他投资策略的外部止盈止损标准，如支撑压力位经常作为止盈止损的价位参考标准，此外重要均线、MACD 指标等也是常用的技术指标。技术形态中的趋势通道被破坏，或者形成了对当前持仓比较不利的技术形态的时候，也作为止盈止损的参照标准。

外部冲击止盈止损：是指策略运行的过程中，策略以外的外部因素突然发生，对原有的投资模式形成重大的冲击，应该暂时中止策略运行的情况。例如事件驱动的策略正在运行的过程中，另一个重大事件突然发生，对前一个事件造成极大的影响，那么应立即终止前一个事件驱动策略。

3. 资金管理

资金管理是策略外风险管理的重要手段，资金管理体系独立于策略体系，并能对策略自身的风险收益特征做出调节。由于资金管理体系的独立性以及重要性，我们将在本章第六节单独进行说明。

4. 策略配置管理

策略配置管理是策略风险管理的重要手段。策略配置管理一方面是策略的仓位配置管理，另一方面是策略的组合配置管理，还有策略的品种配置管理。

对策略进行仓位管理是策略风险控制的有效手段，在策略运行不顺畅的时候适当降低投资仓位，可以降低策略的回撤风险。仓位管理可以是动态的，随着整体资金的盈亏状况和市场的行情状况进行动态调节。

策略组合配置管理在上一节多策略体系中有过说明，不同策略类型的策略组合可以降低策略组合的整体风险。

将同一个策略或者同种类型的策略配置于波动特征完全不同的品种上，也可以降低投资组合的风险。

5. 投资情绪管理

投资情绪管理是策略风险管理的重要组成部分，对于主观投资策略更是如此。合理控制投资情绪，保证策略按照既定以及预定的方式运行是策略情绪管理的重要目标。

第六节　资金管理体系

资金管理体系是策略风控体系最重要的一部分，我们拿出单独的一节进行讨论，资金管理既包括对策略总仓位管理，也包括对策略的动态仓位管理。策略的动态管理是一门艺术，是策略风险和收益权衡的艺术。对策略进行动态仓位管理可以改变策略的胜率和盈亏比，从根本上改变策略的风险收益特征。

1. 仓位控制管理

（1）总仓位管理

总仓位管理是计划在单一策略上的最大资金量的管理，总仓位管理方法有固定资金法、固定比例法等诸多的方法。对策略进行总仓位管理要统筹考虑整个策略组合与投资体系。对策略组合中的每个策略以及策略运行品种的波动特征做出合理估计，同时对策略以及品种波动的相关性做出估计，从而估计整体投资组合的最大风险，在这个风险估计的前提下逐步调节不同策略和品种的投资仓位，最终实现资产组合朝预期的风险收益特征运行。

（2）单一策略仓位管理

单一策略仓位管理是在策略最大仓位配置一定的情况下，对策略建仓和平仓手法进行管理。常见的方法有漏斗型仓位管理法、金字塔形仓位管理法和矩形仓位管理法。

漏斗型逆向仓位管理法，又称倒金字塔仓位管理法，其特征是初始的进场仓位比较小，如果行情朝着预期的方向发展，便不再加仓。如果行情朝着不利的方向发展，行情每运行一定的幅度，加仓一定的比例，并且加仓的比例越来越大，逐渐摊低进场成本，这种加仓方法初始风险比较小，可以快速摊低入场成本，但是如果策略对方向预判失误，行情朝着对初始仓位不利的方向发展过远，持仓量会急速增加，风险急剧加大。

漏斗型正向仓位管理法与漏斗型逆向仓位管理法类似，其特征是初始的进场仓位比较小，如果行情朝着预期不利的方向发展，便不再加仓。如果行情朝着预期的方向发展，行情每运行一定的幅度，加仓一定的比例，并且加仓的比例越来越大，也就是常说的浮盈加仓。这种加仓方法初始风险比较小，盈利才加仓，对风险的控制比较好，但是缺点就是由于仓位越来越高，很容易将前期的收益一次性全部回吐回去。

矩形逆向仓位管理法的特征是初始以固定的仓位比例进场，如果行情朝着预期的方向发展，便不再加仓。如果行情朝着不利的方向发展，行情每运行一定的幅度，按照和上次建仓比例一样的仓位加仓，逐渐摊低进场成本。这种加仓方法也可以逐渐摊低入场成本，但是如果策略对方向预判失误，行情朝着对初始仓位不利的方向发展过远，持仓量会快速增加，风险也会随着增加。

矩形正向仓位管理法与矩形逆向仓位管理法类似，其特征是初始以固定的仓位比例进场，如果行情朝着预期不利的方向发展，便不再加仓。如果行情朝着预期的方向发展，行情每运行一定的幅度，按照和上次建仓比例一样的仓位加仓，这种加仓方法初始风险适中，盈利才加仓，对风险的控制比较好，但是缺点就是由于仓位越来越高，前期的收益容易出现回吐现象。

金字塔逆向仓位管理法的特征是初始的进场仓位比较大，如果行情朝着预期的方向发展，便不再加仓。如果行情朝着不利的方向发展，行情每运行一定的幅度，加仓一定的比例，并且加仓的比例越来越小，一定程度的小幅摊低进场成本，这种加仓方法摊低入场成本的效率没有漏斗型加仓方法高，但是风险适中，如果策略对方向预判失误，不会很快导致仓位的急剧增加。

金字塔型正向仓位管理法与金字塔型逆向仓位管理法类似，其特征是初始的进场仓位比较大，如果行情朝着预期不利的方向发展，便不再加仓。如果行情朝着预期的方向发展，行情每运行一定的幅度，加仓一定的比例，并且加仓的比例越来越小，这种也是浮盈加仓方法，但是加仓的猛烈程度比漏斗形加仓方法要小得多，因此风险也小得多。

2. 资金管理与策略风险收益特征

前面多次提到，资金管理与策略的运行虽然是独立的，但是资金管理体系同策略体系相结合，可以改变投资策略的风险收益特征。我们以两个极端例子来说明。

假设一个简单的策略体系：用摇骰子的方法决定做多还是做空，大于3点就做多，小于3点就做空，等于3点重新摇骰子。长期来看，这个策略的胜率取决于策略的止盈止损设置，如果策略的止盈止损条件设置的异常大，也就是距离进场点位非常大的上下价差范围内设置止盈和止损，理论上讲这时候策略的胜率应该是50%。

马丁逆势加仓策略：马丁策略实际上是仓位管理策略。马丁策略的根本原理是逆势加仓。假如我们有很大的资金量，而且第一次下注的比例非常小，按照上述假设的掷骰子策略，如果进场后出现浮动亏损，当浮动亏损价差超过一定比例，就将原有的仓位加倍，如果亏损继续扩大，当价差再次超过一定的比例之后，我们再次将仓位加倍，直至策略出现盈利并且盈利价差达到第一次加倍时候的亏损价差，这时候止盈出场。经过这样的仓位管理之后，理论上讲，如果资金量足够大，第一次下注的比例足够小，投资者的胜率是接近 100% 的。这个策略的缺陷是赔率非常小，也就是可能冒很大的风险，获取一点点收益。

浮盈加仓策略：浮盈加仓策略的原理和马丁策略刚好相反，我们依然假设我们有很大的资金量，第一次下注的比例非常小，按照上述假设的掷骰子策略，如果进场后出现浮动亏损，当浮动亏损价差超过一定比例，我们就止损出场，如果进场后出现浮动盈利，并且当盈利价差超过一定的比例，就将原有的仓位加倍，如果盈利继续扩大，当价差再次超过一定的比例之后，我们再次将仓位加倍。使用这种胜率非常小，几乎接近于 0，但是赔率非常大，也就是一旦出现单边行情，盈利将非常可观。

从上面的两个仓位管理策略我们看出，同样一个投资策略，使用不同的仓位管理方法，策略的胜率和赔率（也叫盈亏比）出现了巨大的变化。也就是说，通过仓位管理，我们可以随意的改变策略的风险收益特征。上述两个仓位管理方法是两个极端情况，使用马丁策略可以无限地放大胜率，使用浮盈加仓策略可以无限的增加赔率。在现实投资中，投资者不会走两个极端方法，投资者只需根据自己的风险收益偏好，使用介于这两种方法之间的中性方法，就可以实现投资者想要的风险收益。

第七节　产品管理

对于证券投资基金来说，对于基金产品的策略实施管理，要放在产品的生命周期的角度进行考量。

产品生命周期管理是考验基金经理综合能力的重要方面，在产品生命周期中，基金经理一方面要在不同的产品阶段以及净值状态和市场行情下采取不同风险收益特征的策略，另一方面要对策略的资金进行配置，还要对单个策略进行动态仓位管理。这些都需要权衡的艺术。下面介绍一种稳健型的产品生命周期管理方式，供读者参考。

在产品运行的初期，产品处于建仓阶段，基金经理可以考虑采用较小的仓位，并且在波动特征比较稳定的市场和证券品种上进行布局。此时使用比较稳健的投资策略，选择风险小，预期收益低的策略组合进行投资。

随着产品净值的提高，投资经理可以逐渐加大投资仓位，也可以将稳健的投资策略逐渐换成适度激进的投资策略，并将策略配置在适度风险的市场和证券品种上。但这个过程应该是缓慢的、渐进的过程，缓慢的程度要视当时的净值情况和当时的市场环境，以及基金产品距离到期日或开放日的时间。

如果在运行的过程中，基金产品的净值出现较大幅度的回撤，那么基金经理就要对风险进行评估。如果当时的基金净值很高，基金经理可以选择观察一段时间，再做风控处理；如果观察一段时间基金净值仍然大幅下滑，基金经理需要考虑砍掉那些造成净值持续下滑的投资策略的运行，或者是降低这些策略的持仓水平，并将撤出的仓位配置于其他风险较低的品种和策略上。

如果基金运行过程中，市场结构出现大幅变化，如重大宏观经济政策对市场造成巨大冲击，如果该冲击对投资组合带来正效应，基金净值大幅上涨，基金经理可以考虑在事件冲击达到一定程度的时候改为降低高风险策略和品种的持仓水平，配置更多仓位于低风险策略上。如果该冲击对基金净值带来严重的下降，基金经理应当机立断，大幅砍掉高风险策略的持仓水平，将资产配置到更多低风险或者固定收益投资上。

第六章　市场与人性

本书第二章中我们介绍了证券的价格围绕价值上下波动，这个波动的驱动力是买卖双方形成的供求关系。影响供求关系的因素有很多，既有经济市场因素，又有投资者的心理因素。在本书第五章中，我们对如何运用经济市场因素构建证券投资策略进行了阐述，本章我们对投资者心理因素进行阐述。

证券投资是人们对存量财富的博弈过程，证券市场的参与主体是一个个鲜活的个人。投资者在投资的过程中，表现出不同的行为抉择，在抉择的过程中，有理性的因素，但是也难免包含很多非理性的因素，多种因素的集合形成了证券市场运行的合力。因此对投资中投资者心理研究也一直是经济学者和投资实践者分析的话题。

在投资的过程中，有两个重要的心理特征一直构成成功投资的障碍，人们将这两个心理特征归结为贪婪和恐惧。投资中的贪婪和恐惧心理衍生出各种外在的表现形式，人们认为这是人性弱点在投资中的具体表现。因此对人性弱点的分析也是投资心理分析最重要的研究方向。

心理学的研究和金融市场理论的结合催生出一门新兴的学科——行为金融学。行为金融学理论中有很多理论是关于投资中的心理研究的。我们将在本书的第七章中详细介绍行为金融学的产生和发展，本章我们直接引用行为金融学的模型分析证券投资中的心理因素。

投资心理影响投资决策，但投资决策是客观的投资理念和投资者心理影响双重作用的结果。现实中我们很难分清楚投资决策中理性因素和感性因素哪个占比更大，以及所占的比例。因此，实践中的很多关于投资心态的建议也都仅仅是建议，作者也整理出市场上常见的关于投资心态锻炼的建议，但这仅仅是建议而已。

第一节　投资中的心理因素

随着心理学研究的深入，人们发现很多难以用理性现象解释的事情，如有学者发现全球股票市场在晴朗的天气下的收益率和在糟糕天气下的收益率差异很大。有人做了一个形象的比喻：芝加哥商品交易所的玻璃上滴落了几滴雨，就会带来农产品价格的上涨，而事实上农作物的主产区——美国的中西部农场依旧阳光灿烂，对产量并没有发生多大的影响。

资本市场的参与主体是一个个投资者，正是投资者的买卖行为形成了证券的供求关系。无论是机构投资者还是个人投资者，最终的投资行为基本上都是人的意识结果，即使是使用量化投资和程序化交易模式的投资行为，量化程序的开发者也是个人。而人的行为受制于心理因素。

作为市场的参与者，投资者同时表现出感性和理性两种心理状态。在参与市场的过程中，投资者一方面收集客观信息，另一方面使用主观判断的方式作出买卖决策。因此市场价格的形成过程实际上是投资者在感性和理性两种心理状态的混合作用下形成的供求均衡的表现。

从投资者心理的角度来看，市场价格的波动源于市场参与主体心里价格的不一致，正是这种不一致导致价格平衡被打破，在一个新的价格下重新达到平衡。但是这种平衡始终是暂时的，无论是理性还是非理性因素，市场很快出现新的不统一状态，价格继续波动，朝着平衡的方向发展，如此往复。

认知心理学将市场参与主体的心理活动分为认知过程（包括感觉、记忆、思维等方面）和非认知过程（包括情绪、性格、意志等）两种。研究者认为，金融市场行为主体的决策过程受到主体性格、行为人情绪以及意志力的影响，从而产生"认知偏差""情绪偏差"和"意志偏差"。在这些偏差因素的影响下，资本市场的投资者可能出现群体的决策偏差，表现出非理性行为，在各种非理性行为的影响下，金融资产价格可能会严重偏离其内在价值。

1. 认知偏差

在资本市场上，由于存在诸多的不确定因素，以及不存在绝对正确或者是绝对占优的分析模型，人们在决策的过程中，往往利用一些经验法则，这些经验法则包含诸多感性的因素在里面。并且很多法则通常是一些简单的经验，甚至带有很大的模糊性。于是投资者在做出投资决策的时候，容易出现错误的结论。这些错误经常表现为以下三种认知偏差。①代表性启发造成的偏差。投资者在不确定的条件下进行决策的时候，往往会抓住自己认为是问题关键的关键信息，并过分地强调这个信息的重要程度，但这个信息却很有可能是局部信息，造成认知偏差。②可得性启发造成的偏差。可得性启发是指投资者进行投资决策的时候，倾向于根据可得的信息来进行投资决策，但是对于投资者来说，并不是所有的有效信息都会被有效地收集到，造成决策的时候的认知偏差。③锚定效应。在不确定的环境下，投资者在做投资决策的时候，倾向于将新的对未来的判断同过去的判断联系起来。理论上讲，投资者作出投资决策之后，投资者应该根据新的市场信息不断地更新自己对市场的认知，从而调整自己的判断，并对原来的投资决策的正确性做出合理评估。但是在锚定效应下，投资者不仅不会根据新的市场信息形成新的市场判读，反而将新的信息作为对已有投资决策的佐证材料。不停地强化自己的已有信念。④框定依赖偏差。在不确定的环境下，投资者的投资决策依赖于一定的环境，一旦环境发生变化，投资者的投资行为也会跟着发生变化，如同样是一只20元的股票，如果这只股票是从2元涨上来的，肯定有很多投资者认为价格太高了，但是如果这只股票是从100元跌下来的，那么投资者可能觉得这只股票已经相当便宜了。

2. 情绪偏差

心理学认为，情绪是指伴随着行为主体认知和意识过程产生的对外界的态度，是以个体的愿望和需要为中介的心理活动。在投资领域，投资者在投资决策过程中会因为投资盈亏而产生情绪波动，而这种情绪波动的出现又会对投资者后续的投资行为产生重要的影响，最终市场情绪的合力对股票价格产生影响。而股票价格的变动又反过来对投资者的心理产生影响。影响投资者投资行为的情绪偏差主要有以下几个方面。①损失厌恶。人们对风险和收益的敏感程度是不同的。一般来说，人们对风险和亏损更加敏感。财富缩水带来的痛苦要大于财富增值带来的快乐。②后悔厌恶。在投资者投资的过程中，经常会出现判断失误或者决策失误，当出现这种失误操作的时候，投资者往往会因为后悔而难过。为了避免后悔形态的出现，投资者规避风险的天性使得在投资的过程中优柔寡断，对于亏损的交易不愿意砍仓了结。

3. 意志偏差

心理学认为，意志是人们为了目标主动支配自己行动、克服困难、实现目标的心理过程。投资者在进行投资决策的过程中，其行为必然会受到意志过程的左右，形成行为的偏差。过度自信是这种行为偏差最典型的表现，人们认为自身知识的准确性比知识的事实状态准的准确程度更高的一种信念，也即对自己的信息赋予的权重大于事实上的权重。

第二节　投资中人性的脆弱——贪婪与恐惧

著名的投资大师巴菲特曾经说过一句经典的话："别人恐惧的时候我选择贪婪，别人贪婪的时候我感到恐惧。"这句话是对投资中人性的脆弱的经典总结。有人说，做投资最大的敌人不是交易对手，而是投资者本人，尤其是自己的人性弱点。贪婪和恐惧被认为是一般人与生俱来的天性，但这种天性在投资者投资的过程中表现出人性脆弱的一面。因此，有的人专门对人性弱点的各种表现进行分析，然后制定对策对抗贪婪和恐惧带来的脆弱性，试图克服人性的弱点，对于这种方法是否有效，本书持中立的观点。本节仅仅对贪婪和恐惧的典型心理特征的各种表现以及对投资行为带来可能的危害做出描述。至于如何克服这种心理状态，读者可以参考本章第四节的一些建议，当然读者也可以根据自己对投资行为的理解形成自己的投资心态解决方案。因为每个人都是不同的，每个人所处的环境也是独一无二的，差异化的解决方案是正确的选择。

贪婪，意思是渴望而不知满足。渴望是中性词汇，但是渴望却不知满足，就变成了贬义词。在交易中，投资者都是渴望赚钱的，这并没有错，但是如果渴望赚钱超出了一个限度，那么就是不可取的了。这个限度是什么呢，最重要的是风险和收益的权衡关系，想要获得高的回报，必须承担足够的风险。这是投资中最基本的度。一旦超越了这个度，就会引发冲突，就会带来难以承受的风险，导致交易体系和心态彻底崩溃。

恐惧，意思是害怕，惶惶不安的心态。在交易中，投资者应该敬畏市场，保持一定的恐惧心理是可取的，但是害怕到终日惶惶不安，就是超出了限度了。一般来说，恐惧源于对未知事件的惧怕，在投资中就是对可能亏损超出承受能力的惧怕，这种惧怕的来源本质上还是对风险的认知不够，或者是预期不够，惧怕会带来非理性操作，不能正常执行交易策略，导致交易体系和心态的崩溃。

贪婪和恐惧是几乎所有人与生俱来的本性。作为一种动物性，经过人类社会千百年的淘汰机制而最终遗传下来，说明这种本性对人类的发展是有好处的。具体表现在贪婪促进了社会的发展和进步，人类社会永不知足的心态促进了社会的持续进步，从原始社会的食不果腹到当前社会的基本温饱问题世界范围内基本解决，在发达国家社会物质已经非常丰富，但是这不会阻止人类的进化步伐，贪婪促进竞争，促进优胜劣汰。恐惧也是人类与生俱来的心理表现，恐惧的心理促使人们远离风险，避开对自己不利的事情。恐惧心态的存在也是投资者进行风险管理的最终心理原因。如果说贪婪的心理带来发展的可能性，恐惧的心理带来发展的持续性。在投资活动中，贪婪的心理带来竞争，竞争带来资本市场功能的实现，最终促进社会的进步。恐惧心理带来市场的稳定性，带来竞争活动的持续性，最终保持竞争活动持续进行下去。

既然贪婪与恐惧是人与生俱来的两种情绪，那么所有的投资者在资本市场上都会忍受贪婪和恐惧带来的煎熬，这是人性，所以如影随形，不可避免。投资者能够做的就是认识它们，理解它们，控制它们并利用它们。因此，在二级市场上进行交易，财富的积累过程是一个痛苦的过程。

在二级市场进行交易，贪婪和恐惧不应是贬义词，贪婪和恐惧只要保持相匹配，这样的交易心态都是合理的。什么意思呢？就是可以去贪婪地追求收益，但是要对相应的风险做充分的预估，做到亏损的时候不恐惧，一旦发现交易逻辑出现错误，砍仓止损的时候不贪婪。既然我们无法避免贪婪和恐惧心理，那么就要对贪婪和恐惧心态下的投资活动作出合理的规范，保证贪婪和恐惧的合理性，以及与投资操作的相匹配。在获取收益的时候，要充分地保持贪婪；在面临风险的时候，要合理地保持恐惧。

每个人的心理素质是不一样的，对风险的认知也是不同的，不同风险偏好特征的人，其贪婪和恐惧的心理特征在投资过程中会有不同的表现。下面我们介绍这些常见的表现。

1. 过度自信

过度自信表现为频繁交易，集中投资，选择性过滤。一般初入市场的人容易表现出频繁交易的特征，一天不交易就控制不住自己，眼睛一直盯在盘面上，对盈利非常渴望。集中投资行为主要表现在中小投资者身上。选择性过滤也是不成熟交易者的特征，尤其是在投资者有了持仓方向之后，选择性过滤现象就会表现得特别突出，投资者会自动无视对自己持仓方向不利的信息，渴望看到对自己持仓方向有利的信息，一旦看到对自己持仓方向有利的信息就会加强自己的持仓意愿，甚至会加重仓位，造成风险来临时的焦虑等非理性现象的出现。

2. 遗憾心理

遗憾心理主要表现为对买卖行为表现出后悔的心态。具体表现为，当投资者进行一笔交易之后，如果有了亏损，投资者就会一直持有亏损的资产头寸，只要亏损额度不至于使自己的投资心态崩溃就会一直持有，一旦这笔曾经出现亏损的交易回本之后，投资者就会立即平仓，造成风险和收益的极其不对等。而如果投资者的一笔交易出现了盈利，但是投资者没有对盈利进行及时获利了结，导致盈利缩水，投资者就会对曾经的盈利耿耿于怀，即使盈利继续缩水，甚至变成亏损，投资者都难以平掉原有的仓位。

3. 思维惯性

惯性思维是投资者最常见的思维模式。惯性思维不一定是坏事，但是惯性思维的动力来源应该是过去事件的规律性总结，而不应该是一件偶然的事件。例如技术分析体系其实就是对过去证券价格运行模式的规律性总结，如果仅仅是因为投资者在某种情况下挣了钱，投资者遇到类似的情况可能倾向于能继续挣钱，但是这种惯性思维包含了很大的风险在里面。

4. 偏好心理

投资者一定要投资自己熟悉的品种，这是正确的投资思路，但是，投资者往往会高估自己熟悉的投资品种的价值，对投资标的做出不合理的定价。

5. 厌恶亏损

厌恶亏损是大多数投资持有的心态，并且投资者对于亏损的厌恶表现出不一致性。主要表现为，虽然很多投资者明白风险和收益是如影随形的，想获取收益必须承担一定的风险，但是当持有的头寸有盈利的时候，投资者往往沾沾自喜，但是一旦出现浮亏，投资者的心态立马会发生改变，大部分投资者对于止损操作难以下手，不停地改变止损的点位，找各种借口为自己可能错误的持仓辩护，自欺欺人，越是亏损，越是装着对亏损视而不见，直至亏损超出了投资者可承受的范围才最终割肉离场。

6. 怨天尤人

投资者总是倾向于把投资亏损的原因归咎于外部因素，如有庄家操纵，政府政策变幻无常，政府不守信用，信息咨询网站信息更新缓慢，或者是某个投资咨询机构的误导等。也有的投资者抱怨自己的运气太差，我们经常听到这样的抱怨：再有一点点就打到我的止盈位置了，可行情突然反转了。这种抱怨还会一直充斥着市场，但是我们应该知道，运气也是交易的一部分，而且长期在市场上投资，运气总是有好有坏，不能运气好的时候将运气归结为能力，而当运气差的时候抱怨自己的运气不好，而不是能力不行。怨天尤人的心态来源人性中的自我保护意识，也是投资者的本能反应，大部分人面对失败会先去分析外部环境的因素，最后才会去分析自身的因素。

7. 从众心理

多数服从少数的原则是集体决策制度的常用原则。在证券市场上，很多投资者也认为这个原则是有效的，大部分人的选择一定是正确的选择。于是会出现盲目跟风的情况，在资本市场上成为从众的心理。从众心理造成投资者盲目追涨杀跌，在不了解市场行情的情况下贸然交易。而且从众心理造成的危害还会被自身的持仓偏见心理所加剧，一旦投资者有了持仓方向之后，就会自动忽略掉市场上的反对声音，因此很容易造成投资者的一种误判：大家都在看多（或看空）。尤其是当市场行情朝着自己预想的方向发展的时候，行情的发展加剧了投资者对原有仓位的信心，很容易导致投资者过度自信，从而不停地增加持仓。不知不觉中，投资者的仓位水平已经超出了安全水平。当行情突然急转直下的时候，投资者依然坚信大部分都是同自己相同的想法，继续持有过重的仓位水平，直至损失超出自己的承受限度。在股票市场牛市的最后阶段，往往都是投资者的从众心理带来的最后疯狂，很多投资者生怕赶不上股价的上涨，跑步入场，加上市场上充斥着看涨的声音，对于风险提示的声音会很快被埋没。这样，股票市场会迅速冲高至难以想象的高度，但最终理性的投资者会选择退出，留下一地鸡毛供非理性投资者慢慢思考总结。

8. 预期心理

价格预期心理是产生证券价格过度波动的群体性心理之一。价格预期心理是在一定的经济和市场环境下，投资者对某个证券的价格变化趋势产生了一致性的预期，这种一致性的预期产生于客观的因素。但是，一旦形成群体性的一致预期，就会产生过度反应，而且这种群体预期很难产生反转，会导致价格向极端的方向发展。直至另一个重大事件或因素的出现，这时候一致预期人群产生分化，多空力量逐渐变化，价格才会产生反转，由于前期价格的变动超出了正常波动的范围，但多空力量转变之后，人们才发现原来价格反应过大了，而现在出现了支持价格向相反方向运动的趋势，于是人们纷纷抛弃原有的持仓，导致价格迅速地向另一个方面运行，在这个过程中，价格可能会远远偏离价值。

9. 博傻心理

在资本市场上，很多时候投资与投机难以区分，因此有人认为交易就是博傻，买入金融产品的时候，只要有人愿意以更高的价格接手，就能获得收益。持有这种博傻心理的人对基本面和技术面不去认真研究，反而去研究群体心理，只要有人买入就跟着买入，只要有人卖出，就跟着卖出。这种追涨杀跌的心理在资本市场的初级阶段表现得尤其突出。

10. 患得患失

患得患失心理一般产生于投资者产生较大的亏损之后，对交易亏损产生恐惧心理，这时候面对交易机会既想抓取，又担心继续产生亏损，因此犹豫不决。患得患失还有一种表现就是同时看到很多机会，对已有的仓位不舍得砍掉，但是又想抓取其他的机会。导致持仓超过投资者的风险承受范围，尤其是在做衍生品类杠杆投资的时候。

11. 意志不坚定

在交易时意志不坚定主要体现在对盈利单子的持有上，很多投资者倾向于长期持有亏损的单子，但是对于盈利的单子却很难拿得住，尤其是当盈利有了一定的回吐之后，投资者的心态就会发生改变，原有的投资分析体系慢慢地发生了变化，即使原有的各种宏观、微观情况基本没有发生变化，投资者的投资结论也会动摇，以至于不能很好地实现盈利。

12. 孤注一掷

孤注一掷的心理经常发生在投资者刚刚经历过一次巨大的亏损之后，这时候投资者的心态完全变坏，急于将亏损通过一次重大的赌注扳回来。很多投资者经常这样想，赌这一把，以后再也不玩儿了，或者是就这一次重仓，以后再也不重仓了。结果往往是重仓带来更大的亏损，因为在这种心理状态下，投资者很难对投资标的进行理性客观的分析，感情用事的成分很大。

13. 机会主义

机会主义表现为投资者用借来的钱或者是亏不起的钱进行一次重大交易，总想着这次应该不会这么倒霉。事实上，这种操作对投资者产生了过大的压力。

14. 蛇咬效应

有句俗语叫一朝被蛇咬十年怕井绳，很多投资者在某个交易品种上有过巨大的亏损之后，就会对交易这个品种产生恐惧心理，甚至是再也不交易这个品种了。

15. 急于获利

很多投资者在看好一个重要的投资机会的时候，往往价位还没到预定的安全范围内，如果等待一段时间，价格到了安全范围内进行交易，成功的概率更大；但是又有一种可能就是价格到不了安全范围就有可能发生逆转，投资者可能失去交易机会，在这种纠结状态下。很多投资者经不起等待，在一个不是特别有利的价位下进行了交易。

16. 一意孤行

如果对形势判断正确，一意孤行可能带来非常丰厚的收益，但是一旦判断失误，一意孤行的交易习惯会给投资者带来毁灭性的打击。

交易脆弱心理的症结在哪里呢，投资者在交易当中表现出的贪婪和恐惧心理，其中一个关键的原因在于没有完整的交易系统和适当的资金管理体系。

交易体系不完整：一个完整的交易体系包括明确的分析逻辑，确定的进场和出场信号，止盈止损都是提前有计划的。因此，在交易的过程中，虽然盈亏会对投资者的心态产生影响，但是交易体系的完整性能够将投资心态对交易的影响降至最低。在完整的交易体系中，既有对止盈的考量，更有对止损的考量。止损是获取盈利必须付出的成本和代价，风险和收益是一个硬币的两面。如果投资者能够建立完整的交易体系，严格遵守交易纪律，有客观的分析逻辑体系，交易中心理因素对交易的冲击就会越来越小。

资金管理不当：重仓甚至是满仓会增大交易者的心理压力，使贪婪和恐惧的心理对交易带来的危害放大。同时重仓操作可能由于资金压力致使投资者的交易体系崩溃，交易方案得不到有效的执行。重仓操作者心理压力带来对行情波动的恐惧，往往在行情的演变还没达到投资者预想的止损位置的时候就匆匆平仓出局，一个原本很好的交易计划被重仓操作打乱，整个计划变形。交易是在风险和收益之间进行权衡的艺术，因此我们不是鼓励投资者一直轻仓操作，而是在该轻仓的时候轻仓，该重仓的时候重仓操作，重仓操作必须对风险做出合理的评价，做好应对风险的措施和心理准备。这样在风险来临的时候才不至于做出非理性的操作。

第三节　行为金融理论模型

行为金融学是金融学理论研究前沿领域，传统的现代金融学理论分析框架都有理性投资人假设。但是行为金融学理论更加重视人的心理因素与行为特征。行为金融学理论通过建立各种模型为人们的金融决策提供有意义的指导。行为金融学在前景理论、后悔理论、过度反应理论、过度自信理论等方面取得了一系列的研究成果。

1. 前景理论

前景理论（Prospect Theory，又被翻译为视野理论或展望理论）将心理学研究成果应用于经济学当中，前景理论研究不确定情况下人的判断与决策行为。针对传统经济学理论的理性人假设与现实的非理性决策行为的冲突，前景理论在实证研究的角度从人的心理特质、行为特征等方面揭示影响人们行为的非理性因素来源。

前景理论将人的决策过程分为两个阶段，第一阶段为人对各种事件的观察以及信息的收集与整理阶段。第二个阶段为事件的评估与决策阶段。为了方便第二个阶段的评估与决策，人们会自觉或不自觉地对事件进行干预，包括信息的整合、简化。在信息的整合、简化过程中，不同的信息处理方式和思维习惯会产生不同的信息组合，并可能导致非理性行为。也就是人们对同一问题的不同时间的决策最后不一致。前景理论通过大量的实验并对实验数据进行分析，最后得出很多对实践具有指导意义的结论。主要有如下几点：

①人们不仅看重财富的绝对量，而且更加看重财富的变化数量。

②当人们面对条件一样的获利前景的时候，更加倾向于实现风险规避；而当人们面对条件一样的损失前景的时候，更倾向于冒险行为。

③人们对风险和收益的敏感程度是不同的。一般来说，人们对风险和亏损更加敏感。财富缩水带来的痛苦要大于财富增值带来的快乐。

④在交易中，前期的盈亏结果会对后续的交易行为产生影响，影响到人们对风险和收益的态度，从而影响后续的决策。前期盈利可以使人的风险偏好程度增强，甚至可以降低后期的损失，而前期的亏损可能会加剧后期亏损时候的痛苦，前期亏损还使后期风险厌恶程度提高，使人变得更加小心翼翼。

面对有风险决策时，人们是选择躲避还是直接面对，抛开决策者所面对的环境，这是一个很难回答的问题。尤其是人们在做投资决策的时候，投资者当前的盈亏情况，投资者的资产状态，以及家庭情况，甚至是当时的天气情况，都会对投资决策造成影响。在对风险的态度问题上，通过大量的实验，前景理论给出了下面的结论：当人们面对获利的时候，对风险往往选择规避。当人们在面对损失的时候，很多人反而愿意冒险了，人们对损失带来的痛苦感受更加强烈。损失的痛苦比收益带来的喜悦更加敏感。

在不同的风险预期条件下，人们的行为倾向是不一样的。为了验证前景理论，人们做了大量的实验，得出了下面几个有意义的结论：

①"二鸟在林，不如一鸟在手"，在"确定的收益"和"赌一把获取更大收益"之间做抉择，大多数人会选择"确定的收益"。因而在投资市场上，我们经常会看到这样的心态：见好就收，落袋为安。这被行为金融学学者称为"确定效应"。

②在"确定的损失"和"赌一把但可能损失更大"之间抉择，多数人会选择"赌一把但可能损失更大"。这被行为金融学学者称为"反射效应"。

③对于投资者来说，盈利100元所带来的快乐，难以抵消损失100元所带来的痛苦。这被行为金融学学者称为"损失规避"。

④买过彩票的人都知道，中大奖的概率是微乎其微的，买彩票的钱有1/3用于支持福利事业和体育事业了，可还是有大量的彩民孜孜不倦地碰运气。这被行为金融学学者称为"迷恋小概率事件"。

⑤大多数人对得失的判断往往根据参照体系而决定的。例如，在"其他

人一年收入 6 万元，你一年收入 7 万元"和"其他人一年收入为 9 万元，你一年收入 8 万"之间进行选择，大多数人会选择前者。这被行为金融学学者称为"参照依赖"。

2. 后悔理论

后悔理论（Regret Theory，又被翻译为遗憾理论），在投资者投资的过程中，经常会出现判断失误或者决策失误，当出现这种失误操作的时候，投资者往往会因为后悔而难过。为了避免后悔形态的出现，投资者规避风险的天性使得在投资的过程中优柔寡断。

在股票市场上，后悔心理有非常典型的表现：当投资者关注一只股票，结果没有买入股票价格就上涨了，投资者就会陷入后悔自责的心理状态中；即使投资者判断后续股票还会上涨，但是由于没有及时介入，投资者后续也很有可能看着股票继续上涨而不再买入，仅仅是因为投资者还沉浸于后悔前期没有及时买入的心理状态下。同样在股票价格下跌的时候，投资者没有及时止损而出现小幅亏损，这时候即使股票价格继续下跌，投资者依然难以做出砍仓的抉择。

有些研究者认为：对于当前持有的资产中出现浮动亏损的金融资产，投资者往往不愿意卖出浮亏资产。有人做过一个研究，当投资者持有两只股票，股票 A 当前获利 20%，股票 B 当前亏损 20%，此时如果出现一个新的更好的投资机会，投资者必须卖出其中一只股票用于博取新的机会，这时候多数投资者都选择卖出 A 股票。做出这个选择很有可能并不是相对于 B 股票，投资者并不是不看好 A 股票，而仅仅是因为 A 股票是盈利的，卖出 A 股票比卖出 B 股票更容易让人接受。卖出 B 股票可能会导致投资者对前期买入 B 股票的决策后悔。研究者指出，投资者不愿意卖出亏损的资产，是为了避免为一次投资失败而产生的痛苦和后悔心理，继续持有亏损资产就意味着亏损还没有成为确定性的亏损。

另一些学者认为，投资者容易产生从众行为，是为了避免为做出错误的决策而后悔，如果大家都看好某只股票，买入并持有了这只股票，这时候即使股票出现下跌行为，投资者的心理感受会和只有自己买了这只股票而身边的人都没买时的心理感受轻松得多。

行为金融研究者 Hersh Shefrin 和 Meir Statman 在一项研究中发现：投资者

在投资过程中除了有避免后悔的心理诉求外，还有一种追求自豪的动机在左右投资者的行为。害怕后悔与追求自豪使得投资者更容易卖出获利的资产头寸，而对于产生亏损的资产头寸，投资者反而更愿意长期持有它们，这种现象被研究者称为"卖出效应"。

3. 过度反应理论

过度反应理论（Overreaction Theory）是对市场上经常出现过度反应现象的理论解释。在资本市场上，由于市场参与者一系列的非理性情绪与认知偏差等心理因素，会在投资过程中表现出反复加强的投资心理，从而导致资本市场的过度反应。

研究者认为，过度反应是由投资者在不确定条件下系统性心理认知偏差所造成的。当突发性事件或未预期到的事件发生时，投资者往往倾向于过度重视当下的信息并轻视过去的信息，在突发信息的主导下，投资者的决策往往带来资产价格的涨跌超过应有的限度。随着时间的流逝，投资者会逐渐对信息进行全面客观的分析，最终资产价格回归合理的范围，恢复到理性的价值区间。

传统的经济学理论认为，市场的参与主体都是理性的，价值投资理论认为，投资者在股票价格低于内在价值的时候买入股票，在股票价格高于内在价值的时候卖出股票。但是事实上，资本市场上经常发生证券的价格长期严重偏离内在价值的情况。行为金融理论研究者认为，发生价格与价值长期大幅偏离的主要原因是金融资产的价值具有较大的不确定性，正是这种不确定性引起投资者做出非理性行为。当很多投资者的非理性行为产生共振的时候，资本市场就会出现暴涨暴跌的现象。

耶鲁大学的 Robert Shiller 教授是行为金融理论领域的专家。他在 2000 年 3 月出版的《非理性繁荣》（Irrational Exuberance）一书中认为：人类的非理性因素在资产泡沫以及资本市场大崩盘中起着主要作用，而人们总是健忘的，历史教训并不足以让人们变得理性起来，非理性是人类认知中根深蒂固的局限性。

Richard Thaler 和 Werner De Bondt 在 1985 年的一项研究中发现，股票投资者倾向于在股票产生亏损时变得越来越悲观，而在股票出现盈利的时候变得越来越乐观。在不同的内外环境下，投资者对于利好消息和利空消息都可能表现出过度反应。当牛市来临时，股价不断上涨，可能会涨到让人难以置信，导致很多股票都远远超出上市公司的内在价值；而当熊市的时候，股价不断下跌，也可能会跌到大家难以置信的程度。除了从众心理在起作用外，人类非理性的心理状态，以及由此产生的认知偏差起到了推波助澜的作用。还以股票市场为例，当市场持续上涨时，很多投资者都产生了盈利，盈利状态下投资者越来越乐观。在乐观的心理状态下，又有牛市氛围的烘托，投资者在信息加工时会产生选择性认知偏差，也就是说投资者会对利好消息过于敏感，而对利空消息选择性无视。这种非理性情绪和认知偏差状态会反复强化投资者的买入行为，形成持续加强的效果。当市场持续下跌时，情况刚好相反，亏损状态导致投资者越来越悲观，在悲观心态下，同时又有熊市氛围弥漫着市场，同样也造成了投资者的选择性认知偏差，此时投资者会对利空消息过于敏感，而对利好消息选择性无视。这就解释了资本市场上所谓的过度反应现象。

4. 过度自信理论

过度自信理论（Overconfidence Theory）认为，人经常表现出过度自信的行为。理论学者 Gervaris、Heaton 和 Odean 将过度自信定义为：人们认为自身知识的准确性比知识的事实状态的准确程度更高的一种信念，即对自己的信息赋予的权重大于事实上的权重。

社会心理学的研究发现，人们在面对中等难度或极度困难的问题时，往往表现出过度自信。然而在回答相对容易的问题时，却倾向于不太自信。研究还发现，人们倾向于从无序状态中找到规律性，如经济学家或经济分析师一直致力于从一大堆杂乱的经济数据中，找出所谓的规律。如果投资者的投资决策和别人的决策产生冲突时，投资者倾向于认为别人的投资决策是非理性的，而自己的决策是基于理性判断的，但很多时候事实并非如此，尤其是在资本市场上做投资决策的时候。无论是投资者还是证券分析师们，他们都认为在他们的熟悉领域内比较专业，在做投资决策或投资建议时表现出过多的自信与确定性。然而大量学者的研究表明，提高投资者的自信水平与投资盈利水平并无相关性。投资者以及证券分析师总是认为自己可以跑赢大盘，然而事实证明，长期来看，能够跑赢大盘的基金经理并不多。

学者 Daniel Kadmeman 认为：投资者的过度自信心理来源于他们对不确定事件的错误估计，投资者往往对小概率事件发生的可能性产生过高的估计，总是认为其是可能发生的，这可以对彩民买彩票的行为做出解释。而对于发生概率中等的不确定事件，投资者容易对其产生过低的估计；但对于发生概率很大的事件，投资者往往认为它肯定会发生。

研究者认为，证实偏见也是导致投资者过度自信的原因之一。投资者倾向于为自己的观点找各种理由，尤其是当投资者已经进行交易之后，投资者更乐于接受和自己观点一致的信息。有的投资者可能只关注和自己的观点一致的信息，而对于和自己观点有冲突的信息，投资者往往选择性的视而不见，或者即使获取了这种有冲突的信息，总是找各种理由甚至是借口否认这些信息的合理性。人们将这种行为称为证实偏见，证实偏见的一个后果就是过于自信。

有的学者认为，导致过度自信的原因在于投资者对自己知识和能力的幻觉，尤其是当前的信息时代，信息获取的途径越来越多，当投资者掌握大量信息的时候，会认为信息量越多，对市场的判断和预测就会越准确。但事实上并非如此，信息的增加可能是一些无效的信息甚至是一些干扰性信息，当投资者的分析体系无法对信息的质量以及主要的信息进行提取的时候，信息泛滥反而成为一种负担，甚至是一种灾难。

有的学者认为，投资者的归因偏好加重了投资者的过度自信行为，投资者倾向于将基于运气的偶然性成功归因于自己操作的技巧或分析方法，而将失败的投资操作归于偶然因素或投资者本人无法控制外部因素，这会加剧投资者的过度自信的心理现象。

第四节　基于行为金融理论的投资策略

随着人们对市场参与主体行为分析的深入，行为金融学理论带来的投资实践的新思维，投资者开始将行为金融理论与金融市场投资相结合，有四种具有代表性的投资策略是基于行为金融理论的。

1. 逆向投资

逆向投资策略是利用证券市场上存在"反转效应"和"赢者输者效应"，买入过去表现较差的股票，或者卖出过去表现较好的股票。"反转效应"和"赢者输者效应"是行为金融研究者对资本市场长期观察的基础上总结出来的规律性表现。

反转效应是指表现差的股票在一定的时间范围内有较大的概率经历一波行情逆转的过程。实证研究表明，在一定的时间内，表现好的股票组合倾向于在其后的时间内表现差于表现差的股票组合。当然反转效应只是统计意义上的规律模型。证券的反转不具有确定性。

赢者输者效应是指如果将股票持有者分为两组，一组当前是盈利的，称为赢者组，一组是亏损的，称为输者组。由于心理因素的影响，赢者组往往表现出过度的乐观，输者组倾向于表现出过度的悲观。这导致股票价格偏离基本面的概率较大，市场的自动修正机制会在一定的时间段内修复价格与价值的偏离，最终导致前期的赢者组表现会差于输者组。当然赢者输者效应也是基于统计意义的规律性。

2. 动量交易

动量投资策略成为惯性投资策略或相对强度交易策略。由于价格黏性以及人们对新信息的反应比较慢，因此当价格出现上涨的时候，人们会预期价格会在一定的时期内持续上涨。

市场的动量效应和反转效应是同时存在的，这并不矛盾。两种现象是在不同时间周期上的统计规律。对于同一个证券品种，往往在一个时间周期上表现出动量效应，在另一个时间周期上表现出反转效应。

3. 成本平均

投资者往往对投资损失都持有厌恶心理，针对这种心理状态，投资者买股股票的时候可以按照不同的价位分批买入，用于防止第一次进场的时机错误，多次进场可以摊低成本，规避一次性投入造成的巨大风险。但是摊低成本的方法同时对策略的收益产生影响，因此是风险和收益的一种权衡手段。

4. 时间平均

时间分散化的投资理念源于一个这样的观察结果：股票投资的风险随着投资期限的延长而降低，因此时间平均策略建议年轻人可以在股票资产上配置较高的比例，在随着投资者年龄的提高，投资者可以逐渐减少股票资产的配置，进而转向债券资产的配置。

第五节　仅仅是建议

投资心理分析和心态管理很多时候是对投资者非理性行为的管理，而我们的研究框架是理性的分析，即使分析的对象是投资者的非理性行为，但是我们在解释现象的时候使用的依然是理性的分析逻辑。这貌似是一个矛盾。

投资心态管理是针对个人投资者的建议，每个个体都是独一无二的，每个个体面临的环境也是时变的，要想给出一些普适性的建议很困难，或者是普适性的建议很难具有针对性。本节我们给出一些投资心态管理的建议，但这仅仅是建议而已。投资者需要根据自身的情况进行融合。

1. 客观地看待亏损

投资就是在风险和收益之间做权衡，这是本书反复强调的理念。亏损是投资的一部分，由于人性的弱点，人们往往对投资的亏损更加挂怀，因此对投资亏损的正确看待是克服亏损时非理性举动的一个重要方法。

知易行难，面对亏损大多数人会感到不适，亏损的时候让人保持盈利时候的心态，这几乎是不可能的。凡事预则立，不预则废，如果投资者在做出投资决策的时候能对亏损做好足够的预期管理，一笔单子下多重的仓位？预期有多大的收益？可能遭受多大的损失？损失超出多大的幅度是自己的心理承受的极限？行情发展到什么程度证明自己已经是错误的了？当行情证明自己可能是错误的时候，应该采取什么样的措施？是完全砍仓还是砍掉部分仓位等。如果投资者对这些问题思考清楚并制定行之有效的应对方案，就能在后续发生亏损的时候有条不紊地进行应对。

客观地看待亏损并做好亏损时的风险应对策略，一方面可以减轻后续发生亏损时的心理压力，另一方面，即使后续亏损时心态变差，因为有提前制定好的风险应对措施，投资者在心理压力情况下按照应对，措施进行应对可以减小发生非理性操作的概率。

2. 构架尽可能客观的交易体系

第五章我们对交易体系的构架有过详细的描述，我们这里探讨交易体系的客观性以及交易执行的主观性之间的矛盾问题，以及如何平衡这个矛盾。

　　交易始终是人的决策，投研框架的客观性可以将非理性因素尽量地降低，但是过度客观的投研框架导致更多的机械性，机械性的操作体系一方面影响投资收益，另一方面在极端行情下可能带来更大的风险。

　　因此，客观的交易体系又不至于机械化，作者认为重要的是保持投研逻辑的客观化和常态化。投研逻辑千差万别，导致了不同的投资者在同样的市场环境下，即使是同一时刻都做出不同的投资结论，因而也产生了不同的交易行为。因此投资逻辑没有对错，只要是客观的、基于理性分析的就行。保持投研逻辑的常态化是指对于一个逻辑或者是赚钱的思路要固定模式，并在行情触发交易的时候保持持续执行，而不是今天使用这个思路，明天使用另一个思路。这样即使这些思路都没有错误，但是由于策略使用者的主观因素造成策略的实际效率的发挥受到了极大的限制，很有可能在本来应该挣钱的时候没有使用，而使用的时候却亏了钱，最终可能一个很好的策略被抛弃。

　　客观的交易策略必然意味着可能挣钱，也可能亏钱，因此只有策略的持续执行才能表现出策略盈利的特征，过多的人为干预对策略的盈利性有未知的影响。

　　3. 情绪管理

　　交易过程中，情绪是心理状态的晴雨表，真实的反映投资者的心理状态。无论是欣喜若狂还是悲痛欲绝，无论是人性奔放还是孤独不安，交易心理复杂而波动剧烈，由于各种情绪的困扰，投资者的投资活动受到严重的干扰，学会进行情绪管理成为投资者必须面对的课题。

　　在管控情绪问题上，巴菲特曾经说过："我之所以能有今天的投资成就，是依靠自己的自律和别人的愚蠢。""我们没有必要比别人更聪明，但我们必须比别人更有自制力。""投资人总想要买进太多的股票，却不愿意耐心等待一家真正值得投资的好的企业。"

　　作者认为，交易情绪管理可以从三个方面入手，一是不断反思、认识自己；二是在容易发生非理性操作的时候离开交易，不给自己犯错的机会；三是找到情绪的发泄出口，将郁闷情绪发泄出去。

　　在交易的过程中，不断地总结和反思自己的交易体系可以更快促进投资者进步。通过不断反思，一方面可以让投资者更加了解市场，对自己的交易体系以及决策判断体系进行不断的优化，另一方面可以促使投资者了解自己的投资风格。投资风格和投资者的阅历、性格、生活习惯等都密切相关，改变自己的投资风格比适应自己更加困难，因此不建议投资者轻易地强制性地改变投资风格，因为只要有适合自己投资风格的投资理念和交易方式，投资风格就无所谓对错。激进的投资风格和保守的投资风格都没有对错。

4. 资金管理

资金管理的重要性我们在第五章中有过详细的描述，这里我们阐述资金管理与投资心态的配合问题。

根据交易品种的波动特征进行风险和报酬的科学配比，这是情绪管理的前奏。尤其是对于衍生品投资来说，衍生品带有很强的杠杆特征，如果没有对投资品种波动性的预判，以及对风险的预估，在此基础上进行合理的仓位配置，风险来临的时候，杠杆特征就会表现出可怕的心态摧毁力。很多人初入衍生品市场，对杠杆投资的风险没有直观的感受，仓位控制和资金管理比较混乱，往往因为仓位过重而导致原本很好的投资计划无法完整地执行下去。

合理的资金管理体系可以将投资亏损控制在预期的范围内，对投资者的心理压力尽可能地降低。有效的资金管理体系可以将风险管理到可控的地步，既然风险是可控的，风险发生的时候，虽然投资者会很痛苦，但是不会有太多的恐惧，这在一定程度上可以降低非理性操作。

第七章 证券投资基金投资管理

机构投资者在社会财富管理中的地位越来越重要，欧美发达国家的资本市场都呈现出管理机构化、投资产品化的趋势，机构投资者占比的扩大是投资和理财市场逐步成熟的重要标志。机构与个人投资者相比，除了在投资操作方面缺乏灵活性外，在管理理念、信息收集、投资策略、风险控制方面比个人投资者都有优势。相对于个人投资者，机构投资者更具有理性，一定程度上降低了市场的波动水平，机构投资者能够促进证券价格的合理定价，有利于证券市场的长期健康发展。因此大力发展机构投资者、促进市场投资主体多元化成为我国证券监管者的重要努力方向。

证券投资基金是机构投资者吸收社会闲散资金进行投资管理的主要途径，证券投资基金份额认购也正在成为大众理财最重要的投资手段。

机构投资者基本都采用组合投资的策略，通过投资组合管理在风险和收益之间权衡。马柯维茨（Markowitz）投资组合理论是现代投资组合理论的开端。他利用均值—方差模型得出通过投资组合可以有效降低投资风险的结论，并利用投资组合的有效边界模型得出最优的风险投资组合的配置原则。威廉夏普在马科维茨投资组合理论基础上提出了资本资产定价模型（CAPM模型），此后，套利定价理论发展出来的因素模型对CAPM模型进行了有效的扩展。

分散化投资在现代投资组合理论占据核心地位，FOF（Fund of Fund）投资基金将分散化投资的理念进一步深化，FOF母基金以其他证券投资基金为投资标的，是一种创新的组合投资模式。本章三节将对FOF投资的投资理念和投资方式做详细的描述。

在组合投资管理的过程中，会经常涉及如下几个重要的话题：金融衍生品、金融工程、量化投资与主观交易、指数投资与被动管理。本节将对这几个话题做简要介绍，重点介绍这几个话题对投资组合管理的意义。

如果说金融衍生品是金融产品中的皇冠，那么期权当之无愧是这顶皇冠上的明珠。随着证券市场的发展，金融衍生品市场随之发展起来。衍生品市场有场内市场和场外市场两个交易市场，期权在金融衍生品中处于核心地位。由于其收益的非线性，以及权利和义务的不对称性，能够对投资组合的风险收益特征做出重要的调节。

金融工程是指利用先进的数学及金融工具，在各种现有基本金融产品的基础上，进行不同形式的组合分解，以设计出符合客户需要并具有特定风险收益特征的新的金融产品。

量化投资与主观交易的问题在前面的章节我们有所涉及。在投资组合管理中，量化投资占优还是主观交易的管理方法占优，量化投资和主观交易两种投资方式能否统一、有无必要统一，作者将在本章给出自己的理解。

指数投资与主动管理也是组合投资管理中的传统话题。有研究指出，在长期来看，没有公募基金（美国称共同基金）经理能战胜指数，但为什么大多数投资经理仍旧坚持选择主动管埋的投资模式呢，本章也将尝试做出解释。

机构投资者的投资方法同个人投资者有所差异，其行为模式同个人投资者也差异巨大，本文也将对机构投资者的行为模式做详细的探讨。

投资者在挑选基金产品时，应了解自己对风险的偏好，根据自己的风险偏好特征挑选合适的基金产品。本章最后一节将探讨基金风格是如何形成的，投资者如何对基金业绩进行评价，以及如何挑选合适的基金产品。

第一节　证券投资基金

证券投资基金是一种利益共享、风险共担的集合证券投资方式。它通过向投资者募集基金份额，然后由基金管理人管理和运用基金资产进行证券投资。目前，购买基金产品份额已成为大众化的投资理财工具，随着养老基金和保险基金的入市交易，证券投资基金将极大地影响人们的社会生活。

根据中国证券投资基金业协会编写的基金从业资格考试教程，世界上第一只公认的证券投资基金为"海外及殖民地政府信托计划"（The Foreign And

Colonial Govemment Trust），它诞生在 1868 年的英国。为了拓展海外殖民地的经济建设，英国政府批准成立了一家海外投资信托，由投资者集体出资、专职经理人负责管理和运作。为确保资本的安全和增值，还委托律师签订了文字契约，由此产生了一种新型的信托契约型的间接投资模式。它在许多方面为现代投资基金的产生奠定了基础。

1997 年 11 月，我国颁布了关于证券投资基金的第一部法规性文件——《证券投资基金管理暂行办法》，这为我国证券投资基金行业的发展奠定了法律基础。1998 年，开元证券投资基金和金泰证券投资基金分别在深圳证券交易所和上海证券交易所挂牌发行，这是我国最早的封闭式基金。到 2001 年，我国已有证券投资基金管理公司 14 家，封闭式证券投资基金 34 只。根据中国证券投资基金业协会公布的数据，截至 2019 年 6 月底，我国境内共有公募基金管理公司 124 家，基金管理规模 13.46 万亿元；中国证券投资基金业协会已登记私募基金管理人 24304 家，基金管理规模 13.28 万亿元。

证券投资基金的特点有以下几点。

1. 集合理财，专业管理

证券投资基金将投资者的资金集中起来管理，由基金管理人进行投资或由基金管理人委托外部投资顾问进行投资，这就是证券投资基金集合理财的特点。基金管理人或投资顾问是专业的机构投资者，在投资理念和投资策略方面有系统的方法，因此称为"专业投资者"。

2. 组合投资，分散风险

机构投资者都会采取组合投资的方式进行基金投资管理，一方面组合投资可以通过分散风险或转移风险的方式降低投资风险；另一方面，组合投资可以产生灵活多变的基金风险收益特征，尤其是加入衍生品工具之后，组合投资可以产生更加特殊的风险收益特征，满足投资者个性化的需求。

3. 利益共享，风险共担

基金投资者认购基金份额，一般来说，相同类型的基金份额享受平等的收益，承担同等的风险，但是不同类型的基金份额其风险收益特征可以不一样。例如分级基金中，A 类基金份额的投资者享受的回报水平和风险水平同 B 类投资者享受的完全不一样，但是共同认购 A 类基金份额的投资者享受的回报水平和风险水平是一样的。

4. 严格监管，信息透明

基金管理行业是管理风险的行业，为了保护投资者的合法权益，监管机构对基金管理人和其他基金相关的机构，如托管机构和基金代销机构都实行严格的监管。为了让基金投资人及时准确了解基金的运行状况，监管机构强制基金管理人及时披露必要的基金管理信息，如基金净值信息等。

5. 独立托管，保障安全

按照当前的监管政策，基金资产的保管一般交由独立的第三方托管机构进行托管。基金托管人按照基金合同和托管协议的约定保管基金资产，并约束基金管理人按照基金合同约定合法合规的使用基金资产进行投资。

第二节　现代投资组合理论

在资产管理行业，我们经常听到一句经典的投资思想：不要把所有的鸡蛋放在一个篮子里，因为覆巢之下无完卵。这句话包含着经典的组合投资理论的思想。

现代投资组合理论由美国经济学家马科维茨（Markowitz）于 1952 首次提出，是资本市场理论中最重要的组成部分，现代投资组合理论主要由马科维茨均值—方差理论和投资组合有效边界理论、资本资产定价模型、套利定价理论、有效市场理论等部分组成。这些理论的发展为机构投资者的投资实践提供了重要的理论指导，极大地改变和拓展了过去主要依赖基本面分析和技术分析的传统投资管理方式，使机构投资者朝着专业化、系统化、科学化、组合化的方向发展。

现代投资组合理论的基本思想包括如下几个方面：

①投资者选择：资产组合的风险和预期收益是投资者进行资产选择最重要的参考标准，风险和收益也是描述投资者风险偏好的基本指标。

②系统风险与非系统风险：资产组合可以降低组合中资产的非系统性风险，但是随着资产组合中资产数量的增加，资产组合的规模达到一定的程度，资产组合的风险就无法继续下降。这种无法继续分散的风险成为系统性风险。

③投资者只能从系统性风险中获取收益补偿，长期来看，无法从非系统风

险中获取收益补偿。

马科维茨的投资组合理论（Portfolio Theory 简称 MPT）对于证券投资组合管理的意义在于，组合投资是可以分散风险的，存在一组使得组合风险最小的组合投资比例，如果投资者的效用函数是可以观察到的，那么就存在投资者最优的投资组合。

资本资产定价模型（Capital Asset Pricing Model 简称 CAPM）对证券投资组合管理的意义在于，资本资产定价模型认为，存在一个唯一的市场最优投资组合，该组合同无风险资产进行重新组合，可以满足各种风险偏好特征的投资者。也就是说对所有投资者来说，最优的风险投资组合是唯一的。对所有投资者都一样的，不同投资者只需在最优资产组合和无风险资产之间进行按比例调配就行。根据资本资产定价模型，投资者的期望收益与市场风险也就是系统性风险有关。

套利定价理论（Arbitrage Pricing Theory 简称 APT）一般认为是 CAPM 理论的拓展。在 APT 理论中，证券或证券组合的风险可以由多个因素来解释，也就是多个系统性风险来源，这些系统性风险都是无法分散的，APT 理论并没有对投资者的最优证券选择行为做出描述，因此没有最优投资组合的概念。

资本资产定价模型和套利定价模型都告诉投资者，投资者在市场中冒的非系统风险不能获得有效的风险补偿，只有系统性风险可以获得相应的风险补偿。

有效市场理论又称有效市场假说（Efficient Markets Hypothesis 简称 EMH），它告诉投资者一个令人失望的情况：在强有效市场上，投资经理的努力长期看来是无效的；在半强有效市场和弱有效市场中，投资经理的努力是有回报的，但是他们的努力会促使市场朝强有效市场的方向发展。

马科维茨的资产组合理论、资本资产定价模型、套利定价理论等一起构成了现代金融学的理论基石。但经典的经济学分析方法过于"理性"，将市场参与主体理性化和模型化，而在实际的市场中，投资者的决策行为有很多非理性的因素存在。因此，行为金融学理论对现代金融学理论提出了诸多挑战，将研究方向放在了对市场参与主体的个体行为和群体行为的研究上。

1. 现代投资组合理论简介

（1）马科维茨均值—方差模型

哈里·马科维茨（Harry M. Markowit），首次运用数学公式对风险和收益进行定义，并开创性提出著名的投资组合理论，被后人公认为"现代投资组合之父"。

马科维茨的资产组合理论包含两个重要内容：均值—方差模型和投资组合有效边界模型。这两个模型是马科维茨资产组合理论的数学描述。马科维茨的资产组合理论用严谨的数学逻辑解决了长期困扰证券投资活动的两个重大问题。

第一个问题是，在马科维茨资产组合理论产生之前，人们就知道要用组合投资的方法分散风险。但是为何要使用资产组合分散风险，资产组合又是如何分散风险的，在马科维茨资产组合理论提出之前，没有科学合理的解释。马科维茨的均值—方差理论解决了这一问题。

第二个问题是，人们如何进行风险和收益抉择的，也就是说，人人都想要低风险、高回报的投资标的，但是现实情况是回报高的资产风险都比较大，那么如何在风险和回报之间选择最适合自己的投资组合呢，马科维茨的有效边界模型从理论上解决了这个问题。

①均值—方差模型。

均值—方差模型是建立在一系列假设的基础之上的，这些假设也是后面有效边界模型的前提假设，这些假设主要有：

a. 投资者以期望收益（均值）来衡量和评估资产组合的收益水平，用资产组合收益率的方差或标准差来衡量投资组合的风险，也就是投资组合的风险收益特征用均值和标准差可以完整地进行描述，不同的证券之间的关联水平可以用证券收益率的协方差来表述。

b. 证券市场是有效的，每个投资者都能掌握证券的基本信息：每个证券的期望收益率和标准差，并且所有证券之间的相关性——证券收益的协方差也是已知的。

c. 投资者都是风险厌恶型的（也称为风险规避型），在相同的风险水平下，投资者希望预期收益越高越好，在相同的预期收益水平下，投资者希望风险越小越好。

d. 交易是无摩擦的，税收和交易成本可以忽略不计，每只证券都是可以卖空的，投资者可以以无风险利率水平进行任意借贷行为。

模型的主要内容：投资者进行投资，面对一系列可投资的证券品种，有许多组合可以选择。均值—方差理论告诉投资者，投资者的组合资产的风险收益特征是如何通过一个个单个资产的风险收益水平形成的。单个资产的收益率水平称为均值，也就是资产的期望收益率，单个资产的方差水平是单个资产收益率的方差，它用来刻画资产的风险。我们通过公式看资产组合的风险收益特征是如何计算的。

假设投资者面对的可投资的资产只有两个：股票和债券。投资者准备投资到股票资产的资金比例为 w。股票的风险收益特征为收益率 r_s 和标准差 σ_s；债券的风险收益特征为收益率 r_b 和标准差 σ_b；股票和债券收益率的协方差为 $\rho_{s,b}$，那么投资组合的风险收益特征为收益率 r_P、标准差 σ_P。公式如下：

$$r_P = wr_s + （1-w）r_b$$

$$\sigma_P{}^2 = w^2\sigma_s{}^2 + （1-w）^2\sigma_b{}^2 + 2w（1-w）\rho_{s,b}\sigma_s\sigma_b$$

这就是均值—方差理论的核心理论，当资产数量更多的时候，资产组合的收益水平是各单个资产收益水平的加权平均，但风险水平标准差却需要各个资产收益率的协方差矩阵来描述。复杂的数学模型不是本书的重点，我们将重点放在模型的思维方式上。

从数学的角度来看，均值—方差模型从理论的角度告诉投资者分散投资的合理性和科学性，同时告诉投资者不仅仅是组合资产越多越好，而是组合资产之间相关性越小越好。

②有效边界模型。

根据均值—方差模型，当股票和债券的相关系数为 -1 时，也就是说两个资产的收益率是完全负相关。资产组合的方差方程为：

$$\sigma_P{}^2 = （w\sigma_s - （1-w）\sigma_b)^2$$

当股票和债券的相关系数为 1 时，也就是说两个资产的收益率是完全正相关。资产组合的方差方程变为：

$$\sigma_P{}^2 = （w\sigma_s + （1-w）\sigma_b)^2$$

当股票和债券的相关系数为 [-1,1] 之间时，即资产组合的风险收益特征可描述为组合收益和标准差集合，也就是"标准差—期望收益"平面上的双曲线。

至于双曲线的形状，则取决于股票和债券的相关系数，如图 7-1 所示。对于相关系数一定的时候，曲线形状也就确定了，曲线上的所有点代表的是可能投资组合比例配置，也就是可能的 W 值，不同的 W 值对应曲线上的不同的点。

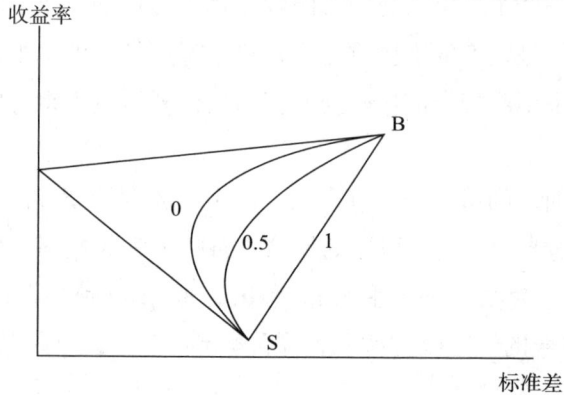

图 7-1

资产组合的收益与单个资产收益之间的相关性无关，但资产组合的风险则与单个资产之间的相关性有关，当资产之间的收益完全正相关的时候，资产组合的风险无法低于组合中单个资产之间最小的。当资产之间的收益完全不相关（相关系数为0）时，组合投资可以降低风险，随着风险资产的继续加入，资产组合的风险会继续降低，直至到某一个时间，资产组合的风险降到最低。当资产之间的收益完全负相关时，组合风险大大降低，甚至可以将风险降低为0。

当资产数量不断增多，投资者所有可能的资产组合的风险收益特征由曲线上的所有点变成了曲面上的所有点。如图 7-2 所示。这个曲面上的所有点称为可行集。

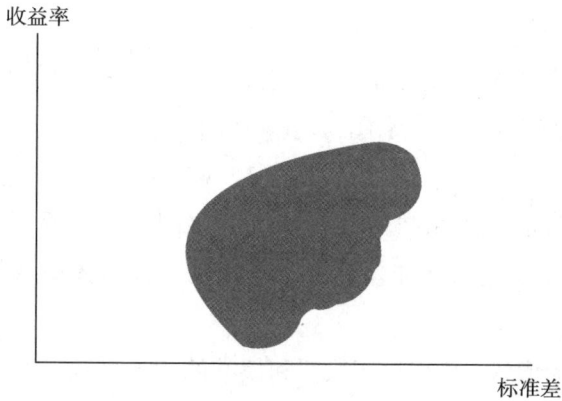

图 7-2

在这个可行集上，给定了期望收益（均值），拥有最小方差的资产组合，我们称为有效资产组合。同样的道理给定了方差水平，拥有最大期望收益的组合也是有效资产组合。所有有效资产组合形成了一个有效集合，表现在图形上就是有效边界。如图 7 - 3 所示。

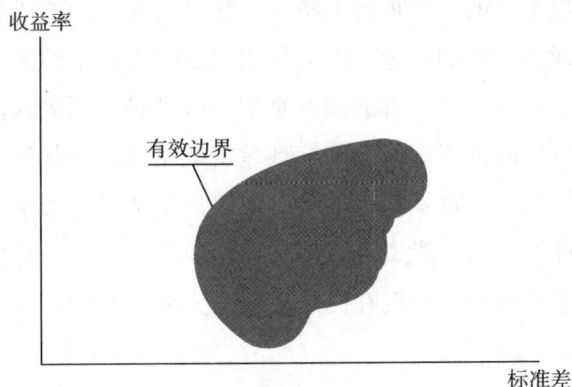

图 7 - 3

根据资产组合期望收益与方差的特性，有效边界表现出凸性。从图形直观地看，有效边界是向左边突出的。

风险组合的有效边界有一个重要的特征，就是被人们经常提到的两基金分离定律：在所有的有效资产组合中，任意两个分离的点（不一样风险收益特征）代表两个不同的有效资产组合，而有效资产组合中的其他所有的点，都可以由这两个点所代表的资产组合根据一定的比例合成。两基金分离定律有重要的实践指导意义，它意味着如果市场上有两个管理非常有效的基金，其管理风格不一样，但是都经营最好的，属于基金中的佼佼者，那么所有的投资者都只需投资这两家风格不同的基金就能实现最优的资产组合配置，唯一不同的是不同的投资者由于其风险收益偏好不一样，配置于两个基金之间的比例不一样而已。

③投资者最优选择。

有效集合和有效边界是理性投资者进行证券投资的必然选择，但是给定了有效集合，投资者如何进行取舍才是最优的呢？

我们需要建立一个投资者偏好模型。那么如何定义投资者偏好呢？马科维茨认为，投资者根据资产组合的预期收益率和标准差来进行资产配资。对于每个投资者来说，其个人偏好可以用效用函数来表示，效用函数的自变量是资产组合的收益率和标准差。效用函数是收益率的增函数，标准差的减函数。不同的投资者对风险和收益的偏好不一样，因此其效用函数也不一样。

效用函数表现出来的一个重要的特征：投资者对不同的风险和收益特征的资产组合可能表现出相同的兴趣。因为效用函数是收益率的增函数，标准差的减函数，因此当给定一个投资者的偏好水平，或者是效用函数值，降低投资者的收益水平，可以用降低资产组合的标准差也就是风险来弥补。同样，如果增加资产组合的风险水平，也就是标准差，可以用增加投资者预期收益的方法来弥补。这样，同样给定一个投资者，同样风险收益偏好水平的所有的资产组合的集合，成为无差异集合，表现在图形上就是无差异曲线。

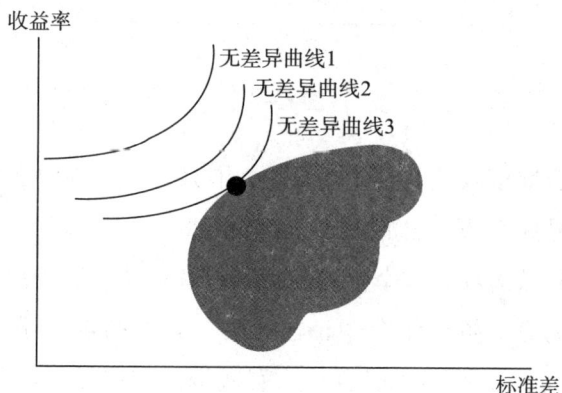

图 7 - 4

无差异曲线有个重要的性质就是无差异曲线的凹性，无差异曲线凹性来源于对理性投资者的风险偏好假设：随着投资者承受风险的增加，每增加投资者一个单位的风险水平，必须以更多的收益水平来弥补。如图 7 - 4 所示，无差异曲线的凹性变现为曲线向右突出。

有了投资者的风险偏好水平和效用函数，有了投资者可以选择的资产组合有效边结合，那么投资者的最优选择就显而易见了，就是在有效资产组合中选择可以使投资者效用达到最大的投资组合。这个组合被称之为最优风险资产组合。由于有效边界表现出凸性，无差异曲线表现为凹性，那么投资者的最优风险组合就是唯一的。

至此，马科维茨投资组合理论的核心内容已经讲述完成了，每个投资者的风险偏好水平有差异，甚至在不同的时点每个投资者的风险偏好水平都不一样，因此，每个人的最优资产组合是不一样的。

马科维茨的资产组合理论构建了一个理性投资者在不确定条件下的资产组合选择理论。第一次用数学语言描述了分散投资的好处。

根据经济学家的实证研究，在发达国家的证券市场中，马科维茨的资产组合理论已被证明是有效的理论，当前的资产管理行业，分散投资的理念早已深入人心。

（2）资本资产定价模型

资本资产定价模型是马科维茨资产组合理论的深入和发展，一些经济学家在研究马科维茨资产组合理论时发现，要测算市场上所有证券的预期收益和标准差很有难度，再加上需要测算证券之间的相关关系——协方差和相关系数，使得测算工作变得非常烦琐，同样精准的估算证券预期收益与标准差和相关系数本身也是一个挑战。带着这些问题，以威廉夏普（william Sharpe）为代表的经济学家从实证的角度探索马科维茨资产组合理论的简化和发展。这直接导致了资本资产定价模型的产生。

本书经常提到资产的风险和收益是成正比的，那么这个比例是由什么决定的呢？资本资产定价模型解决了资产收益与风险之间的相关关系问题，因此可以说是一个风险资产均衡定价的理论。资本资产定价模型认为，资产的预期收益率与该资产的市场风险溢价有关，也就是说资产的预期均衡收益率应该等于无风险利率加上该资产的风险溢价。而资产的风险溢价等于风险的价格乘以风险的数量。

资本资产定价模型给出了一个经典的结论：投资者如果想获得高额的投资回报，那么必须冒较高的投资风险。

资本资产定价模型是建立在马科威茨投资组合理论的基础上的，马科威茨投资组合理论模型的假设自然应该包含在其中，这些假设在上一小节已经有了描述，资本资产定价模型又在马科维茨模型的基础上增加了一些新的假设：

a. 市场上所有投资者对每只证券的看法一样，也就是对证券的风险收益特征有相同的看法，对同一证券的期望收益和标准差描述一致，对不同证券之间的协方差和相关系数测定也一样。于是对所有投资者来说，有效市场边界只有一个。

b. 所有投资者的投资期限都是相同的。

c. 所有投资者都可以获取充分免费的市场信息。

d. 所有投资者都按照马科维茨的投资组合理论进行投资。

①资本市场线与指数化投资策略。

马科维茨的投资组合理论模型是风险资产的最优选择模型，如果在投资者的资产组合中加入无风险资产，那么投资者的行为方式就会变得大不一样。我们以图形的形式进行直观描述。

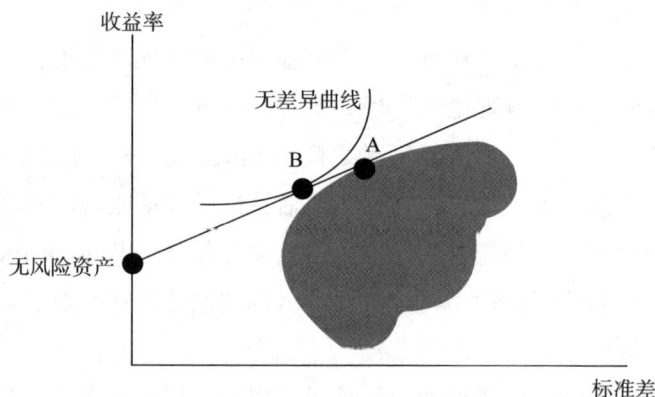

图 7-5

加入无风险资产之后，有效选择就位于无风险资产风险收益特征所在的点与图7-5所示A点之间连线的上方所有点上。这极大地优化了投资者的风险收益区间可选择的范围。另一方面带来了一个令人兴奋的结果：所有投资者的风险投资组合都是一样的。

根据这个理论，所有投资者的风险投资组合都位于马科维茨有效市场边界的A点上，A点是无风险资产同有效市场边界的切点。加入了无风险资产之后，所有投资者的有效资产组合都位于无风险资产与A点连线的射线上，这条线也就成了经典的资本市场线。

资本市场线表明：所有理性投资者的风险和报酬的权衡都是成正比例的权衡关系。也就是对于所有投资者来说，其最优选择可能不一样，但是在其最优选择点上，其风险和收益的权衡比例一定是相等的，即所有投资者对风险和收益的交换比例持相同的态度。

资本市场线对投资者进行资产配置最直接的指导意义就是指数投资，根据资本市场线的理论，投资者只需对风险资产和无风险资产进行比例配置就能得到有效资产组合。那么，如果有一个指数能代表市场的收益和风险状况，那么投资者购买市场指数基金份额，并持有一定比例的无风险资产就能简单地实现最优资产配置了。指数投资的理论我们在本章第七节有详细的描述。

②资本资产定价模型。

从资本市场线本身来看，加入无风险组合是对投资者有效投资组合的优化，但是却意外得到了另外一个结论：资本资产定价模型。

其基本逻辑是这样的，由于资本市场线是所有理性投资者的最优风险和收益权衡，如果某个证券的风险和收益权衡关系位于资本市场线之外，那么这只证券的风险收益就会脱离均衡关系。主观上来讲，如果这只证券的收益和风险比例偏高，那么这只证券就会成为人们买入的目标，随着人们的买入，证券价格上涨，预期收益率水平就会降下来。反之，如果这只证券的收益和风险比例偏低，那么这只证券就容易遭受投资者的抛售，最终导致价格下跌，预期收益水平的上升，重新回到均衡状态。那么，随着时间的推移，所有证券的收益与风险比都会向资本市场线靠拢，这就是一种最终的均衡状态。在这种均衡状态下，任意单个资产的预期回报率等于无风险利率加上该资产的风险溢价，而该资产的风险溢价等于风险的价格乘以风险的数量。用公式表达就是：

$$R = R_f + \beta \ (R_m - R_f)$$

其中，R_f是无风险利率；β 是证券的 Beta 系数，也是风险的均衡价格；R_m是市场的期望收益率；$R_m - R_f$代表风险的数量。

于是，资本资产定价模型基于马科维茨的资产组合理论而又超越了资产组合理论，变成了风险资产的定价模型。

资本资产定价模型同时将市场中的风险分为两类：市场风险和特殊风险，又称为系统风险和非系统风险。市场风险或系统风险是无法用分散投资的方法消除的风险，在均衡状态下，这些风险是可以获取风险溢价的；特殊风险或非系统风险属于证券自身的风险，可以通过寻找风险收益特征差异的证券品种消除部分或全部特殊风险。

　　根据资本资产定价模型的结果，Beta 系数是用来衡量资产风险溢价水平的标尺，从直观上看，Beta 系数就是证券价格的波动性同市场波动性的比例，如果某一只证券的 Beta 系数是 0.8，意味着市场指数上涨 10% 时，该股票价格上涨 8% 是合理的均衡状态。我们需要特别指出的是，均衡状态是理论上应该的状态，但非均衡状态却是常态，如果一只证券长期偏离均衡状体，市场的力量促使它回到均衡状态的概率就很大。

　　③对资本资产定价模型的评述。

　　资本资产定价模型简单明确地将证券价格的收益来源归结为无风险收益率、风险的价格以及风险的计量单位。为证券市场参与者进行证券价值分析提供了重要的思考方向。

　　现在，人们利用资本资产定价模型进行资产估值，根据资本资产定价模型，投资者可以估算出某个证券的期望收益率，结合股票和债券的各种估值方法，如市盈率法和市净率法，投资者就能得到该证券的均衡价格，如果该证券的价格远远低于均衡价格，投资者就可以买入该证券等待价值回归。

　　利用资本资产定价模型还可以对证券进行分类，并在分类的基础上进行资产的配置操作。由于资本资产定价模型中的 Beta 系数是衡量资产风险的重要因素，因此可以根据 Beta 系数的大小对股票进行分类。Beta 系数小的股票，波动性比较小，适合于稳健投资者进行选择，尤其是在市场下行状态下，选择 Beta 系数小的股票组合可以有效抵御市场冲击。

　　在资本资产定价模型的指导下，我们还能对基金的业绩进行绩效评价，我们将基金的实际收益与净值波动的风险同市场组合或者基准组合做出比较，就能对基金经理业绩做出较为客观的评价。

　　当然，资本资产定价模型是有严格假设前提的，模型的有效性取决于这些假设前提的合理性。例如，投资者对所有的证券都有相同的预期收益率和标准差判断上，以及对资本市场是完全有效的市场，没有任何交易摩擦的假设，都是很多经济学家提出质疑的地方。

　　在资本资产定价模型中，β 值也是一个难以确定的变量。一方面，某些证券的历史数据不足，无法用实证研究的方法估算出该证券的 β 值；另一方面，每个证券的 β 值也会随着市场状况和证券自身的状况而变化，即使依靠历史数据能够统计出 β 值，该数据的可靠性是值得怀疑的。随着理论研究的不断深入，经济学家和市场参与者也提出了对 β 值的估算方法进行修正的各种方法。

（3）套利定价理论

套利定价理论 APT（Arbitrage Pricing Theory）是资本资产定价模型的进一步深化，资本资产定价模型的理论基础是马科维茨的资产组合理论和资本市场线。套利定价理论的形成基础却是因子模型。套利定价理论认为，证券的收益率是受一系列因子影响的，与这些因子线性相关，这些因子解释了证券的主要收益来源。如果把所有这些因子归结为市场组合的风险，那么资本资产定价模型就是特殊的套利定价理论模型。

套利定价理论的基本机制是均衡市场无套利，无套利原理是指当市场上某资产组合出现无风险的利润机会时，所有投资者都会迫不及待地尽可能持有该资产组合头寸，从而导致市场价格迅速变动，套利机会很快消失。

与资本资产定价模型不同，套利定价理论基于如下假设：

a. 交易是无摩擦的：税收和交易成本可以忽略不计。

b. 资产的收益水平由因素模型决定。

c. 市场满足无套利套件。

①因素模型与套利定价理论。

根据资本资产定价模型对风险的解释，证券的收益率由市场风险决定，而市场资产组合是一个理论上的资产组合，现实中很难确定。此外，将影响证券收益率的因素归结为一个市场因素似乎也过于简化和不合实际。因素模型在实证研究的基础上提出资产收益率受多种因素的影响，如 GDP 增长率、利率水平、行业增长率等。如果把这些因素一个个地提取出来就形成了如下的证券收益率决定模型：

$$R = \alpha + \sum_{i=1}^{i=n} \beta i F i + e$$

其中，R 代表证券的预期收益；α 为常数；Fi 代表证券的影响因子或称风险因子，它反映系统性风险；βi 代表第 i 个因素对证券的影响水平，称为因子载荷系数；e 为残差项，代表非预期事件对公司收益的影响，代表非系统风险。

根据因素模型，资产的收益率影响因素也分为系统风险和非系统风险，系统风险的影响因素不再只是市场因素，而是由 Fi 决定的诸多因素。非系统风险对公司的影响表现为残差项 e，通过组合投资的模式，残差项的影响可以消除，也就是组合投资可以消除非系统风险，不能消除系统风险。因为影响因子 F 对各个证券都有影响，因此不可消除。证券的全部收益或者是风险溢价等于作为对投资者补偿的每一个因素带来的系统风险溢价的总和。

那么 F 因子到底应该是什么呢？不同的经济学家对 F 因子的描述不一样，最经典的要数 Fama and French（1993）提出的三因素模型了。三因素模型认为影响证券价格的三个因素分别是公司的规模、公司账面价值同市场价值的比例以及市场指数。

在资产收益率的决定过程用因素模型定义之后，美国经济学家史蒂芬·罗斯提出了经典的套利定价理论。

根据我们对因素模型残差项的定义，残差项 e 的预期值应该为 0，并且不同证券的残差项不相关，且残差项与所有的因子不相关。根据一系列推导（推导过程涉及复杂的数学运算，这里略去），我们得出如下的方程：

$$R = Rf + \sum_{i=1}^{i=n} \beta i \ (RFi - Rf)$$

其中，Rf 为无风险收益率；βi 代表第 i 个因素对证券的影响水平；RFi 代表影响因子的风险报酬，而 RFi - Rf 代表影响因子的超额收益。

根据套利定价模型，如果两只证券具有相同的 β 值，那么他们的预期回报率应该一样，否则市场套利的力量会促使投资者买入价值低估的资产同时卖出价值高估的资产进行套利，最终促使价值回归。

②单因素模型与资本资产定价模型。

我们从多因素模型的形式可以看出，其方程模型同资本资产定价模型的形式基本类似，只是将证券的报酬解释为诸多影响因子。实际上，资本资产定价模型就是单因素模型的特殊形式。如果将证券的风险因子定义为市场组合，那么单因子模型中的 βi 同资本资产定价模型中的 βi 具有同样的含义。

③对套利定价理论的评述。

套利定价理论大大简化了资本资产定价模型的假设前提，并得出了同资本资产定价模型相似的结论，同时使用无套利分析思维证明了资本资产定价模型的有效性。

套利定价理论对资产收益率的影响因素的界定更加贴近现实，如尤金·法玛的三因素模型，给出了影响股票的三个令人容易接受的因素。

2. 有效市场假说

无论是资本资产定价模型还是套利定价理论，都有一个重要的假设前提，就是市场是有效的、无摩擦的。资本资产定价模型要求市场是均衡的，套利定价理论要求市场无套利现象存在。那么，实际市场是状态就究竟是什么样子的呢。

根据文献资料，最早研究市场有效性问题的是经济学家 Gibson，随后法国经济学家 Bachelie 在其博士论文《投机理论》中，将公平游戏定义为参与者的期望收益为 0，也就是说如果市场价格是公平的。长期来看，没有人能从投资中获利。

尤金·法玛（Eugene Fama）是有效市场假说（Efficient Markets Hypothesis 简称 EMH）的集大成者。在《有效资本市场：理论与实证研究回顾》一文中，法玛对有效市场理论进行了完整的总结，并提出了一个系统的研究框架。在此之后，有效市场假说理论逐渐完善和发展，成为现代金融理论的支柱之一。

在尤金·法玛看来，如果价格能够迅速充分反映所有的相关信息，那么市场就是有效的市场。有效市场简洁的定义给出了经济学家们一直探讨的话题——竞争均衡，经济学家们一直探讨有效竞争带来市场均衡，对于什么是均衡，尤金·法玛给出了直接明确的定义。

（1）弱式有效市场（Weak Form Efficiency Market）

在弱式有效市场下，证券价格已经充分反映了证券价格相关的所有历史信息，包括证券的成交价格、成交数量等信息，以价格形态分析和量价分析为基础的技术分析在这种市场上会失去作用。但基本面分析方法或许还有用。

（2）半强式有效市场（Semi—Strong Form Efficiency Market）

在半强式有效市场下，证券价格已经反映出所有关于公司基本面的信息，如公司的运营消息、行业信息、宏观经济信息等。当这些相关的信息第一次出现时，投资者会迅速反应，股价也会随着投资者的交易活动迅速向信息无效的方法发展。在这种有效市场状态下，基本面分析和技术分析都会失去作用。但内幕信息交易者或许还能获利。

（3）强式有效市场（Strong Form Efficiency Market）

在强式有效市场下，证券价格反映了关于公司的全部信息，包括一切公开的信息和未公开的信息，在这种市场下，没有任何办法能获取超额利润，即使是内幕信息掌握者也无法获得超额收益。

有效市场假说的三类有效市场是层层递进的关系：强式有效市场假说成立时，半强式有效市场必须成立；半强式有效市场成立时，弱式有效市场也必须成立。

Westand Tinic 在其文章中将证券市场的效率划分为两种类型：内部有效市场和外部有效市场。内部有效市场又称为交易有效市场，是指证券市场是否能在最短的时间内以最低的交易成本完成交易，取决于证券市场的组织效率，如佣金、价差、市场流动性等。外部有效市场又称价格有效市场，是指证券市场的价格能够随着市场上信息的出现做出及时迅速的反应。主要取决于市场参与主体的信息反映效率。这些信息既包括关于公司、行业和宏观的基本面信息等公开信息，也包括企业高管变动、企业债务情况等非公开的信息。

根据有效市场假说理论，在一个有效的市场上，如果投资者发现了股票价格的变动规律或者是一种盈利模式，那么大概率这种规律或模式是不可持续的。事实上，市场上存在诸多训练有素，知识储备丰富，技术能力和分析逻辑超强的投资者，每个投资者都在努力地挖掘隐含信息，找到分析有价值信息的方法，他们这么做的目的不仅仅是要打败对手，还是在打败自己，因为投资者越努力，使用的信息挖掘手段越高明，只会促使市场越有效。

在有效市场上，市场是无记忆的，当前的价格已经反映了所有的过去信息，价格的变动是随机的，任何基于过去行情信息所做的预测都是无效的，用此量化投资模型是无效的，技术分析和基本面分析也是无效的。最好的投资策略是买入并持有策略。在美国那样发达的资本市场上，价值投资理念的盛行，长期投资者越来越多，说明买入并持有策略是有效的策略。这从侧面论证了市场越有效，靠投资者对信息挖掘和分析带来的收益越来越低，越来越不经济。因此人们选择了买入并持有策略。被动投资策略和指数化投资也是对有效市场的认可和做出的投资反应。

证券市场有效性的基本逻辑来源于竞争的存在，价格之所有能充分反映所有交易相关的信息，也是因为竞争的存在。投资者为了能够获取超越市场的超额收益，花费大量的时间、精力和金钱去收集信息，分析信息，无论是内部非公开信息还是外部公开信息，一旦被投资者获得，面对获利的诱惑，投资者迅速地进行基于信息的交易，直至市场价格的变动导致信息价值的丧失。于是信息就会迅速地反映在证券价格上面。

对于有效市场的描述和对市场有效性的分类，基本上没有经济学家去怀疑，但是对于当前市场有效性究竟应该如何检验，这在学术界一直是一个争论不休的话题。

对于弱式有效市场的检验，有一个重要的检验指标是技术分析能否用于价格预测。若在一个市场上，技术分析能长期获得超额收益，那么这个市场可能比弱式有效市场还要弱。

对于半强式有效市场的检验，有一个重要的检验指标是基本面分析方法是否有效。如果公司的基本面发生的时候，公司股价没有快速反应，或者是公司股价在基本面事件发生后的一段时间内是否持续影响市场价格。如果公司股价在基本面事件发生后股价能够持续反映基本面信息，投资者能够利用公布的消息获利，那么市场就不是半强有效市场。

对于强式有效市场的检验，有一个重要的指标是内幕消息是否有用，如果内幕消息的获得者能够获取超额收益，那么市场就不是强有效市场。内幕消息的检验比较难以获取数据支持，因为在各个监管严格的市场上，内幕信息交易都属于违规，甚至违法行为，因此数据样本比较难以获取，只能从监管公布的处罚信息中得到数据样本。

有效市场假说有不少理论局限性。首先，理性人假设是有效市场假说理论的重要假设，但是对于理性人假设，近年来的研究提出了越来越多的质疑，这些质疑也直接导致了行为金融学理论的产生和发展。其次，在有效市场的定义上，学术界对"可获得的信息"以及"充分反映"的判断标准一直也是争论不休。尤其是在实证研究中，如果对于这两个标准没有统一的定义或者是统一的研究范式，各种不同的实证研究结论就无法得出统一的答案。再次，有效市场假说中关于投资者都能无成本地获取信息，这一假设受到了较多的质疑。在现实中，信息是不能免费获取的，尤其是对于一些重要信息，信息获取的成本很大。而且获取的信息质量也是另一个重要的问题，或许有时候通过高昂代价获取的信息质量也并不可靠。最后是市场中套利机制的局限性，有效市场假说的一个隐含条件是投资者会对信息做出反应，知道市场价格能够反映信息的变动，但是如果市场中不存在利用信息交易的机会，也就是投资者资金不足，或者是不能卖空，这些条件都影响到信息的反应程度，最后影响到市场的有效性。

3. 行为金融学

有效市场假说认为，如果证券市场价格能够充分反映相关信息，投资者就不可能利用某些特定的分析模式长期获得超额收益。但随着计算机科学的发展，利用统计模型和计算机技术的实证研究开始活跃起来，经济学家们逐渐发现市场上有很多有悖有效市场假说的现象，比较著名的有规模效应、季节效应和小公司元月效应等。这些现象的发现对有效市场假说提出了严峻的挑战。原因是在有效市场下，股票的价格是不会出现这种规律性现象的。如果某些现象已经成可以统计出来的规律，那么投资者是可以通过理性交易行为使价格朝着规律消失的方向发展。因此有些经济学家就开始对经典经济学模型的理论大厦根基——理性人假说提出了质疑。随着研究的深入，人们发现，投资者的行为方式和心理状态对证券投资活动产生了巨大的影响，投资者不一定时刻都是理性的经济人，投资者可能出现长时间的非理性决策，甚至一段时间内，投资者群体会出现群体非理性的现象发生。这促使金融学的另一个分支——行为金融学理论的出现。

行为金融学理论从投资者进行决策的心理活动为切入点探索投资者的决策行为。投资者在进行决策时常表现出两种重要的情绪：贪婪和恐惧。直接表现为对风险的过度厌恶，对收益的过度自信，对亏损的后悔等。诸多的不稳定情绪因素使得投资者的决策过程并非像经典经济学中理论中的理性人描述。一些行为金融学理论专门研究投资者如何在决策时产生系统性偏差。

行为金融学中的市场参与者有悖理性经济人假设的具体情况有以下两种：

①在理性人假设下，投资者对新信息的反应速度是极其迅速的，而且理性人的反应模式是线性的、直接的。但行为金融学理论认为投资者不一定能对信息做出迅速反应，实施情况是投资者获取信息后会先对信息进行分析，分析新信息的可靠性，同时评估对证券价格的影响大小，而且这个评估是会随着证券价格的变动而变动的，因此造成信息对价格的影响产生时滞，甚至是反向的影响。

②理性人假设下，所有的投资者都是风险厌恶的。但实证研究表明，并非所有的投资者都是风险厌恶的，并且投资者在不同的市场行情和盈亏状态下表现出不同的风险偏好特征，某些投资者在遭受重大损失的时候，会表现出急于

捞本的心理状态，采取更大的冒险行为。

经济学中越来越多不能用主流金融理论解释的异常现象是行为金融学出现的现实基础，心理学、博弈论和实验经济学理论成果为行为金融学提供了理论基础。行为金融学是经济学与心理学的融合。心理学和经济学都是研究人行为的科学，因此两者的研究方法有很多相通之处。经济心理学就是这样一个交叉的学科，它在对经济行为的研究中强调了经济个体的非理性行为。实验经济学的发展也被行为金融学理论所吸收，其通过控制实验条件，创造或模拟特定的经济场景，然后观察实验参与者的行为来进行实验，最后对实验结果进行分析，从而验证比较和改进实验。

行为金融学在发展的过程中逐渐形成了自身独特的研究框架，主要包括期望理论、行为金融定价模型以及行为金融学行为模型等。在本书第六章中，我们对市场中人性的论述部分使用了很多行为金融学的分析框架。

但行为金融学的理论局限性也很大，首先是行为金融理论尚未形成统一的成熟理论体系，无法对市场上的种种现象给予一致性的解释，也就是没有统一理论框架做支撑。其次是行为金融学各个分支理论内容比较零散，相互之间的逻辑性不强，对于经济中不同的异象行为，需要不同的理论解释。因此行为金融学理论文献被许多支持传统金融学理论的学者称为"异象文献"

行为金融学理论确实对很多市场异象做出了很好的解释，但有效市场假说的理论支持者也对行为金融学理论提出了反击，主要的观点有两个：

①虽然在有效市场中有各种特殊情况，但这是市场短期或局部暂时失灵的现象，因此造成市场参与主体对信息过度反应或者反应不足，但这不是常态，如果过度反应和反应不足的情况出现的概率接近，那么证明市场仍然是有效的。实证研究证明过度反应和反应不足的现象出现的概率确实差不多。

②有效市场假说支持者认为，市场异常行为的定义也有问题，当使用的度量模型改变时，或使用不同的统计方法时，这些异象就会消失。

第三节　FOF 投资

基金中的基金 FOF（Fund of Funds），也称为组合基金或母基金。它同一般基金最大的区别是 FOF 基金不直接投资股票、债券或其他证券品种，而是以证券投资基金产品为投资方向。FOF 基金是对组合投资理论风险分散原理的认可和实践。通过对多个不同的基金份额的认购，FOF 基金可以实现在投资市场、投资标的、投资风格等方面的充分分散化。

随着金融市场的不断深化和拓展，投资领域不断增加，对个人投资者的投资带来了不小的困难，FOF 投资模式适合中小投资者充分分散投资风险的需求。一方面，FOF 投资由专业的投资团队负责挑选基金产品，这些投研团队成员受过专业的投资训练，对市场上大部分的基金产品有深入研究，了解不同基金的投资风格和风险收益特征。另一方面，FOF 投资能帮助中小投资者进入门槛较高的投资领域，如某些投资业绩比较好的私募基金动辄申购门槛设置到上千万，中小投资者可以通过认购 FOF 基金份额间接认购这些基金产品的份额。再如投资者想投资海外标的，对海外市场不太了解，或者是没有合适的投资渠道，那么以海外市场配置为投资方向的 FOF 基金就可以间接帮助投资者实现海外投资计划。

社保基金、养老基金等大规模委托外部投资的资金委托机构，其投资方向本来就是以委托他人投资为主，自营投资为辅，那么与自己做基金产品选择比起来，挑选优秀的 FOF 投资机构委托管理，将业务"外包"给这些 FOF 基金管理人也是一种不错的选择。因此在西方国家，社保基金和养老基金是 FOF 基金重要的资金来源。

提到 FOF 投资，我们不得不讲一下一种在 FOF 投资基础上发展起来的新的投资模式 MOM（Manager of Managers）投资。MOM 投资的投资理念和 FOF 投资一样，都是以分散投资为目的，将具体的投资行为外包给不同的投研团队。唯一不同的是，MOM 投资是所有的管理团队在管理一只基金，只是把基金份额分拆成几个不同的账户，分别交由不同的基金管理团队进行管理；FOF 投资是将母基金份额分别投资到不同的子基金账户，不同的基金管理团队分别管理自己的子基金。MOM 基金似乎是将 FOF 投资框架进行了很大的简化，但是，MOM 基金有一个致命的缺陷，就是无法将不同管理团队的业绩区分开来，尤其是以管理费＋业绩提成为收费模式的私募基金。如果在管理过程中，有的管理团队盈利为正，有的管理团队盈利为负，综合来说整个基金产品是亏损的，那么任何一个管理团队都拿不到业绩提成，这也是限制 MOM 基金发展的重要因素。当前的监管环境对 MOM 基金模式也不支持，因此市场上的 MOM 基金基本上是资金所有人自建几个投资管理团队做自营操作。

图 7-6 是 FOF 母基金的投资框架图，一般来说为了充分分散风险，每个子基金的投资范围和投资风格以及相应产品的风险收益特征都风格迥异。

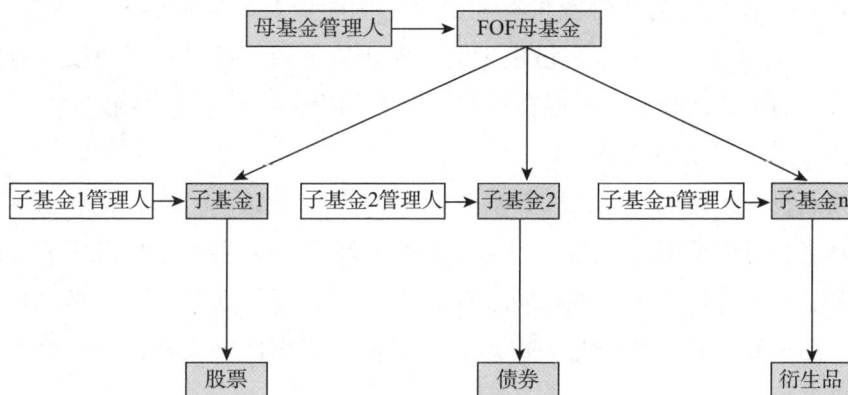

图 7-6

1. FOF 基金分类

（1）按照投资标的分类

按照投资标的的区分，FOF 基金分为纯 FOF 基金和非纯 FOF 基金。纯 FOF 基金的投资范围只包含其他证券投资基金，一般允许进行一些现金管理类投资用于现金管理。这类基金一般要求投资其他基金的比重不低于总资产的80%。非纯 FOF 基金不仅可以购买其他证券投资基金的产品份额，还可以直接投资股票、债券等金融资产。资产的配置比例也比较灵活，一般没有必须投资其他证券投资基金的比例限制。

（2）按照所投资基金的管理人分类

按照所投资基金的管理人划分，FOF 基金可分为内部 FOF 基金、外包 FOF 基金和混合 FOF 基金。内部 FOF 基金的基金份额投向与 FOF 基金属于同一基金管理人的其他基金产品中，外部 FOF 基金份额投向与 FOF 基金不属于同一管理人的基金产品中。混合 FOF 基金则既投向与 FOF 基金属于同一基金管理人的其他基金产品中，又投向与 FOF 基金不属于同一基金管理人的其他基金产品中。

（3）按照所投资子基金投资方向分类

按照所投资子基金投资方向的不同，FOF 基金可分为股票类 FOF 基金、债券类 FOF 基金、货币类 FOF 基金、混合类 FOF 基金等。顾名思义，股票类 FOF 基金产品的基金份额将有大部分比例的资产投资股票的子基金产品。债券类 FOF 基金产品的基金份额将有大部分比例的资产投资债券的子基金产品。混合类 FOF 基金产品的基金份额投资方向比较灵活，可以在不同投资范围的子基金产品中灵活配置。但混合类 FOF 基金的投资风格不容易确定。

（4）按照投资策略分类

按照投资策略的不同，FOF 基金分为主动管理型 FOF 基金、被动管理型 FOF 基金和混合型 FOF 基金。主动管理型 FOF 基金采用主动型投资策略进行 FOF 基金产品份额配置。被动管理型 FOF 基金采用被动投资型策略进行 FOF 基金产品份额配置。混合型 FOF 基金可以同时采用两种策略进行基金产品份额配置。

2. FOF 基金投资的优缺点

（1）优点

风险充分分散是 FOF 基金投资的最大优势，FOF 基金通过双层嵌套的形式实现双重分散风险的作用。对于中小投资者来说，投资者的资金总量有限，如果进行分散投资，需要花费大量的精力进行组合管理，选用 FOF 基金间接进行分散投资不失为一种很好的选择，FOF 基金可以更加有效和便捷地进行大类资产配置。

此外 FOF 基金可以降低中小投资者的投资门槛，这个在前面的内容中我们有过说明。

（2）缺点

FOF 基金的最大缺点就是费用高，存在双重收费机制，由于 FOF 基金分为母基金和子基金，母、子基金产品管理人会同时向基金份额持有人收取管理费和业绩报酬，因此 FOF 基金的综合管理费用相对比较高。

由于充分分散了风险，FOF 基金的预期收益一般相对比较低，因此适合投资者做保守型的投资。

3. FOF 投资国内外发展

FOF 基金产生于 20 世纪 70 年代的美国。最初诞生的目的是进行股权投资的风险分散。由于股权投资风险较大，需要充分分散风险进行风险规避，因此FOF基金在股权投资领域飞速发展。20世纪80年代，美国的先锋基金发行了第一支共同基金类FOF产品，随后FOF基金逐渐被市场认可，尤其是2000年之后FOF基金开始爆发式增长。

我国的FOF基金起步较晚，2014—2015年，以证券公司为代表的FOF母基金产品迅速发展。由于早期缺乏监管导向，市场发展比较混乱。2016年9月，中国证券监督管理委员会发布了《公开募集证券投资基金运作指引第2号——基金中基金指引》，首次以官方文件形式对FOF基金进行定义，并设定各种投资规范。

4. FOF投资流程

一般来说，FOF投资是宏观策略配置基金，FOF基金经理应该从大类资产配置的角度对各类基金产品进行筛选和评价，最终做出资产配置抉择。与一般的基金产品挑选证券投资标的一样，FOF基金经理把其他证券投资基金作为投资标的，其他基金产品的净值就是其投资标的的价格曲线，这些基金产品的管理人和投资团队是基金产品的基本面。因此FOF基金经理的投资以"择股"为主，以挑选子基金产品为主要研究方向，但是也附加一定比例的择时因子在投资决策里面。例如，在股票行情不太乐观的时候，多配置一些债券类的基金产品；再如，当一个基金产品净值出现下滑，如果FOF基金经理认为该基金产品的管理人经营没有问题，投研团队稳定，那么可以认为该基金产品的净值回调属于其策略特征的一部分，在净值下行的时候持有该基金产品的基金份额，达到和股票投资一样低买的效果。

既然FOF基金经理将子基金产品作为证券产品来对待，那么和股票投资一样，FOF投资既可以采取自上而下的投资策略，又可以采取自下而上的投资策略。

自上而下的投资策略首先选择子基金管理人，选择比较有特色并且管理比较稳定的子基金管理人，然后选基金经理，看这些管理人旗下的基金经理的管理风格以及业绩稳定性，最后选择基金产品，看这些基金经理旗下管理的基金产品，哪只的策略配置和管理风格比较适合资金的配置要求。

自下而上的投资策略和自上而下的投资策略恰好相反。FOF基金经理首先根据不同种类的基金排行榜选择认为业绩曲线比较稳定的基金产品，然后看这些基金产品的投资经理名下管理的其他基金产品的业绩是否稳定，风格是否稳定，最后看基金经理所在的资产管理机构是否知名，管理是否规范，规模是否足够大。

无论基金经理选择何种投研模式，一个 FOF 基金的运营一般应该包括投资目标、投资理念设计、投资对象分类、FOF 母基金设计、子基金管理人和基金经理尽职调查、子基金评价及打分、投资决策管理、投资流程管理、投后管理以及投资退出管理。

在实际管理的过程中，对 FOF 子基金的投资有新设子基金和现存子基金份额申购两种类型，子基金新设是有实力的 FOF 母基金经常采用的模式。有实力的 FOF 母基金资产规模巨大，因此在投资的时候具有较大的话语权，可以要求子基金管理人和投资经理针对自己的基金份额，按照母基金对子基金对风险和收益的要求量身定制一个新的子基金产品。也就是专门发行一个新产品供母基金管理人认购。但是新发行产品的周期一般比较长，所以认购子基金管理人现有存续的开放式基金产品也是一种便捷的投资方式。

（1）投资目标

投资目标选择同其他证券投资基金产品设计一样，是母基金管理人基金经理和产品经理必须回答的第一个问题，因为投资目标的选择关系到未来产品卖给谁的问题。此外产品的投资目标是产品风险收益特征的重要体现，确定了明确的投资目标，才能对产品进行针对性的设计。

例如一个合理的投资目标可以是这样：在尽可能充分分散风险的前提下，获取稳健的投资收益。那么在这个投资目标的指导下，就会设计出一款稳健型产品。

再比如另一个投资目标是：充分利用未来一段时间股票市场的可能反弹行情，在充分分散风险的前提下，获取中等偏高的收益。那么在这个投资目标的指导下，需要配置股票型投资策略产品，并且挑选稍微偏激进投资风格的子基金产品进行投资。

（2）投资理念设计

根据产品定义的投资目标，开始设计母基金产品的投资理念，实际上母基金产品的投资理念是通过子基金产品的投资理念实现的，所以母基金产品的投资理念设计实际上就是要去挑选什么要风险收益特征组合的子基金产品"池子"。

（3）FOF 母基金产品设计

母基金产品方案设计是根据母基金的投资目标和投资理念进行的资产配置方案设计。下面以举例的方式介绍三种母基金方案设计简单框架。

①全市场分散投资类 FOF 母基金。

全市场分散投资类 FOF 母基金的主要目的是充分利用不同市场的相关性较弱的特点进行分散投资。一般来说，可以进行分散投资的市场分别有股票市场、期货期权等衍生品市场、债券市场等，还有一些进行跨市场套利的子基金产品。

②单一市场分散投资类 FOF 母基金。

单一市场分散投资类 FOF 母基金的投资方向为单一市场，如单一股票市场、单一期货市场等母基金产品。这些基金产品的目标是在相同的市场上获取投资收益，通过挑选不同投资风格和管理理念的子基金管理人，从市场的不同角度挣钱。同时通过多元化配置分散掉单一策略类型出现集体回撤的情况。

③投资组合保险策略 FOF 母基金。

投资组合保险策略 FOF 母基金是市场上比较常见的一类 FOF 母基金产品。这类基金产品通过固定收益类子基金产品配置和浮动收益类子基金产品配置，从而实现在投资者本金安全的前提下尽可能获取更高的超额收益。投资组合保险策略是资本市场上最常见的风险管理方式。这种策略将大部分资金投资于收益可预期的固定收益类产品，如投资方向为高评级信用债产品或货币基金、银行理财等子基金产品。然后在固定收益类产品预期收益的范围内选择风险收益比合适的子基金产品份额进行认购，并通过调节子基金份额的投资比例尽可能保证母基金产品的本金安全。

④单一策略类型分散投资类 FOF 母基金。

单一策略类型分散投资类 FOF 母基金也是一种常见的母基金产品类型。一般这种母基金产品的投资市场不受限制，但是投资子基金的策略类型是固定的，如只投资以套利为主要策略类型的子基金产品，包括 ALPHA 策略产品、跨期套利产品、分级基金套利产品、期权套利产品等。

母基金产品方案设计中产品要素设计也是必不可少的内容，主要包括母基金投资范围设计、投资限制、投资策略设计等。

母基金投资范围：投资范围包括公募基金、券商资产管理计划、信托计划、基金专户或基金子公司为通道的阳光私募产品，短期闲置资金可投资现金管理产品。

母基金投资限制：如限制某种类型的子基金最大配置比例，子基金的历史最大回撤不能超过一定的范围等。再如，单边敞口暴露不超过总净值的一定百分比，单一产品投资不超过总资产的一定百分比；控制股票对冲类基金投资比例为母基金总资产的一定比例范围，股票多头类投资比例为母基金总资产的一定比例范围，管理期货投资比例不高于母基金总资产的一定比例等。

母基金投资策略：我们举一个典型的例子说明投资策略设计。例如，以头部量化对冲基金为投资对象，通过现场尽职调查，建立子基金评价体系，分散性的投资于不同策略类型的子基金产品。建立子基金管理人产品数据库，通过组合投资和量化管理，实现集合计划财产的安全增值。

（4）投资对象分类

由于 FOF 母基金产品需要进行组合投资，母基金产品基金经理和产品经理需要对未来可能的投资对象进行合理分类。这样一方面方便未来从每一类子基金中挑选合适的子基金产品，另一方面更容易对基金的投资理念和风格进行权衡。

子基金产品的策略配置很大程度上决定着资金产品的风险收益特征。因此很多 FOF 母基金管理人将市场上子基金的分类标准设定为按照投资策略进行分类。根据投资市场的不同，常见的子基金分类方式可以参考表 7 - 1。

表 7 - 1　FOF 子基金策略类型

策略名称	策略描述
股票多头策略	以股票多头投资为主，在低价时买入股票，等待股票上涨的时候以更高的价格卖出股票，获取股票市场上涨时的收益
股票多空策略	在股票市场上行周期，以股票多头为主，在股票市场下行周期采用股指期货做空的方式获取股票市场下行收益。也有机构通过融券卖空股票的方式进行做空操作。在股票多空策略的资产组合中，可以同时存在做多和做空两种仓位
市场中性策略	以 Alpha 策略、统计套利策略、跨期套利策略为主，同时建立多头和空头头寸，期望在任何市场环境都能获得绝对收益。市场中性策略是对冲基金经常采用的策略类型
固定收益类策略	以债券投资为主的策略类型，对债券进行组合投资，为了保持收益的稳定性，有时会辅助以国债期货进行对冲，用这种策略期望获取稳定的、可预期的收益

策略名称	策略描述
管理期货策略（CTA策略）	以商品期货为投资对象的投资策略类型，主要是通过多空操作获取绝对超额收益
另类投资策略	如以期权投资、高频交易策略为主的非主流投资策略类型

（5）子基金尽职调查

尽职调查目的是对子基金管理人、投资经理以及同类型产品的历史业绩进行充分调查，为子基金评价及打分提供素材，尽职调查的内容可以包括如下几个方面：

①对资金产品进行尽职调查来确认与证明，防范欺诈。

②通过交谈与批判性分析去理解子基金投资策略，分析基金业绩的可持续性。

③明确子基金投资流程及风险，了解有哪些可能性风险导致投资损失。

④根据第三方提供的数据进行核实与验证。

⑤根据审计、验资等机构出具的报告进行核实。

尽职调查完成后，整理尽职调查内容，完成尽职调查报告。

（6）子基金评价及打分

因为涉及投资管理人、基金经理、目标基金三个主题的多元化评价，因此需要一个综合的评分体系，合理地分配每个尽职调查事项的打分体制和评分准则。

子基金打分体系是对子基金管理人的投资管理能力及其管理的私募基金产品的风险收益性进行科学、系统、有效的评估，作为母基金投资的重要决策依据。评估体系可以包含定性评估和定量评估两部分，以证明资料和尽职调查报告来佐证及支持。

定性评估可以考察子基金管理人资质、风险管理能力、投资流程完备性及产品竞争力等因素，定量评估模型可以基于私募基金产品历史业绩收益、风险、收益风险比、协方差及多因子分析结果等因素，分类别对私募基金进行客观评分。通过基金评估体系，能够更好地分析子基金过往业绩及管理人投资管理能力，理解并把握子基金投资风险。

下面表7-2和表7-3是定量和定性评估体系参考模板。

表7-2 定量估体系模板

评估因素	指标类型	参考指标	评分标准
绝对收益能力（权重40%）	盈利能力	年化收益率（分项权重30%）	按日收益率计算的基金净值年化收益率： 小于0%：0分 0%~10%：1分 10%~30%：3分 30%~50%：5分 50%~70%：7分 70%~90%：9分 大于90%：12分
	产品收益均衡性	基金净值周度收益率正态分布检验P值（分项权重20%）	按周收益率计算基金净值收益率正态分布检验P值： 小于0.001：0分 0.001~0.005：2分 0.005~0.01：4分 0.01~0.02：6分 0.02~0.03：7分 大于0.03：8分
	产品收益稳定性	基金净值周度收益率离差系数（分项权重20%）	按周收益率计算基金净值收益率离差系数： 小于0：0分 0~2：8分 2~5：6分 5~10：4分 10~20：3分 20~40：2分 大于40：1分
	产品收益延续性	OLS估计T统计量P值（分项权重10%）	按周收益率计算基金净值收益OLS估计T统计量P值： 小于0.001：0分 0.001~0.005：1分 0.005~0.01：2分 0.01~0.02：3分 0.02~0.03：3.5分 大于0.03：4分
		Hurst指数（分项权重20%）	按周收益率计算基金净值收益Hurst指数： 0.4~0.6：0分 0.3~0.4/0.6~0.7：2分 0.2~0.3/0.7~0.8：4分 0.1~0.2/0.8~0.9：6分 0~0.1/0.9~1：8分

续表

评估因素	指标类型	参考指标	评分标准
风险水平 （权重占比 30%）	产品收益回撤	最大回撤幅度 （分项权重30%）	按日收益计算基金净值收益最大回撤幅度： 小于5%：9分 5%~10%：8分 10%~15%：7分 15%~20%：6分 20%~25%：5分 25%~30%：3分 大于30%：1分
		净值突破前高 最长时间 （分项权重20%）	按日收益计算基金净值收益净值突破前高最 长时间： 小于4周：6分 4~8周：5分 8~12周：4分 12~16周：3分 16~20周：2分 20~24周：1分 大于24周：0分
		净值突破前高 平均时间 （分项权重20%）	按日收益计算基金净值收益净值突破前高平 均时间： 小于4周：6分 4~8周：5分 8~12周：4分 12~16周：3分 16~20周：2分 20~24周：1分 大于24周：0分
	收益率波动性	年化波动率 （分项权重30%）	按日收益计算基金净值收益年化波动率： 小于0.001：9分 0.001~0.005：7分 0.005~0.01：5分 0.01~0.02：3分 0.02~0.04：1分 大于0.04：0分

续表

评估因素	指标类型	参考指标	评分标准
风险调整收益（权重占比30%）	产品每单位风险获取收益的能力	Sharpe 指数（分项权重50%）	按日收益率计算基金净值的 Sharpe 指数： 小于0：0分 0~0.1：1分 0.1~0.2：3分 0.2~0.3：8分 0.3~0.4：10分 大于0.4：15分
		Stutzer 指数（分项权重30%）	按日收益率计算基金净值的 Stutzer 指数： 小于0：0分 0~0.1：1分 0.1~0.2：3分 0.2~0.3：5分 0.3~0.4：7分 大于0.4：9分
		Sortino 指数（分项权重20%）	按日收益率计算基金净值的 Sortino 指数： 小于0：0分 0~0.2：1分 0.2~0.4：2分 0.4~0.6：3分 0.6~0.8：5分 大于0.8：6分

表7-3　定性分析体系模板

序号	评估项目	评分标准
（一）子基金管理人基本情况		
1.1	子基金管理人应该具有完备的公司章程和清晰的组织架构	材料齐全，支持子基金相关资产管理业务（总分3）
1.2	有固定的营业场所和与之从事资产管理业务相适应的软硬件设施	材料齐全、设施齐备（总分4）
1.3	子基金管理人主要财务状况	财务状况良好、现金流充裕，无重大财务问题（总分3）

续表

序号	评估项目	评分标准
（二）风险管理分析		
2.1	风险控制体系	健全的风控体系和风控实施流程，风控理念合理并与投资管理理念一致（总分5）
2.2	投资市场、投资策略、品种流动性、杠杆率以及市场环境	产品经理根据尽职调查结果进行评估（总分4）
2.3	策略风险分散能力评估，极端行情应对措施	产品经理根据尽职调查结果进行评估（总分5）
（三）子基金管理人投研体系		
3.1	子基金管理人投资决策流程、投研框架与投资决策体系	产品经理根据尽职调查评估（总分7）
3.2	子基金管理人投资理念与产品风险收益特征的一致性	产品经理根据尽职调查评估（总分9）
3.3	子基金管理人历史业绩、管理规模、策略体系等	产品经理根据尽职调查评估（总分10）
（四）子基金管理人投研团队		
4.1	核心投研人员素质、团队配置完整性、资产管理经验和历史业绩	产品经理根据尽职调查评估（总分20）
4.2	投资经理具有一定投研能力、交易及策略开发管理能力	产品经理根据尽职调查评估（总分15）
4.3	基金管理人团队有良好的业绩激励体制	产品经理根据尽职调查评估（总分15）
	综合得分	共100分

（7）投资决策管理

母基金投资决策管理两个重要的方面是：是否认购某个子基金和认购多少子基金份额。是否认购某个子基金建立在对子基金风险收益状况进行评估，上一部分内容从定量和定性两个方面对子基金的评估进行了描述。认购多少子基金份额取决于母基金的风险收益特征设计、子基金的风险收益特征估计、子基金的规模、流动性等因素。

（8）投资流程管理

FOF母基金投资流程可以参照如下流程：子基金产品数据库构建，产品初选，子基金尽职调查与评价，投决会审议，投资标的池构建，子基金份额认购或子基金设立，投后跟踪与组合调整，投资退出等。

（9）投后管理

投后管理也是子资金管理的重要环节，包括对认购的子基金持续跟踪与评估，通过分析子基金业绩表现的可持续性，来反推投资决策过程的合理性和稳定性，对子基金投资决策相关的任何重大改变都要重新评估和制定相应的投资决策。

子基金监控频率可以基于周度和月度频率进行监控，子基金监控方式可以采取访谈问卷、子基金基金经理电话访谈、子基金绩效和投资组合分析、策略分析、风险分析等方式实现。

子基金监控内容可以包括如下几个方面：

①子基金风险和风险分布。

②杠杆、集中度和仓位。

③收益、波动性和收益来源。

④同业比较分析及历史比较分析。

⑤超额收益水平分析。

⑥资金流动分析。

⑦基金管理人核心团队人员是否有变化。

⑧投资策略是否有原则性改变。

⑨团队组成和股东结构有没有改变。

⑩管理人有无涉及相关违法、违规行为。

⑪其他需要警惕事件。

根据监控结果可以采取如下措施：

①对产品策略进行持续跟踪评估。

②与子基金管理人沟通与反馈监控结果。

③开放期投资份额转让、赎回或者追加投资等。

（10）投资退出管理

投资退出管理与普通的基金产品清盘过程类似，只不过包含了两层基金产品的退出问题，对于母基金投资子基金产品的产品份额，如果母基金退出后，子基金无法继续运行，那么子基金采取清盘处理，清盘后母基金才能收回所投资子基金份额的资金。如果子基金不清盘，母基金只要赎回投资子基金产品的基金份额就行。所有的子基金基金份额全部赎回后，才能启动母基金清盘流程。

第四节 衍生品投资对投资组合的机遇与挑战

1. 金融衍生品市场

现代金融衍生品诞生于 18 世纪 70 年代的美国。从 1972 年开始，芝加哥商品交易所和芝加哥期权交易开始上市交易金融期货和期权品种，到今天，国际金融衍生品市场经历了 50 年的快速发展。2007 年爆发的美国次贷危机中，金融衍生品被认为是次贷危机产生的导火索和助推器，使得金融衍生品的发展经历了一段时间的低谷。金融危机之后，人们重新审视金融衍生品市场，随之而来的更加规范的监管政策使金融衍生品市场趋于完善。市场的规范带来了金融衍生品交易规模的快速增长，金融衍生品在资产管理中的地位也越来越重要，作为风险管理的尖端武器，金融衍生品的使用也越来越广泛。

金融衍生品是在基本金融工具的基础上衍生出来的一种新型金融产品，它们的价值来源于其衍生出来的金融标的价格，金融衍生品的名称也是因此而来。金融衍生品主要包括远期合约、期货、期权和互换掉期等金融工具。根据交易场所的不同，金融衍生品又分为场内衍生品和场外衍生品。

在所有金融衍生工具中，远期合约和期货合约是最简单的金融衍生工具，而期权合约是最独特的一种，也是最重要、使用最广泛的金融衍生品工具。期权合约的要素包括标的资产、行权价、数量、行权方式、时间等。和其他衍生品工具最大的不同是期权合约的权利义务的不对等性以及收益的非线性。在期权合约中有义务方（卖方）和权利方（买方）两类合约主体，期权允许权利方从标的资产价格的有利变动中获利并避免标的资产价格不利变动对其造成的损失，相反，标的资产价格的变动可能会给期权义务方带来损失。期权的权利义务双方的权利和义务的不对等性使得在订立合约时权利方必须向义务方支付一笔费用作为期权费，权利方向义务方缴纳一定的期权费用之后，权利方不再承担其他的任何义务，义务方收取期权费，在合约约定的期限内承担约定的义务。期权合约收益的非线性是期权合约最大的亮点，也是期权被称为金融衍生品皇冠上的明珠的最重要原因。此外期权的价格变动不仅取决于标的资产的价格变动，而且还取决于标的资产的波动率、无风险利率水平、行权规则（行权价等）设置等。因此，期权以及由它衍生出来的其他工具似乎是世界上最好的东西。当然，期权不是免费的，获得一种永远不会带来坏处的东西肯定是要付钱的。尽管要付出代价，期权仍然是投资者控制和管理风险（而不是完全规避）的理想选择。

根据期权交易场所的不同，可以将期权分为场内期权和场外期权；根据期权的行权方式的不同，可以将期权分为美式期权和欧式期权；根据期权合约买入和卖出的性质，可以将期权分为看涨期权和看跌期权；根据期权的种类是否常见，可以将期权分为普通期权和奇异期权。

场内期权是在金融交易所集中交易的标准化期权合约，交易所对期权合约的合约要素、合约标的、交易单位、行权价、行权日期等都有明确的规定，不可更改；场外期权是在非集中性交易所交易的非标准化期权合约。场外期权结构灵活，期限灵活，但交易透明性低，流动性不好。

欧式期权的买方只能在期权的到期日行权，而美式期权的买方可以在期权到期日或到期日前的任何时间点行权。

看涨期权赋予期权的买方在未来的一定时间（有效期），以约定的价格（行权价）买入一定数量标的资产的权利；看跌期权赋予期权的买方在未来的一定时间（有效期），以约定的价格（行权价）卖出一定数量标的资产的权利。

普通期权是狭义的期权，一般在场内交易的标准化期权合约都是普通期权；奇异期权是新型的期权类型，比普通的欧式或美式期权更加复杂，如增加一些敲出条款（期权失效条款），将期权的行权价设定为不确定的数值等。常见的奇异期权有二元期权、障碍期权、回望式期权、亚式期权等。

互换是一种比较不太常见的衍生品合约，其英文单词是 swap，互换约定了双方在一定的时间段内交换一系列现金流的协议，如货币互换协议双方约定在未来一系列交易日根据不同货币的本金向对方支付利息，期末双方交换不同货币的本金。掉期交易是一种特别的互换合约，掉期交易是在当期进行资产互换的同时进行一个远期相反方向的资产互换。

2. 衍生品对投资管理的重要意义

衍生品给资产管理带来最重要的作用莫过于其能够灵活改变资产组合的风

险收益特征。期货多空交易增加了交易的方向性选择，而且还能对现货进行套期保值操作，获取价差交易的便利，同时不同期限的期货合约之间能够进行跨期操作，从而使得组合的方向性判断成为价差的方向性判断。期权的非线性特征更加灵活，将期权加入投资组合，能够达到更加神奇的效果，如在价格没有达到的点位进行策略止盈操作，提高某一个资产组合在某一类资产某个价格区间盈利的概率等，后续专门有一个小节讨论期权运用对资产组合风险收益特征带来的神奇作用。互换可以将浮动收益转换为固定收益，或者进行相反的操作，如利率互换；也可以将一种资产的收益转换成另一种资产的收益，如货币互换。

杠杆是金融衍生品的另一种大特征，衍生品基本上都采用保证金交易，在衍生品市场上，投资者只需要按照合约价值缴纳一定比例的资金作为履约保证金，便可参与市场买卖，保证金交易带来的杠杆效应能为资产组合带来资金利用率的提高。但杠杆是一把双刃剑，合理地使用金融杠杆，能带来收益的成倍提高，或者是使用少量资金就能达到目的，如使用股指期货进行市场中性策略操作，少量的资金就能对大规模的组合市值形成对冲的效果。

衍生品对组合资产管理带来的另一个重要意义是对投资维度的扩展。传统的投资维度只有价格博弈，在股票市场上，做空机制没有那么完善，往往在价格维度也只有一个做多的方向。但是在衍生品市场尤其是期货和期权市场，在价格维度上都有做多和做空两个方向。更重要的是，通过资产组合或者期权结构，衍生品市场可以将传统投资的价格维度博弈扩展为在时间、波动率维度，甚至可以在新的价格维度方向上展开博弈。

时间维度的扩展是期权工具给投资者带来的一个全新的交易模式，也是期权的一个独特维度。股票和期货投资者持有资产的时候，除非资金具有融资成本，一般不会考虑时间因素，尤其是股票长期持有者会持有一只股票一年甚至数年，但是这种投资理念在期权交易上是行不通的，价值投资的理念不适合期权交易，因为期权总会到期，期权的价值由内在价值和时间价值构成，内在价值是期权的持有方按照当前的价格行权时可以获得的收益，期权价格减去期权的内在价值就是期权的时间价值。时间价值一直不为负（理论上讲，实际市场中会出现为负值的情况，但是负值过大会产生套利空间，时间价值会在市场力量的推动下回归为0），但是随着时间的流逝，时间价值会渐渐消失，直至为零。对于不同种类的期权，时间价值及衰减的速度也不尽相同，这也是期权价格非线性特征的重要表现，一般来讲，深度实值期权的时间价值比较小，平值期权的时间价值较大，随着时间的推移衰减的速度也快，虚值期权转换为平值期权的过程中期权的时间价值会迅速衰减，深度虚值期权仅有时间价值。

波动率维度也是期权工具给投资带来的另一个全新交易模式。波动率是一个抽象的概念。直观来讲，波动率就是标的资产价格波动的剧烈程度，代表着资产所蕴含的价格风险，因此波动率是衡量标的资产风险的重要指标。我们知道著名的 VIX 恐慌指数常被用来评估市场风险，VIX 指数就是波动率的一种——隐含波动率。根据波动率统计方法的不同，波动率可以分为历史波动率、已实现波动率、预期波动率和隐含波动率。历史波动率是根据过去的时间价格序列计算出来的波动率（常用的模型是过去一段时间收益率的标准差）。已实现波动率一般是根据高频数据计算出的历史波动率。预测波动率根据历史数据，并利用经济学模型（如 GARCH 族模型）进行拟合，然后进行模型外推，作为对未来波动率的预测值。隐含波动率是利用期权的理论定价模型（如 B—S 模型），带入期权市场价格反推出的波动率。期权的价格受波动率的影响，价格不变的情况下，可能会出现看涨、看跌期权同涨或者同跌的现象，这是受波动率维度影响最直观的表现。当然，通过期权组合，可以把波动率单独拿出来作为交易对象。

衍生品及其组合还可以构造新的风险收益特征组合，常用的构造技术是分离和创造。在新的价格维度下，投资者可以对价格波动方向、空间和概率进行灵活的权衡，如可以对自己认为有把握的或者主观概率大的方向和空间范围进行仓位配资。后面关于期权的章节将对权衡方法给出具体的实例说明，这里需要说明的是，这些实例中讲述的权衡方法不是唯一的方法，实际上有众多资产组合方式可以实现类似的效果。

（1）分离

通过分离技术，我们可以对价格的波动空间的指定部分进行投资，或者将市场风险从组合风险中剔除出去，或者将收益来源的一部分留下，另一部分剔除组合。对这三种情况我们分别举例说明。

如果投资者对于某类资产价格上涨空间的10%～20%部分有较大的主观预期，而对上涨空间的20%以上部分预期概率较小，那么投资者可以考虑买入平值看涨期权，同时卖出行权价为120%的看涨期权，构建一个标准的牛市价差期权作为资产组合的一部分。这是利用衍生品组合对资产波动空间和概率进行选择的典型情况。

同样，投资者可以买入某个股票资产组合，同时卖出股指期货的方式进行资产配置，把市场风险从资产组合中分离出去。

在债券市场上，机构投资者经常采用一种组合投资方式，利用国债期货和利率互换将利率债的利率风险去除，留下票息。

（2）创造

利用衍生品多空组合，可以创造新的价格维度，如利用远期合约和近期合约的多空组合可以进行不同期限同类商品的价差交易。利用焦炭、铁矿石和螺纹钢按照一定比例的多空组合，可以进行螺纹钢生产利润扩大或者缩小的交易。利用中证500指数和上证50指数的股指期货价差可以进行大盘蓝筹组合和中小市值龙头股之间的风格轮动交易。

3. 期权：场内与场外

2015年2月，上海证券交易所推出了中国证券市场历史上第一个期权品种——50ETF期权，自此以后，期权交易正式被纳入投资者的投资范围。实际上，在50ETF期权推出之前，期权交易已经在机构投资者，尤其是银行和券商之间大规模交易了，最具代表性的就是招商银行推出的焦点联动系列结构化金融理财产品。那么，当时交易所没有期权品种进行交易，银行理财产品投资组合中的期权是从哪里来的呢？答案就是场外期权，也是本小节我们重点阐述的衍生品类型。

根据交易场所的不同，期权市场分为场内市场和场外市场，两个市场都是风险管理和对冲的重要市场。场外期权是指在非集中性的交易场所签订的非标准化的期权合约，场外期权的价格是根据交易双方的撮合产生的，一般是根据交易的一方的需求量身定制的，是个性化的产品，产品设计更加灵活，产品结构更加丰富，因此在成熟的资本市场上，场外期权在交易量（名义本金）上比场内期权交易量大得多。"量身定制"型金融衍生品为投资者提供了丰富的选择，使投资者在概率和收益之间进行权衡更加便捷。

对于机构投资者来说，期权的应用主要以下几个方面：一个是通过期权的非线性风险收益特征进行灵活的期权组合配置，另一个是通过期权组合实现投资维度的扩展：波动率交易和时间价值交易。或者是通过标的资产复制出更加复杂的奇异期权结构。

场外期权在资产管理中的应用主要是在结构化金融产品上面，基于期权的投资组合保险策略是结构化金融产品的经典案例，也是三大投资组合保险策略之一。场外期权的优势还在于其期权结构的多样性，障碍期权、二元期权、彩虹期权、远期开始的期权等多种结构为投资者提供了更多的资产配置工具库。另外利用金融工程的复制技术，可以复制出没有场内交易的场外期权品种。

4. 衍生品与风险管理（以期权为例）

金融衍生品既可以分散和转移风险，实现风险和收益权衡的便利，也可能累积和带来风险。金融衍生品的高杠杆特征可能在给投资者带来巨大收益的同时，也可能带来巨大的损失。金融衍生品交易本质上是进行风险和收益的再分配过程，衍生品交易不会创造财富。

衍生品是一把双刃剑，一般具有很高的杠杆作用，它是以小博大的理想工具。虽然能降低交易成本，但也会加大市场的风险，同时提高市场的流动性。以投机为目的，可能带来风险和收益的同时扩大，但若以套期保值和风险控制为目的，在有效控制资产比例的情况下，可减小投资组合价格波动和收益的不确定性。自1970年衍生品进入投资领域以来，金融衍生品种类和数量急剧增长，应用也越来越广泛，究其原因一方面是衍生品的设计定价和管理技术更加复杂和先进，另一方面由于金融市场价格波动越来越频繁，这直接导致了对金融风险管理工具的直接需求。因此，作为机构投资者而言，使用衍生品的出发点应该是风险管理，而不是使用其杠杆特征以承受风险为代价以期带来的巨大预期收益。

每年全球范围内都会发生多起因金融衍生品不当交易导致的巨额亏损事件，但金融衍生品市场依然在这种环境下茁壮成长起来，虽然过程中有一些波折，如1997年起源于美国的金融危机就与金融衍生品的过度使用有一定的关系。这充分说明长期来看，衍生品是对整个经济运行有益的，否则，它也不可能长期存在并保持生命力。

但是，我们应该看到金融衍生品是衍生于标的资产的虚拟产品，其价格变动由于市场的非理性因素会表现出超越标的资产合理范围的情况，不断创新的金融衍生工具使得工具的特性与标的资产会越来越疏远，甚至表现出独立于标的资产的一些特征，这在金融创新中需要引起投资者的注意。另外，基本经济学原理告诉我们，风险不会消失，只能转移或分散，金融衍生品也不能减少标的资产价格波动带来的风险，甚至还会衍生出新的风险，但它能够将风险从规避风险的投资者群体转移到愿意承担风险而获取相应收益的投资群体中去。金融衍生工具的创新也使得这种转移的方式和工具越来越灵活。

第五节　金融工程

美国金融学家约翰·芬尼迪在其论文中给出了金融工程的最早定义：金融工程是投资者运用现代金融经济学理论以及现代数学分析原理、工具和方法，在已有金融产品的基础上，不断地创造和发展新的金融产品、工具和方法。从而为投资者进行资产价格发现，管理价格风险，发掘新的投资机会提供技术手段。金融工程技术可以增进市场效率、维护市场秩序。金融工程包括创新型金融工具与金融手段的设计、开发与运用，以及对金融问题给予创造性的解决。金融工程是一门交叉学科，它将金融学、信息技术和工程方法进行有效结合，利用工程技术来解决金融实际问题。

金融工程原理是相关的知识体系，主要包括经济数学模型、数理金融理论等，如 B—S 模型、套利定价理论、期权动态对冲模型等。

金融工程工具是金融工程技术使用的原材料，主要包括股票、债券等传统的金融工具以及期货、期权、互换等衍生金融工具。

金融工程方法是结合金融工程原理和工具来构造资产组合和交易方案以及实施方案的具体操作过程，常见的金融工程方法有分解、组合与整合三种，也是金融工程的三大工艺。

规避风险是金融工程师开发各种金融工具的主要目的之一，金融工程风险管理的方式主要有分散风险和转移风险两种。通过组合投资，投资者可以分散掉一部分风险，这部分风险称为非系统性风险或个体风险，无法通过资产组合分散掉的风险称为系统性风险或市场风险。对于市场风险，无法分散，我们可以通过金融衍生工具转移出去。对于投资者来说，进行投资组合风险管理就是转移或分散那些对自己不利的风险，保留对自己有利的风险。那么何为不利风险，何为有利风险呢？这个就涉及主观概率和客观概率的问题了。从客观上来讲，金融资产在某个时点上，其价格波动的方向应该是有一定随机性的，但是从主观上来讲每个市场参与者，尤其是参与市场交易的双方对价格的判断是有差异的，也正是这种差异产生了交易。所以，客观风险是市场价格朝两个方向都具有相同的波动性，主观风险是投资者认为上涨的概率大或者是下跌的概率大。

使用金融工程技术解决实际问题，首先要对实际需求进行详细分析，尤其是对目标风险收益偏好进行透彻的了解。这个过程主观因素比较大，也是决定后续工作能否达到预期目的的重要步骤。需求分析最主要的是客户风险管理需求和收益预期管理，风险管理和预期管理必须是一致的，高的收益预期必然意味着某个收益区间风险的增大或者是收益概率的减小。有了明确合理的需求之后，后续就是开发金融产品了，开发金融产品要结合当前的市场环境、政策环境，可用的金融资产类型，然后运用金融工程技术进行资产组合和交易方案设计。最后是交易的管理和风险控制，如密切关注金融产品风险敞口，产品运行状况与理论偏离程度，模型参数估计与实际参数差异及模型参数调节等。

1. 金融炼金术——复制

套利是金融工程中的一个重要概念，一个能产生无风险盈利的组合交易策略称为套利策略。在一个有效的市场上，如果长期存在套利机会，市场价格必然会由于套利活动的存在而做出相应的调整，使套利机会消失，也就是回到市场均衡状态，这也是均衡市场无套利的基本原理。根据这个原理，如果利用金融市场上已有的金融资产组合的头寸，并进行静态或者动态组合管理，使之能够产生与目标金融资产同样的未来现金流，那么目标金融资产的价格就应该等于构造的金融资产组合的构造成本。

因此复制技术是采用无套利分析技术的关键点，也成为金融工程的核心技术。场外期权的飞速发展与期权动态复制技术密不可分。我们以场外期权动态复制技术为例对复制概念做直观的阐述。

前面我们提到场外期权对投资管理的重要意义，这里我们对如何使用金融工程的动态复制技术构造场外期权进行简单的原理介绍。我们知道，如果构造一个动态资产组合，其即时收益等于目标期权的即时收益，那么最终该资产组合的损益就和期权的损益一样，这是基本原理。对于期权的行权价和期限结构性因素确定之后，期权价格受标的资产价格、波动率、距离到期日时间和无风险利率四个因素影响，其中影响最大的因素是标的资产价格和波动率。如果我们使用波动率模型对未来短期波动率进行预测，那么期权的价格影响因素就剩下价格因素最关键，期权的 Delta 是标的资产价格变动一个单位期权价格变动的量值，用数学语言表达就是 Delta 是期权价格在标的资产价格这个自变量方向的偏导数。那么，如果我们持有 Delta 单位的标的资产，在标的资产价格变动的任何瞬间，持有资产的价值变动就和期权的价格变动近似或者约等，随着目标期权 Delta 的变动，持有标的资产的数量也随着变动，最终持有资产的损益就会约等于目标期权的损益，这就是期权动态对冲方案的精髓。

2. 金融创新三大工艺：分解、组合与整合

分解、组合与整合技术是金融工程的核心工艺方法，金融工程师利用这些方法能够创造出许多精巧的金融产品和解决方案。这些工艺方法是基本分析方法，如果能在基本方法的基础上加以组合和创新，就能设计出更加复杂和精美的新产品和金融解决方案。

（1）分解

分解技术是在既有金融工具的基础上，通过对其风险收益特征进行拆分，使得某些风险从目标资产中分离出去，或者是通过收益拆分使得组合的收益体现目标收益的一部分，从而满足不同投资者的风险收益偏好。一般来说分解技术是在某一金融工具或产品的基础上采用风险和收益来源分析并进行结构分解，从而剩下投资者偏好的风险收益结构。

对于特定的金融工具或产品，都有其固定的风险收益特征，如主要风险来源和收益特征。对于不同的投资者来说，其风险偏好特征是不一样的，而且对不同的风险来源及收益特征的态度是不同的。有些投资者倾向于承担市场风险，有些投资者倾向于承担特殊个体风险。如果能将风险因子从金融工具或产品中一一剥离，然后将不同种类的风险和收益结构赋予不同类型的投资者，那么市场参与主体的需求都能得到有效的满足。分解技术就是为满足这种特殊需求而产生的。风险因子分离是分解技术常用的手段，根据风险来源将不同种类的风险特殊对待，从而实现避险或者满足特殊需求的目的。

分解技术的一个例子就是从浮动利率债券中将风险因子分离，在市场利率波动剧烈的情况下，对于厌恶风险的投资人来说，利率风险带来的不确定性降

低浮动收益债券的吸引力。金融工程技术就能将市场风险因子从债券风险中分离开来，从而吸引更多的投资者参与其中，使得浮动收益债券市场交易更加活跃。

在商品市场上，大豆、豆油、豆粕在一个完整的产业链条上，大豆作为豆油和豆粕的原材料，之间的投入产出比例也在稳定的范围内。对于油厂来说，如果担心大豆价格上涨，那么就可以买入大豆期货合约来规避大豆价格波动的不利风险。

（2）组合

组合技术是指在同一类金融工具或产品之间进行组合配置，构造多空对冲头寸进行风险规避或特殊风险抑制，从而产生新型风险收益特征的金融工具或产品，多用于进行风险管理。常用的方法是使用多个已有的金融工具合成理想的对冲头寸。由于原始金融工具的多样性，以及组合排列的多样性，所以理论上可以有许许多多的合成金融工具或产品可以被构造出来。至于采用何种金融工具，以及使用何种组合形式进行目标资产组合的构造，取决于投资者的风险偏好以及预期的风险收益特征。组合技术使用衍生品的情况比较多，因为大部分金融衍生品都能够实现做空操作，能够灵活调配多空组合。

Alpha 策略是一个被机构投资者广泛使用的策略类型，其核心思想是在买入一揽子股票资产的同时，卖出股指期货做对冲。持有股指期货空头的目的是规避市场风险或者系统性风险，通过构建的一揽子股票获取超越指数的收益。因此，Alpha 策略又被称为市场中性策略。根据 Alpha 策略的选股逻辑，Alpha 策略又分为多因子 Alpha 策略、风格轮动策略、行业轮动策略和动量反转策略等。Alpha 策略的选股逻辑其本质是对市场中特殊时点风险和收益特征进行挑选。例如在股市下行周期，大盘蓝筹股的抗跌性能比较好，那么组合中持有大量大盘蓝筹股就能取得超越指数的额外收益。

美林银行使用金融工程技术参与阿里巴巴 IPO 成为金融工程应用案例的经典篇章。由于参与京东的 IPO 承销，美林银行被阿里巴巴封杀，不能参与阿里巴巴 IPO 计划，但是，天才的美林银行金融工程师使用了一个巧妙的资产组合，复制出了阿里巴巴股票的收益。其基本的逻辑可以用如下公式概括：阿里巴巴 = 软银—Sprint—雅虎日本—软银日本通信业务。然而由于软银的日本通信业务是非独立上市公司，所以金融工程师拿 KDDI 来代替（KDDI 是日本第二大通讯商）。这样美林银行就合成了这个全新的金融产品，其收益特征几乎和阿里巴巴的 IPO 股票一样。

（3）整合

与组合技术不同，整合技术是在不同种类的金融工具或产品之间进行组合配置，把两个或两个以上的不同种类的金融工具或产品在结构上进行重新组合或集成，从而产生新型风险收益特征的金融工具或产品，以满足投资者多样化的投资需求。整合技术一方面保留了原有金融工具或产品的某些特征，另一方面又创造出适合投资者需求的新特征。

整合技术多用于生成跨市场的混合金融产品，这些产品在股票市场、期货市场、期权市场、利率市场、汇率市场以及货币市场之间进行综合配置。由于单一投资者直接进入多个资本市场需要投入的人员成本比较高，且在交易环节错综复杂的市场状况使得管理难度加大。另外，不同市场的制度和政策各异，投资者对每个市场都熟悉的情况不多，因此整合技术带来的多市场投资一揽子解决方案就应运而生了。

三大投资组合保险策略之一的 OBPI 策略（基于期权的投资组合保险策略 Option – based Portfolio Insurance Strategy）就是金融工程整合技术的经典应用。OBPI 策略的核心思想是构造一个资产组合，该资产组合可以保护本金不受亏损，或者是保证一个最低的固定收益水平，然后在此基础上组合的价值随着某类资产的价格波动有一定的超额收益。于是期权 + 固定收益投资的组合投资模式就诞生了。利用固定收益产品产生的一部分利息或者全部利息作为权利金买入期权，这就成了经典的 OBPI 策略，该策略的期权部分一般向场外期权做市商购买，奇异期权结构是常见的 OBPI 期权结构。

3. 金融工程的应用

（1）套期保值

套期保值是针对一个特定的资产或资产组合风险暴露而进行的规避风险操作，通过一个或多个与该资产或资产组合风险头寸及方向相反的金融工具来对冲和消除相关风险。一般来说，套期保值是将现货头寸通过期货、期权和其他衍生品进行组合管理，使其在某一个方向或者来源的风险暴露减小甚至消失。套期保值一般在大宗商品领域应用广泛，但在股票市场也有应用，如在持有的某只指数成分股停牌时爆出重大利空消息，通过卖空指数，买入指数成份股的其他股票，复制出空头头寸进行现货套期保值。

（2）投机

投机是投资者根据主观掌握的信息，结合自己的投资体系，认为市场在某个领域或特定的投资标的上定价错误，从而做出博弈决策的行为。金融工程方法的使用可以使投机行为更加精确，使用金融工程技术构造风险收益和自我主观判断相吻合的资产组合，能够使用最小的成本获取最大的收益，或者冒最小的风险获取尽可能大的收益，或者是在预期收益一定的情况下用最小的成本冒最低的风险。在有效市场上，投机者最终获得的收益应该看作是对承担风险的回报，而不是投资者个体聪明才智或者是运气的回报。当然，市场在某个时点可能是非有效的，那么市场会对投资者聪明才智和付出的努力给予回报，在有效市场上，投资者的聪明才智和辛勤汗水带来的往往是市场更加有效。

（3）套利

我们这里讲的套利和前面现代投资组合理论中讲的均衡市场无套利中的套利行为不同。这里讲的套利是一种现实中的交易行为，交易行为中的套利往往是在利用市场上某个或几个金融资产定价的不合理性（可能是概率意义上的不合理性，这时的套利叫统计套利，或者是在某个时点的不合理性），从该不合理性中获取可预期利润的行为。套利操作的基本逻辑是市场会朝有效市场的方向发展。有时候，套利行为是为了获取相对利润，如使用股指期货做对冲进行 Alpha 策略套利的时候，如果在某个时点上，买入股指期权多头，同时卖出股指期权空头有利润的话，使用金融工程技术构造的股指期货空头合约就比直接在市场上持有股指期货空头更加划算。这也是套利思维的一种应用。

第六节　量化投资与主观交易

量化投资是以历史数据为基础，在历史数据的基础上进行数据挖掘，数据挖掘的方法可以有很多种，如观察、经验、交流、已有模型建模、新模型开发、机器学习建模等。数据挖掘的目的在于找到一定的规律性，或者是频繁模式、异常模式等，并且假设这个规律或频繁模式在当前的市场环境下会持续表现出来。然后利用数据挖掘的结果进行数学建模，并进行模型外推，最终形成交易指导结论。量化投资以定量分析为手段，使用数学、统计学、计算机、经济金融理论以及投资经验进行建模。量化投资是科学与艺术的完美结合。

主观交易是最常见的投资决策模式。该模式是以主观决策为基础，决策依据中虽然有大量的客观成分，但是最核心的交易决策形成机制中有大量不可准确描述的东西存在，也就是我们经常说的："道可道，非常道。"主观交易受交易心理的影响非常大。交易心理是投资者面对交易信息输入时的交易决策机制，包括感觉、感知、意识、记忆、想象、思维、情绪、人格、信念，甚至价值观等因素。其决策机制相当复杂，并且受外围环境尤其是心理环境的影响很大。盘感的概念常和主观交易联系在一起，盘感是在长期交易过程中形成的一种信息反映模式，盘感不是知觉，是人思维在一定状态和信息输入下的一种反应框架。当某种行情或信息输入之后，大脑会瞬间处理一系列复杂微妙的信息，最终得出交易决策。该模式虽然称为主观交易，但始终离不开诸多客观信息，如历史行情信息、经济咨询信息等。

量化投资理念最初的成功应用是在对冲基金行业，后来又扩展到量化选股、量化择时、基本面量化等。量化投资在实践中的应用越来越广泛。量化投资在海外发展已有30多年来，对于量化投资和主观交易到底哪个更优秀，那个投资决策模式的业绩表现更为出色，海外和国内媒体舆论一直争论不休。本节将重点讨论这个话题。

当前，量化投资和主观交易并行于市场，貌似每种方案都有自己的优势，也各有自己的劣势。于是市场上的一部分投资者开始尝试将两种方式结合使用，一种典型的案例就是人机结合。这种案例在实践应用中非常成功，本节我们也将探讨这个话题。

1. 量化投资相关概念

长期以来，跟量化投资相关的概念一直影响着人们对量化投资的理解，这些概念与量化投资相关，是量化投资的一部分或者是和量化投资有交叉的地方。

程序化交易是和量化投资经常联系在一起的概念。量化投资是投资方法和投资逻辑，程序化交易是交易方式。它使用计算机编程技术对策略进行自动下单，是量化投资常用的交易模式。因为要自动下单，所以程序化交易必须对策略进行量化，达到策略思维可编程的程度。因此，很多人把程序化交易视为量化投资的一部分，但本文认为程序化交易是量化投资的有益补充，而不是必要条件。量化投资主要是模型思维的可数量化表达以及可编程表达，不必然使用程序化交易系统进行下单。

套利对冲是一种策略思维，是同时使用多头和空头的资产组合进行操作，套利强调均值回归，讲究物极必反，如统计套利、期限套利、无风险套利等。对冲强调相对价值，如宏观对冲、配对交易等。套利对冲思维是量化投资最常用的策略模式，因此经常与量化投资概念一起讨论。

金融工程的概念在前面有专门的章节进行讨论，金融工程为量化投资提供策略思维和组合化投资手段。

算法交易是程序化交易的下单策略和手法，是程序化交易的一个分支。算法交易通过计算机程序来发出交易指令。算法交易指令包含的要素有：时间选择、价格区间、成交数量、对市场的影响控制等。

高频交易根据字面意思理解，意思是频率很高，因此要求速度很快。美国证券交易委员会（SEC）没有给出明确定义，给出了描述高频交易的 5 个特性：①使用超高速的复杂计算机系统下单；②使用 co-location 和直连交易所的数据通道；③平均每次持仓时间极短；④大量发送和取消委托订单；⑤收盘时基本保持平仓（不持仓过夜）。根据这个定义，高频交易是一种特定的量化投资策略，是用程序化交易的方式进行下单。

量化投资作为新兴的投资模式，得到了市场的大范围认可，甚至有市场人士指出未来的投资领域，程序员要取代策略分析师，计算机要取代交易员。本书认为完全取代基本上不可能，因为量化投资有其固有的缺陷，这在后面的章节将重点论述。但是在某些领域大范围取代，尤其是在某些具有较强规则性的领域和需要大量重复劳动占用人工成本的领域，量化投资技术将越来越重要。那么做好量化投资需要哪些必备的技术储备呢？

首先是计算机知识。这是必备知识，因为计算机是工具，不懂得编程就无法进行研发和实现交易，就像农民种地需要农具一样。

其次是数学和统计学知识。因为量化投资涉及逻辑思维或统计思维的建模，主要对于逻辑抽象和信息量化，建模能力要求较高，高深数学知识不是必备的，但建模能力是必须的。所以具备一定的数学和统计学知识是必须的，一些统计工具也是重要的手段，如 R 软件、Matlab 软件等工具的使用。

金融工程知识：金融工程思维为量化投资提供理论依据和投资逻辑支撑，如期权套利，基于 B-S 模型的期权复制等。

金融学知识：主要是投资逻辑获取，非必备的，能很快习得，这也是华尔街很多量化投资大师都是非金融科班出身的原因。

2. 量化投资基本原理

前面讲到，量化投资是借助于计算机技术、数学模型来将交易思维数量化、模型化和程序化。而模型化是量化投资最关键的步骤。量化投资模型的来源主要有两个，一是对主观交易的思路和方法的数量化建模，二是既定模型的金融交易应用。

对于主观交易者来说，其策略形成的过程虽然具有一定的主观性，但是，稳定成熟的主观交易者都很注重交易的稳定性。交易的稳定必然要求更多的客观性，包括数据和信息来源的客观性、分析逻辑的客观性、持仓规则的客观性等。所以很多主观交易者逐渐在追求客观性的过程中转向量化投资领域。原来很多主观交易者使用的技术指标和技术形态，如 MACD、均线、KDJ、均线多头排列、头肩顶结构等，逐渐成为量化投资者量化建模的基础和素材。

对于模型的使用是很多"高科技"量化投资者追求的目标、金融经济学模型是常用的建模方式，如多因子模型用于量化选股，套利定价理论和期权定价模型用于套利模型开发。甚至许多物理模型被用于金融量化建模。近年来兴起的金融大数据技术，如分类、聚类和异常值检测方法也被广泛应用于金融量化建模。人工智能领域的人工神经网络也被人们尝试应用于证券投资。

无论对于何种模型，择时和选股（投资标的选择）是量化投资超额收益的主要来源，择时是对交易时点的把握，重点在时间维度与交易对手进行博弈。选股是对投资标的进行有选择性挑选，是在空间维度进行交易对手博弈。

建模固然重要，但是量化投资是否成功的前提必须是基于"有效"历史数据，因为量化投资是在历史数据的基础上进行的模型外推，历史数据中有对未来信息的蛛丝马迹，但是又有大量干扰对未来判断的噪音存在。如何对历史数据进行清洗，去粗取精、去伪存真是量化投资者面临的又一个重要话题。

有个对量化投资的描述具有一定的合理性，量化投资交易者是开着一辆挡风玻璃被蒙上，只能看到后视镜的司机，只能根据后面的路况判断前面的方向。

量化投资的优点是拟合，缺点是过拟合。量化投资是基于历史数据进行的逻辑构建，一定程度上是对统计规律的模型拟合。在统计学上，拟合有一个令人失望的现象就是过拟合，也就是将一些本身不具有规律性，或者是规律性不可持续的模式挖掘出来了，使用这样的模型对未来进行预测存在很大风险。但是，合理拟合和过度拟合的界限是怎样的，对于过度拟合有没有好的方法进行规避，这是一个更加深入的话题，读者可以参考相关专业的书籍进行了解。

3. 量化投资与对冲基金

对冲基金的概念起源于美国，对冲基金是在期权、期货等金融衍生工具大量上市之后发展起来的。一开始，对冲基金试图利用期权、期货等做空工具进行卖空操作，从而达到风险对冲的效果，是为了化解和规避风险而存在的。最常见的操作是买入股票的同时买入看跌期权，或者在买入某个行业指数的同时卖空另一个行业指数。但是金融衍生工具具有杠杆性，人们追求高额收益的本性使得对冲基金风险规避的内涵发生了改变。随着金融衍生工具的大量出现，对冲基金逐渐使用复杂的金融模型和资产组合，充分利用衍生品的杠杆效应，追求高的绝对收益。

常见的对冲基金策略有相对价值策略、事件驱动策略、股票多空策略等。与公募基金（共同基金）不同，对冲基金追求绝对收益，因为使用做空工具，所以无论市场行情如何，投资者对对冲基金的预期都是超额的正收益。

量化和对冲是两个不同概念，但是近年来量化和对冲又常被人们一起提及。一个重要的原因就是，对冲基金当中，很多公司都是用量化投资技术进行投资管理。对冲基金涉及复杂衍生品的使用，量化投资技术可以使这些管理更加便捷，也能使风险管理更加客观和具有针对性。

4. 量化投资与主观交易的优缺点

作为两种被市场广泛认可的主流投资决策模式，量化投资和主观交易有其自身的优势，但是在某个方面有相对的劣势，这种优势和劣势都是相对的。到目前为止，没有一种模式压倒性的超越另一方。

为了阐述两种投资决策模式的优缺点，我们从信息处理灵活性、方法论、执行力等几个方面进行论述。

（1）信息处理灵活性

主观交易在市场品种选择、策略组合和配置、资金管理方面更具灵活性，对新的信息来源更加敏感，量化投资在对新的信息无法处理，尤其是新的信息维度，必须更新原有的量化投资模型，否则模型继续无视新的信息存在，按照原有的逻辑运行。在市场主要矛盾发生变化的时候，量化投资往往表现较差，反应不如主观交易迅速。

主观交易处理的信息维度一般较量化投资策略高。无论是基本面信息，偶然事件，经济数据还是行情数据，主观交易都可处理。而量化投资难以处理一些文本类信息，即使对于一些数据信息，量化投资策略对于非结构化数据的处理能力也偏弱。对于那些来源不持续的信息，或者是出现频率不稳定的信息，尤其是偶然事件信息，量化投资模型很难去处理。

量化交易比较擅长处理大量的持续性信息，对于某些信息频率较高的信息，如 tick 级别的信息，主观交易很难处理，只能借助于计算机模型去建模，然后整合成低频率信息或信息量较小的信息。

量化投资策略擅长重复上演的投资机会，而主观交易的优势在于灵活发现稀缺性的投资机会。如果某种模式在历史上未曾出现，量化投资者不可能通过模型拟合出这种信息模式，也很难通过想象将这种未来出现的模式提前编写进量化投资模型，因此，当稀缺性投资机会出现的时候，量化投资模型无动于衷，但是很可能被敏锐的主观投资者觉察并把握住。

主观交易者的交易信息来源维度复杂，既包括宏观经济环境、国际国内经济政策、法律法规、政府偏好，又包括量、价、时、空等市场信息，甚至包括某个股评家的一段评述。而量化交易的输入维度受限于信息来源，基本上以量、价、时、空信息为主。有个别机构也会有一些创新型输入，如某个股吧的热点词汇等，但是在信息输入上，主观交易者比量化投资者具有较大的优势。

在不同的市场环境下，量化投资和主观交易的适应能力是不同的，量化投资在结构不变的市场环境下更有优势，而主观交易者在多变的市场结构下可能会表现得更加出色。例如，AlphaGO 在下围棋上能够表现出很强的智能性，这是因为围棋的规则是固定的。如果换成打麻将，AlphaGO 可能能战胜打东北麻将的壮汉，都未必赢打四川麻将的小姑娘，这是因为固定的计算机程序很难适应生存环境的变动。虽然人工智能的应用使得很多程序具有一定的自主学习能力，但是相比起人脑来，机器的学习应变能力还差得很远。

（2）法论

在方法论上量化投资和主观交易没有对立之处，很多时候量化投资和主观交易的方法论还会被对方所借鉴，如量化投资会借鉴主观交易，通过对盘面的观察得出交易逻辑，而主观交易者也逐渐将自己的策略体系系统化、客观化。在策略配置、风险管理、组合管理上，量化投资和主观交易的思维模式也是基本相近的。具有比较明确交易规则的主观交易者，如果其输入信息来源基本上来源于市场上的量价时空信息，那么它很容易量化为数学模型成为量化投资体系，同样，量化投资的规则加入其他的信息，如基本面信息、市场情绪等就可以成为主观交易者的分析体系。

从博弈的角度来看，量化投资模式具有严格的纪律和执行力。根据历史数据统计出来的算法也具有正收益的胜利和赔率。因此在重复博弈的情况下，量化投资策略或许更有胜算。但是如果投资者瞄准的收益来源不是竞争对手，而是经济增长和企业盈利，或者是商品稀缺性导致的价值重估，那么主观策略思维可能会更胜一筹。

市场的变动是参与主体一个个合力的结果，包括很多主观交易者。无论是主观交易者，还是量化投资者，其情绪的变动都会对市场产生影响。主观交易者情绪对市场的影响是直接的，量化投资者对市场的影响是间接的，通过使用何种策略、何时使用策略、投入多少资金等方式进行的。全市场投资者的心态组合形成了市场情绪，市场情绪通过盘面表现出来。这种情绪性的东西很难通过量化模型去模拟，但是主观交易者通过长期盘面观察形成的盘感却可以在一定程度上去把握。主观投资的优势在于对价格变化背后交易行为、心态的解读，这是量化模型目前比较难以实现的。

有个例子对主观交易和量化投资者交易实践的描述非常贴切：主观交易者就像学上乘武功，这个要靠机缘和天赋，可能学十年而不得道，最终一生为"韭菜"；也可能一朝悟道，晋级成为少数的佼佼者。量化交易更像练健身，机缘和天赋固然有一定的作用，但只要踏实努力，艰苦奋斗，大部分人还是能练就一身肌肉；虽然不一定打得过那些悟道的主观交易高手（或者成为"大神"），对付市场上的大部分"韭菜"还是游刃有余的，毕竟能打败"韭菜"就差不多能够盈利了。

（3）执行力

量化投资的另一个突出优点是其执行力非常坚决。一旦交易逻辑编入程序，在无人为干预的情况下，量化投资模型将严格执行程序算法，没有任何偏差。而主观交易在执行力方面就逊色得多。贪婪和恐惧是伴随主观交易者的整个投资生涯的心理状态。华尔街有一句名言："市场是由两种力量驱动的：贪婪和恐惧。"贪婪和恐惧是隐藏在人性深处的特质。面对收益投资者往往表现出过多的贪婪，面对亏损投资者又会表出过多的恐惧。对于主观交易者来说，其交易系统是一个复杂的难以言语的工程，就像飞机一样，它由许许多多零部件组成，哪怕有一个零部件出现小小的问题，就会造成事故。主观交易的交易系统由很多部分和信息处理流程，有一部分出错，如人的情绪波动，就会对交易结果产生较大的偏差，导致原本应该赚钱的交易产生亏损，甚至由于情绪等因素的影响导致亏损持续扩大。此外投资者的从众心理也会使这种贪婪和恐惧在市场中被放大。量化投资者就没有这种问题，量化是基于确定的投资逻辑，程序没有感情，不会产生执行力偏差。

在执行力方面，严格的执行力是量化投资模式的优点，但又不是绝对优点，因为和主观交易相比，量化投资缺乏主观能动性，对新的信息没有任何拓展性，只是机械执行原有的思路，表现出呆板、固执和一成不变。

5. 量化投资与主观交易的融合——人机结合

无论是量化投资模式还是主观交易模式，都离不开人的参与，因为量化投资策略的开发的运行离不开人。一个不赚钱的策略编成程序交给电脑去自动执行，最终的结果是自动亏钱。电脑的优势是完整地执行策略，最终策略的优劣是由开发策略的人来决定的。

我们这里说的人机结合主要是策略运行过程中人对策略的干预，这种干预包括策略参数调节、仓位调节、策略组合选择、策略运行标的选择、策略运行与否选择等。

市场上有一种观点认为，计算机工具能够很好地充当辅助人工的角色，但不能替代人在交易系统中的核心作用。量化投资和主观交易两者可以相互借鉴、优势互补、人机结合。

如何实现人机结合呢？在市场实践中有两种模式：一种模式是以人为主，辅助量化投资工具；一种模式是以计算机模型为主，辅助人的主观判断。

以人为主的模式重视人的主观逻辑，只是将大量重复性或者运算复杂的信息交给计算机处理。这样一方面可以避免人为的失误带来的决策失误，另一方面对于某些大规模数据以及高维度数据，使用计算机技术进行处理和降维操作，可以从中得出便于投资者主观感知的信息。例如从全市场数据中检索出哪些股票跌破发行价，哪些股票当天的微观交易信息中大单数量出现异常。这些信息可以拓展主观交易者的信息来源，如果不依靠计算机技术，很难将这些信息从巨量的成交信息中提取出来。量化投资在这里的作用主要是信息处理和加工，策略的形成主要靠投资者的主观判断。

以计算机模型为主的模式以算法为主导，人的作用是将一些无法或者难以量化的信息进行主观判断，然后通过干预计算机模型的参数、策略风控条件，以及参与交易的资金量等对交易进行微调。例如，某些趋势追踪类型的量化策略系统本身只是量化择时，系统不去考虑仓位配置或趋势判断的有效性，如果加入人为主观对宏观市场的情绪、政策导向等非量化系统信息进行结合，然后去调节策略的开启和关闭条件，可能会提高胜率或者赔率。这种模式类似于使用人为判断对策略进行优化。策略优化有两种思路，一种是综合评价，一种是分步评价。综合评价方式是结合量化投资系统给出的投资结论以及主观交易信息，以综合评价的方式得出最终投资决策；分步评价模式是先以量化投资系统给出的结论为基础，再经过交易者的二次过滤，决定是否支持量化投资系统结论。综合评价模式可能得出与量化投资系统相反的决策，而分步评价模式要么执行量化投资决策，要么不执行量化投资决策，不会得出相反的投资决策。

第七节　指数投资与主动投资

主动投资是指投资者在一定的投资范围和投资限制下，通过积极的证券投资标的选择和投资时机选择，在一定的预警止损等风控措施下，努力寻求资金投资收益的最大化。其包括将金融学、经济学、数学甚至是社会管理及大众心理研究理论付诸实践，以求解决在风险可控、可接受的前提下，获取最大收益。

以主动投资方式进行投资管理的投资基金称为主动管理基金。主动管理基金一般根据基金投范围、策略类型、风控措施等进行投资操作。它的目标是寻求取得超越市场的业绩表现。一般来说，主动管理基金超越市场的评判标准是以基准组合为参照的，超越基准组合的收益为超额收益。超额收益是基金经理业绩评价的关键指标。一般来说，主动管理基金都有设定好的投资范围，根据投资范围的不同，将基金类型分为股票型基金、债券型基金、混合型基金以及另类投资基金（一般指期货、期权等衍生品的使用）。某些主动管理型基金投资策略有时候在基金合同中会有明确的定义。风控措施是主动管理基金的必备要素，也是对基金经理的主要行为规范。

指数投资也成为被动投资，一般选取特定的资产类别或指数成分股作为投资的对象，不主动寻求超越市场的表现，指数投资尝试复制特定资产类别的收益，以此为盈利目标。一般来说，指数投资追求长期收益。指数投资的特点和优势在于风险的充分分散化、追求长期收益以及投资组合透明化。指数化投资兴起于 20 世纪 70 年代的美国，随着 ETF 产品的出现，为指数投资的收益追踪提供了更多客观的追踪目标，从而导致了指数化投资在全球市场蓬勃发展。有人说指数投资的核心理念就是以被动方式分享特定资产类别的收益并承担相应风险。这类似于中国传统哲学中的道家理念，即"道法自然""无为而无不为"。

以某个特定资产类别收益为跟踪对象的基金称为指数型基金。根据允许跟踪误差的大小，指数型基金又分为两种类型，一种是纯粹的指数型基金，它的资产按照所跟踪指数的资产成分及指数权重全部投入指数的成分中，不做任何积极型行情判断。另一种是指数增强型基金。这种指数型基金是在纯粹的指数化投资的基础上，根据股票市场的具体情况，进行适当的调整，试图在允许的跟踪误差范围内，实现一定的超越指数的收益。有一种指数增强型基金称为 Smart Beta 型的指数基金，它在指数跟踪的同时加入了一定成分的主动管理，满足了一部分投资者的需求，因此产品发展迅速。但是尽管 Smart Beta 加入了主动管理，但仍未脱离被动管理的束缚，如果过度关注指数型产品的增强收益作用，忽略了被动跟踪管理，无异于舍本求末。指数化投资的立足之本是对指数收益的模拟能力，即被动管理能力。随着市场越来越成熟，指数也越来越多，指数型基金将成为基金公司的主要产品。

1. 主动投资与被动投资之争

关于主动投资和被动投资谁更优的问题，有一个跟股神巴菲特相关的故事不得不提。2005 年，巴菲特公开表示，他愿意跟人立下 100 万美元的赌局，赌局从 2008 年 1 月 1 日开始到 2017 年 12 月 31 日为止，在这十年时间内，标普 500 指数的综合回报率，一定会超过任何对冲基金经理人的组合回报率。这是巴菲特支持被动式指数投资的明确表态。

我们看一组数据："指数基金教父"博格对美国市场的共同基金进行研究表明，1970 年美国有 335 只主动管理型共同基金，截至 2005 年有 223 只共同基金倒闭清算，在剩下的共同基金中，只有 3 只能够持续保持超越标普 500 指数两个百分点以上的年化收益率。也就是说在这 36 年当中，有 99% 的基金跑输了指数。在整个 20 世纪，按照实际 GDP 测算，美国经济增长 128 倍，在此期间道琼斯工业指数从 66 点起步一直上升到 11497 点，其间共增长 173 倍。从过去很长一段时间看，被动型的指数投资策略确实能赚钱。

那么被动管理的指数基金与主动管理基金有什么区别呢，或者是在不同的环境下有各自的哪些优缺点呢？

首先，被动基金比主动基金受基金投资团队的人为干预程度比较小，指数型基金成分股的选定都是事先设定好了固定的算法，有合理的编制方案，一般由专门的指数编制机构发布，指出成份标的以及指数权重有客观的定制标准。而主动型管理基金投资决策主要依赖投研人员，因此受人为影响比较大。

其次，被动基金在遇到行情状态突变的情形，无法灵活地进行风险控制，只能按照原有的投资方案进行资产配置，顶多进行一些微调；但是主动型管理基金可以灵活地进行仓位调节和投资组合选择，甚至可以利用做空机制来进行风险对冲。因此在极端风险来临的时候，主动管理型基金往往表现出较大的优势。

主动型管理基金管理费用一般偏高，因为主动管理基金需要雇佣投研人员，耗费较大的人力资源。被动型基金管理难度比较低，因此管理费用相对较低。主动管理型基金与基金经理的投资理念有很大关系，投资经理的变更会给基金业绩和投资风格造成较大的影响，而被动型管理基金没有这个问题，无论谁做基金经理，其投资风格都是追踪某个指数，基本上是一成不变的。

从长期来看，被动管理型基金确实能跑赢大部分主动管理型基金，但是短期来看变数就比较大，在不同的市场阶段，不同类型的基金有其固有的优点，如在牛市初期，被动管理性基金一般经常性保持高的仓位，可能会跑赢没有来得及加仓的主动管理型基金，在快速下跌阶段，主动管理型基金的优势就比较明显。

最后，主动型管理基金在弱有效市场上能够发挥出比较优势，市场越成熟，越有效，被动型管理基金就越容易跑赢主动管理型基金。弱有效市场上，主动管理策略团队如果拥有强大的投研团队，能够获取更多的信息，或者提前获得信息，那么就会有很大的投研优势，跑赢市场上其他类型的基金也是情理之中。在强有效市场上，投研的信息优势会逐渐消失。

2. 指数基金与定投

指数基金的发展同样带来了财富管理模式的转变，基金定投是伴随着指数基金的发展而流行起来的一种理财方式。投资者定期投资、定量投资于某个基金（一般是指数型基金），类似于银行的零存整取的理财模式，每隔一段时间，以固定的金额购买基金份额。

华尔街流传着这样一句话：在市场上准确地踩点进场，比在空中接一把快速下落的飞刀更难。这对于机构投资者是如此，对于普通投资者更是困难。想要在低点买入，并在高点卖出，除了运气，靠能力是基本不可能做到的。基金定投就是解决这个难题的一种方法，采取分批建仓的方法，有效规避了必须在某个固定的时点和价格入场的难点。

对于基金定投来说，入场时点和价格不是那么重要，长期的趋势才是关键。通过定投可以淡化一次性择时带来的投资风险，同时可免除一次投资带来的心理压力。因为进行等额定投，所以价格高的时候，买进份额比较少，价格低的时候，买进份额比较多。因此长期累积下来可以达到摊低投资成本的效果。

和指数基金在长期看来比较容易战胜主动管理型基金一样，基金定投需要坚持长期投资的原则。一旦选择了定投作为投资模式的话，即使遇到市场状况不理想，基金净值不断下跌，也不能轻易地选择放弃，不能中途退出。因为下跌的时候反而是摊低成本的关键时刻，只要坚持定投，并且选择指数的投资逻辑没有发生变化。随着时间的推移，基金净值总会上升，即使退出的时候最终基金净值没有第一次进入的时候高，但是由于坚持等额的原则进行低点多买，高点少买，最终投资也很可能是赚钱的。而那些只是没有坚持长期投资原则而选择定投的方式，可能会受到市场的惩罚。

这就是定投的神奇之处。即使在高点进行定投，低点卖出，也能获得收益，因为定投克服人性的弱点，在高点时少买，在低点时多买，从而达到摊薄成本的目的。所以我们说定投的时机选择并不是很重要，早投资比晚投资好，定投既能强制储蓄，又能带来一定的收益，除非市场一路下跌，永不回头。

对于基金定投标的的选择，也有择时和择股两个方面的考虑。首先是择时。定投的起始时间如果能选择基金净值和市场的相对低位比较有利，当然找到绝对地位就没必要采用定投策略了，投资者就是难以把握绝对低位才采用定投的方式降低成本的。相对低位的把握比绝对低位要容易得多。例如在经济繁荣时选择高科技类股票指数，在经济下行时选择消费等防御性板块指数。另外指数基金的波动性也比较重要，因为基金定投的核心是摊低成本，因此选择波动幅度比较大的指数基金，其摊薄成本的效果相对比较明显。

3. 指数投资的发展

指数基金的存在与发展，是证券市场逐渐成熟的标志，也是有效证券市场条件下基金管理方式选择的趋势，无论是机构投资者还是个人投资者，只要有长期投资的需求，指数基金都是不错的选择。尤其对养老基金和保险基金来说，指数投资是必备的投资选项。随着市场的发展，越来越个性化的指数越来越多，指数基金和其他衍生金融工具的组合使用能达到更加灵活的投资组合。

指数基金不仅包括股票指数，还包括商品指数等其他指数。个性化的指数产品和更加有效的市场环境，是指数基金发展的助推器。目前市场上可供投资者多样化选择的指数基金有如下几种类型。

（1）股票指数基金

一般以大盘股票指数为收益跟踪目标的指数基金，如汇添富中证500指数基金、天弘创业板指数基金、易方达沪深300量化增强指数基金等。

（2）债券指数基金

债券指数基金以债券指数为收益跟踪指数。对于普通投资者来说债券指数比股票指数陌生。债券指数编制也比股票指数复杂，因为债券基金不仅涉及构成指数债券成分的配置比例问题，还涉及债券的另一个重要的投资特性——久期。同一发债主体的债券一般都是有期限的，而且随着这些债券的到期，久期是一直变短的，需要指数编制机构不停地调整指数成分债券。另一方面债券市场的流动性比股票市场弱，跟踪的难度也加大。

（3）行业指数基金

行业指数基金以某个行业指数收益为跟踪目标，行业指数可以较好地满足投资者多样化投资的需求。目前市场上形成了门类齐全的各种行业指数，如金融、地产、能源、材料等行业指数。

（4）大宗商品指数基金

大宗商品指数基金以大宗商品指数为跟踪目标。国际上交易比较活跃的大宗商品一般有黄金、原油、煤炭、钢铁、大豆、玉米等。商品指数就是以一揽子商品价格为编制依据。大宗商品指数基金的一个主要的特色是投资标的一般是与商品相关联的金融衍生工具，以商品期货和期权为主。

（5）另类指数基金

另类指数基金是一类比较特殊的指数基金，它追踪的指数很难进行分类，一般是以某个概念或者是某个或几个重点投资领域的收益为追踪目标的指数基金。另类指数一般都是定制化的指数，如中证财通中国可持续发展100指数，是由中证指数有限公司专门为财通基金管理有限公司定制的一款指数。该指数反映沪深300指数中ECPI ESG评级中前100只股票的收益。其中ECPI ESG是从环境保护、社会责任和公司治理三方面进行评级标准。

第八节　机构投资者及行为模式

机构投资者是资本市场成熟的主要特征之一，1997年11月，我国颁布的第一个全国性的基金管理法规《证券投资基金管理暂行办法》，标志着我国机构投资者进入初步发展阶段。2000年，中国证券监督管理委员会明确提出将超常规、创造性地培育和发展机构投资者作为推进我国证券市场发展的重要手段。2002年，时任证监会主席的周小川先生提出大力发展机构投资者对建设中国证券市场有特殊的意义。2004年，国务院发布《关于推进资本市场改革开放和稳定发展的若干意见》（也就是资本市场广为人知的"国九条"）提出继续发展证券投资基金，支持保险资金以各种方式直接参与资本市场。目前，我国已经形成了多元化的机构投资者格局，机构投资者在证券市场中逐步居于主导地位。

相比个人投资者，机构投资者在资金管理规模、管理方式、投资理念、风险控制等方面都具备一定的比较优势。

目前，我国的机构投资者主要指以下机构：公募基金、私募基金、证券公司、期货公司、信托公司、银行、合格境外投资机构（QFII）。除此之外，还有三个特殊的机构投资者：养老基金、社保基金以及证金、汇金公司（市场俗称国家队）。

公募基金：公募基金和美国的共同基金是一个概念。公募基金是通过公开募集的方式向社会大众发行基金份额的证券投资基金，也是中国证券市场最重要的机构投资主体。公募基金专户理财是向特定客户和投资主体募集资金的证券投资基金，专户理财又称为独立账户资产管理业务。公募基金的资金来源非常广泛，银行保险等其他金融机构，其他资产管理计划和个人、普通机构投资者都有可能成为公募基金的客户来源。公募基金专户的理财对象一般是大型的机构和企业，以银行专户为主。其管理模式和投资方向有时候受投资人的制约比较大。

私募基金：自从2004年私募开拓人物赵丹阳与深国投信托合作成立的首只私募基金产品——"深国投·赤子之心（中国）集合资金信托计划"以来，私募基金的发展经历了曲折的过程。截至2018年年底，私募基金管理规模12.71万亿元，接近公募基金管理机构管理的公募基金规模13.03万亿元。私募基金已经成为资产管理行业举足轻重的一员。2004年发行的"深国投·赤子之心"以私募机构作为投资顾问的形式开启了私募基金"阳光化"的模式，私募基金的合法地位得到了法律保障。2009年1月中国银行监督管理委员会发布了《信托公司证券投资信托业务操作指引》（当时信托属于银监会监督管理范围），使得存在了多年的阳光私募模式第一次得到监管的正面认可和法规保障。2012年12月，第十一届全国人民代表大会常务委员会第三十次会议通过了修订的《中华人民共和国证券投资基金法》，其中增加了"非公开募集基金"章节，从此私募基金的法律地位得到确认，私募基金不再是游击队，成了正规军。

证券公司：2001年11月，中国证监会印发了《关于规范证券公司受托投资管理业务的通知》，该文件第一次对证券公司资产管理业务做出官方界定。但是市场普遍认为2012年是证券公司资产管理业务元年，因为这一年召开了券商创新大会，此后中国证监会发布了《证券公司客户资产管理业务管理办法》以及配套的《证券公司集合资产管理业务实施细则》和《证券公司定向资产管理业务实施细则》，俗称一法两则。从此，证券公司资产管理业务也开始迅速发展。证券公司资产管理计划分为定向资产管理计划、专项资产管理计划和集合资产管理计划三类。证券公司定向资产管理计划指证券公司接受单一客户委托，与客户签订资管合同，根据合同约定的方式、条件、要求及限制，通过客户的账户管理客户委托资产的活动。证券公司专项资产管理计划是证券公司开展资产证券化业务而采取的资产管理模式，在该模式中，证券公司作为管理人，购买企业的特定资产或特定资产的未来现金收益，是作为特殊目的载体（SPV）而存在的。证券公司集合资产管理计划始于 2005 年 3 月，它和基金一样都是将投资者的资金集合起来进行投资理财，都要设立专门账户，由独立的托管机构（一般为银行）进行第三方托管。证券公司集合资产管理计划分为大集合和小集合。大集合的产品规模一般比较大，认购起点一般是 5 万 - 10 万元起步；小集合比较灵活，一般几千万就能成立，认购起点需要 100 万起步。按照目前的法律法规，券商大集合可以转为公募，向社会公众公开募集，认购起点也有了较大幅度的降低。

期货公司：2012 年中国证监会审议通过了《期货公司资产管理业务试点办法》，期货公司资产管理业务也缓缓拉开帷幕。但是由于期货公司业务模式单一，市场相对证券市场狭小，期货资管发展一直比较缓慢。除了 2014—2016 年期货公司资管计划充当其他金融机构通道业务规模剧增外，期货公司主动管理业务规模一直很小。

信托公司：信托公司的资产管理计划称为信托计划，2001 年《中华人民共和国信托法》的实施为信托公司开展资产管理业务指定了监管实体。信托公司资产管理计划以固定收益类投资为主，权益类（股票）信托计划市场份额不多。还有很大一部分信托计划是充当其他金融机构产品发行的通道而存在的。

银行：银行理财是商业银行针对个人或机构客户开发的满足客户特定投资需求的理财计划，银行理财在个人投资者的资产配置中占据主要的份额。2004年 2 月，光大银行上海分行发行了国内商业银行第一支理财产品"阳光理财 A 计划"。标志着内地商业银行理财业务的破冰，2005 年，中国银行业监督管理委员会（以下简称银监会）颁布了《商业银行个人理财业务管理暂行办法》和《商业银行个人理财业务风险管理指引》，构建起来银行理财业务的监管框架。随着银行与证券、信托等的同业机构合作的兴起，银行理财产品种类日益丰富，个人理财和对公理财业务迅速发展。银行理财以固定收益型理财产品为主，大多数带有保本保息的刚性兑付性质。2019 年开始，商业银行纷纷成立银行理财子公司，银行理财也逐渐向净值型产品转变，也就是未来的银行理财可能有产生亏损的概率性。

人民币合格境外机构投资者 RQFII（RMB Qualified Foreign Institutional Investor）：我们先介绍 QFII（Qualified Foreign Institutional Investors）制度，QFII 制度是一种过渡型的制度安排，一般是在资本项目没有完全开放的国家和地区为了实现循序渐进的开放资本市场而启动的特殊通道。在 QFII 制度下，国外投资者想要进入国内市场，需要得到有关部门批准，在一定的额度限制内把外汇资金兑换成本地货币，从而投资于国内资本市场。RQFII 是拥有在国内投资资格，并且有 QFII 额度的境外投资机构。

保险公司：2003 年，中华人民共和国保险监督管理委员会（简称中国保监会）决定组建首批保险资产管理公司，目的是通过保险资管公司集中化、专业化的管理保险公司各类资产，形成承保业务与资产管理业务良性互动。从此保险公司开始运用各种金融工具进行投资，成为资本市场上一股不可小觑的力量。

养老基金、社保基金：在海外成熟的资本市场上，养老基金和社保基金是资本市场稳定的投资者。养老基金、社保基金入市进行投资，一方面可以实现基金保值增值，另一方面可以对市场起到稳定的作用。在我国，养老基金入市的问题一直是备受热议。2012 年 3 月全国社会保障基金理事会发布通知：经国务院批准，全国社会保障基金理事会受广东省政府委托，投资运营广东城镇职工基本养老保险结存资金 1000 亿元。至此养老基金入市问题尘埃落定。

证金、汇金公司：中国证券金融股份有限公司（以下简称证金公司）和中央汇金投资有限责任公司（以下简称汇金公司）是 2015 年资本市场大幅动荡之后逐步进入大众视野的，也是股民常说的国家队主力资金。国家队基金担负着"运用市场化手段调节证券市场资金和证券的供给"的职责。也就是运用市场化手段防控和化解风险。在资本市场中起到稳定器的作用。

1. 投资行为及逻辑

随着市场的发展，投资者机构化的趋势会继续发展，机构投资者的投资行为及逻辑与个人投资者可能有较大的不同，未来机构投资者对市场影响也会越来越大，市场行为模式尤其是价格波动模式会随着机构投资者的壮大而逐渐改变。

机构投资者与个人投资者在资金来源、投资目标、投资理念、风险控制等方面有较大的不同。

在资金来源方面，机构投资者的资金主要是集合资金，一般来说资金稳定性较好，个人投资者的投资资金容易受个人和家庭财务状况的影响而出现较大的波动，机构投资者资金相对稳定。

在投资目标方面，机构投资者预期稳定合理，并且会随着市场状况的改变合理地调整投资目标。在市场状况一定、投资范围确定的情况下，机构投资者能更好地对风险和收益做出最佳的权衡。

在投资理念方面，机构投资者的投资理念更加明确，并且一定时期内保持稳定。机构投资者和个人投资者的行为差异主要体现在机构投资者的投资一般具有长期性、多元化、分散化的特征，大部分机构投资者的持仓特征一般是买入并持有，除非市场结构发生重大变化，否则不会轻易对资产组合做较大幅度的变动。建仓过程一般也是逐步分批建仓。机构投资者比个人投资者更倾向于持有低市盈率、大盘股、绩优蓝筹股，主动持有 ST 股票的概率低得多。机构通过市场调研等手段可以获得更多的隐含信息。

在风险控制方面，机构投资者的风控方案和流程更加客观化，不会随着投资经理的心理波动出现较大的波动，并且主流的机构投资者都坚持投资和风控隔离的投资方式，不容易发生风控失效的情形。

2. 对市场的影响

机构投资者的产生有其内在的必然性，对于机构投资者对市场影响的讨论一直伴随着机构投资者的发展。有的学者认为机构投资者的发展能够增强市场的有效性。另外有些研究表明机构投资者在某些时刻会增大市场波动性。

一方面，有的研究表明，相对于个人投资者来说，机构投资者的资金量大，投资周期较长，且拥有信息优势、研究分析优势以及科学完善的决策体系和风控机制，机构投资者更注重投资的安全性和长期利益，这会在一定程度上降低市场的波动性，维护市场稳定。机构投资者的快速发展能促使投资者结构不断改善优化，机构投资行为有助于引导个人投资者逐步走向成熟和理性，机构投资者对市场定价错误的迅速发现能有效遏制非理性的市场投机行为，有力地促进了证券市场稳健、规范、高效地运行。因此，机构投资者被监管机构寄予"证券市场稳定器"的厚望。机构投资者的多元化能够加剧证券市场的竞争，降低证券发行、交易成本、促进金融服务质量的不断改进。机构投资者投资理念的不断更新以及金融创新的不断发展，有力地推动了证券市场的创新机制。同时，机构投资者通过对有价值企业的长期投资，收购亏损企业促进并购重组，起到了资源优化配置的作用。

另一方面，有研究表明机构投资者比个人投资者更容易出现羊群效应。羊群效应是股票市场长期困扰着监管机构的一个现象。在资本市场上，经常有这样一种现象：当投资者观察到其他投资者都在进行一种投资行为时，往往放弃了自己的理性思考，追随其他投资者进行投资。对于羊群效应产生的原因，有五种观点可供参考：①资本市场上重要信息获取对投资者具有很大的价值，如果市场上有影响力的机构（我们称为领头羊机构）作出一个重大的投资决策，如大量抛售某只股票，市场上其他机构观察到这种行为，虽然没有获取这种抛售行为的关键决策信息，但是其他机构看到这种抛售行为就会推断这只股票或许出现了重大负面信息没有公开，于是其他机构也会进行抛售。这样越来越多的机构开始抛售，恐慌就会传播，也会引起个人投资者的抛售行为，最终形成恐慌性下挫。②对基金经理的评价机制也是造成机构投资者放大市场波动性的可能原因之一。当前的基金经理评价机制是相对排名机制，基金经理排名对于基金经理薪酬的影响是直接的，因此，为了保住行业和公司地位，谨慎地随大流策略成为很多基金经理的策略选择。一旦某种资产配置方案成为主流时，不少基金经理就会不自觉加入这种配置方案的队伍。③机构投资者的投资理念和采用的信息处理模型具有高度的同质性，相同的市场信息往往带来雷同的资产配置决策，这种相似的决策机制有可能加剧市场的波动性。④投资经理的短视行为也是影响市场有效性的可能因素之一。虽然大部分机构投资者的投资理念是长期投资，或者是价值投资，但是基金经理的业绩评价一般是一个年度评价一次，这种评价模式促使短期业绩排名靠后的基金经理频繁调仓，不停地改变投资组合，从而加大市场的波动性。⑤机构投资者的资产管理规模普遍较大，资金进出某只证券的时候，对市场的流动性带来一定的压力，也会带来市场波动性的扩大。

总之，机构投资者对市场的影响具有两面性，可能带来市场稳定和有效，也可能带来市场波动的放大。市场监管机构应该合理引导机构投资者向市场稳定器的方向发展，制定相应的法律法规，并适时进行必要的窗口指导，如在市场崩盘的过程中适时指导机构投资者不要恐慌性砸盘，缓和市场情绪。

第九节　基金风格与投资者偏好

随着机构投资者在市场中的地位越来越重要，提供的产品逐渐多样化，能满足大部分投资者的风险收益偏好，证券投资基金慢慢成为大众理财的重要选择模式，多样化的基金有多样化的风格，根据不同的标准，可以将证券投资基金分为不同的类型。分类的目的是为了指导投资者在进行财富管理的时候选择合适类型的基金产品。

根据基金法律形式的不同，可将基金分为契约型基金和公司制基金。

根据基金运作方式的不同，可将基金分为开放式基金和封闭式基金。

根据基金投资对象的不同，可将基金分为股票型基金、债券型基金、货币基金、CTA 基金、另类投资基金、混合型基金和 FOF 基金。

根据募集方式的不同，可将基金分为公募基金和私募基金。

根据资金来源方式不同，可将基金分为在岸基金和离岸基金。

根据投资理念的不同，可将基金分为主动管理型基金和被动管理型基金。

根据基金份额类型的不同，可将基金分为平层管理基金、结构化分级基金和保本基金。

根据投资策略的不同，可将基金分为股票多头基金、股票多空基金、固定收益类基金、期货 CTA 基金、市场中性策略基金等。

1. 如何选择基金产品

市场上基金的种类多如牛毛，在选择基金产品的时候，没有最好的选择，只有最合适的选择，因为每个人对风险和收益的态度是不一样的。投资者如何对自己的风险偏好进行了解呢？本文给出一些比较重要的指标供读者参考，需要说明的是这些指标是评价投资者风险偏好特征的共性方面，对于每个投资者来说，还有一些特殊的个性特征需要投资者自己根据自身状况去进行评价的微调。

投资者对自己进行风险偏好特征进行评估，首先要评估自己对风险的承受能力，评估自己是保守型、稳健型还是激进型投资者。对个人投资者风险承受能力的评价，有以下信息需要了解：投资者财务状况，重点是投资者当前可以自由支配的可用于进行投资的资金，这些资金不能是未来消费必须的，而且是可以承受一定程度损失的。对于投资损失，投资者必须有客观的认识，理论上除了购买保本类基金产品份额，其余的投资都有产生损失的可能。投资者不能只关注收益而忽略了所有收益背后都有相应的风险相伴。此外投资者对自己投资经验和投资知识的客观评价也很重要，因为这些知识会影响投资者对基金要素的理解以及对基金风险收益特征的理解。投资者的年龄、学历、婚姻状况、职业状况也对投资者的风险偏好水平有较大的影响，尤其是投资者的职业状况直接影响到投资者未来的现金流，职业状况不稳定的投资者其风险偏好水平未来的变数可能较大，这类投资者应该对未来风险偏好的变化情况做充分的预估。对于机构投资者，其公司现金流状况、未来收入支出状况、资产负债状况、实际控制人财务状况等都是重要的参考指标。

投资者对自己的风险承受能力有了详细的了解之后，投资者至少应该在风险承受限度、预期收益目标和流动性三个方面做出最终结论。风险承受限度是考察在投资周期内投资者最大能承受的本金亏损额度或比例，在这个基础上，根据当前的市场环境，对应的合理预期收益目标也是差不多能够确定了。还有一个容易被忽略的要素是流动性，有的基金是封闭式基金，最低封闭期限是一年，可能更长，投资者需要评估在封闭期限内自己投资资金未来是否有紧急需要的可能性。如果有，那么只能选择开放式基金。如果投资者具有一定的投资经验和知识，那么投资者可以对自己的风险偏好进行细化，如自己的资金投资周期是一年，那么在一年之内哪个市场比较容易出现超额的收益，就选择哪个市场的投资方向。投资者可以通过分析未来的经济状况和市场环境会是怎样的，哪类资产会有比较优势，那么就相应地加大投资和这个市场环境和资产类别关联密切的基金份额。还有一种关于基金的择时投资策略。那就是关注那些排名暂时比较落后的基金，只要这些基金运作方面没问题，投资经理风格稳定，那么很有可能这次的业绩下滑是净值的正常扰动现象，我们可以利用这个扰动做基金净值的反转择时操作。

有了风险、收益、流动性约束条件之后，投资者可投资的基金范围基本会被锁定在一个较小的范围之内了。在这个较小的范围内有一定数量的可认购基金产品供选择，那如何从这一篮子基金中选择最合适的基金呢？我们推荐选择基金时几个重点关注的地方。

选基金当然要选优秀的基金，优秀的基金一定是业绩持续领先于同类型基金的基金。要注意的是这个比较对象一定是同类基金之间的比较，不同种类基金由于其投资对象和风险收益特征不一样，比较难以比较；另一方面，这种比较必须是在一段比较长的时间段内的比较，因为同类基金的短期业绩具有一定的不确定性。长期来看，同类型的基金业绩又会有一定的趋同性，也叫作归一性或收敛性，只有在长期的时间周期下，业绩趋同的一系列基金中表现出色的基金才能称为优秀的基金。

虽然长期来看，相同类型的基金业绩具有收敛性，但是，不同类型的基金业绩却不是这样的，它们会出现分层现象，也就是不同类型的基金产品表现会在长期出现分化。

那么如何定义基金是否领先于同类基金呢？需要投资者综合考察基金的多项指标，如长期以来的收益表现，基金经理和投研团队的能力素质，基金管理公司的行业地位和风险控制投资风格等，从中找出适合自己风险偏好水平的基金产品进行投资。

2. 基金业绩评价标准

基金业绩评价是一个值得深入研究的话题，它不仅需要给出评定基金业绩客观有效的方法，而且还要对基金业绩的持续性和业绩归因分析等多方面因素进行考量。评定基金业绩的指标主要有夏普指数、詹森指数、特雷诺指数等。但每个评价指标都有其缺点和不足，需要根据情况综合考虑。基金业绩持续性也是基金评价的重要方面，Hurst 指数、最长回撤时间和最大回撤比例、基金收益曲线的波动率等指标是评价基金业绩持续性的重要指标。

业绩评价还需要从如下几个方面进行考虑：基金管理公司状况、投研团队及软硬件设施、投资理念和行为、产品风险收益特征、产品期限及生存环境等。

基金管理公司的经营状况决定了公司基金运行的未来持续性以及运行的管理环境。对基金管理公司状况的考察主要有如下几个方面：

①公司的注册资金和实缴资金。

②公司资产管理总规模。

③公司投研人员薪酬占公司总支出的比例。

④历史上是否有违法违规行为。

⑤策略研发团队配备是否完善、交易实施流程管理是否明晰、交易管理是否严谨、风险管理制度是否完善、公司经营所使用的计算机软硬件是否齐全等。

基金的投研团队是基金管理最直接的核心因素，对基金的业绩直接负责，尤其是基金经理的管理能力对基金业绩极为重要。基金经理及投研团队的投资理念是否合理，投资策略和投资理念是否相吻合，投资行为是否能够体现其投资理念，都是可以作为重点考察的对象。以下列举几个重要的方面供读者参考：

①投研团队成员的教育背景、从业经历以及知识结构。

②投研团队分工是否合理性，投研团队分工是否足以支持基金的投资行为，团队成员对投资理念是否一致认可，投研团队分工与团队成员的个人能力是否相适应。

③投研团队决策机制是否体系化，是否有独裁决策的情况存在。

④基金投资范围及市场选择，目标投资对象市场状况，如流动性特征、杠杆率等。

⑤基金预计要使用的投资策略，如量化选股、量化对冲、主观选股、统计套利、宏观对冲、事件驱动、相对价值等。

⑥基金的期望收益水平与风险估计是否合理，是否与基金团队的投资理念和基金的投资范围相适应。

⑦投资决策流程是否明晰客观、投资决策依据是否合理、投资决策效率是否有效等。

⑧投资持仓周期、交易频繁程度是否与其交易理念相一致。

基金产品的风险收益特征是对证券投资基金评价最客观的标准，如果基金有历史业绩，那么就以基金的历史业绩为分析对象，如果基金没有历史业绩或者历史业绩比较短，那么可以以同一个投资经理和投研团队管理下的其他同类型基金产品历史业绩为评价对象。常见的基金产品风险收益特征评价标准有如下几个指标供参考：

年化收益率：年化收益率是把投资周期内的历史收益率换算成年化的收益率。

年化收益率 ＝［（投资周期内收益/本金）/投资天数］×252×100%

（注：一般按照一年252个交易日计算）

年化收益波动率：年化波动率是把投资周期内的波动率乘换算成年化的波动率。投资周期内波动率的计算方法很多，最简单的方法是基金历史净值序列收益率的标准差，复杂的方法可以使用 Garch 族模型统计历史波动率。

$$年化波动率 ＝ （投资周期内波动率） \times \sqrt{365/净值周期}$$

其中，净值周期为净值每隔多少"天"公布一次，该天数为日历日。

夏普比率：夏普比率反映单位风险（一般以标准差衡量）所获得的超额收益。

$$夏普比率 ＝ （年化收益率 - 无风险收益率）/年化标准差$$

索提诺比率：索提诺比率与夏普比例类似，不同的是在度量风险时不是采用标准差，而是采用下行标准差，也就是是净值增长超过无风险利率的时间段不计入风险调整，而只把收益率小于无风险利率的那部分净值波动纳入标准差计算。具体可认为，如果当期年化收益率小于无风险利率，则保留当期数值（非年化），否则不纳入标准差计算，最后把计算出来的标准差年化。

$$索提诺比率 ＝ （年化收益率 - 无风险收益率）/下行年化标准差$$

基金周转率：基金周转率反映的是基金经理买卖证券的频繁程度。

$$基金周转率 ＝ 基金买卖证券的价值/基金平均净资产$$

其中，基金买卖证券的价值 ＝ min（基金买入证券价值，基金卖出证券价值）。

$$基金平均净资产 ＝ 统计期限内基金权益净值的算术平均值。$$

下行风险：下行风险是只针对基金业绩下行时候的风险进行统计。

$$下行风险 ＝ \sqrt{\frac{\sum_{t=1}^{t=n}[\,min(\,r_t - 无风险利率，0)\,]^2}{n}}$$

其中，r_t 代表基金在 t 期的收益率。

最大回撤：最大回撤是用来描述任一投资者在任何时刻买入基金份额可能面临的最大亏损。

$$最大回撤 = \max（NVt - NVYt）/NVt$$

其中，NVt = 基金在任何时点 t 的净值

NVYt = 基金在这一时点 t 及之后净值的最小值

最长回撤时间：最长回撤时间用来描述任一投资者在任何时刻买入基金份额可能面临的最长亏损时间。

除了上面对于风险和收益的定量指标之外，还有一些对基金业绩评价的参考因素：基金风格、持仓记录和基金经理的投资逻辑。基金风格和基金经理的投资逻辑可以从这个基金经理的历史言论中找到端倪。一方面我们可以从这些言论中看到他的投资逻辑。另一方面，我们可以从基金的持仓记录中看出其实际投资状况和投资逻辑是否相符。

"业绩表现""持仓记录""基金经理的投资逻辑"三者可以综合参考，如果三者相符，说明基金的风格清晰、投资逻辑清晰、基金风格稳定。如果这样的基金有好的历史表现，那么它可能就是我们要找的优秀基金。

最后，我们需要指出，投资者选择优秀的基金固然重要，但是投资者的资产配置也很重要，如果投资者能够将各种基金作为一篮子投资标的做全局性的考量，那么可能达到更加出色的投资效果。

3. 影响基金业绩的因素

市场环境是影响基金业绩的最主要因素，长期能够超越市场的投资机构或投资个体凤毛麟角。在熊市中，股票型基金大部分都会损失惨重；在牛市中，股票型基金很多都能超越大部分对冲基金业绩；在经济周期的复苏时期，大宗商品价格大幅上涨，期货 CTA 基金可能收益不错。

投资风格是机构或个人投资者在进行投资策略选择时所表现出的投资理念、操作特点、风险理念等行为特征的总和。不同的投资风格在不同的市场环境下有不同的业绩表现。在牛市中，激进的投资风格往往带来非常高的收益；但是在市场转折点上，激进投资者往往由于持仓过重而导致净值大幅下滑。

投研体系是信息收集、策略制定、投资决策、策略实施、策略监控、策略评估、风险控制等一系列流程、制度、日常，或自觉行为的总和。完善的投研体系是稳定投资业绩的保证，投研体系不完善可能导致投资业绩随波逐流的风

险加大，业绩不稳定因素增多。

最后是投研团队，投资是一个智力密集型和资金密集型行业，投研团队实力在投资管理中占据重要地位，投研团队实力不仅包括单个投资决策主体的能力，还包括分工的合理性、制度的合理性、决策体系的有效性等。

第八章 证券投资基金运作管理

证券投资基金是金融机构进行资产管理业务的运作载体，不同的金融机构受到的监管主体和监管机制不同，其发行的基金产品（或称资产管理计划）也不一样。一般来说，证券投资基金主要有：银行理财、信托计划、公募基金、私募基金、证券公司资产管理计划、期货公司资产管理计划和基金子公司资产管理计划等。

根据募集形式的监管要求，我们将这些基金产品分为公募类型的基金产品和私募类型的基金产品。此外不同类型的基金产品在监管机构、投资者门槛、投资者数量限制方面也有所不同（表 8 - 1）。

表 8 - 1

基金名称	监管机构	投资者门槛	投资者数量	基金类型
银行理财	银保监会	公募理财 1 万元起 私募理财 100 万元起	公募理财无限制 私募理财 1～200 人	公募或私募类型
信托计划	银保监会	公募信托 1 万元起 私募信托 100 万元起	公募信托无限制 私募理财 1～200 人	公募或私募类型
公募基金	证监会	无限制或低门槛	无限制	公募类型
私募基金	证监会	100 万元起	1～200 人	私募类型
证券公司资产管理计划	证监会	100 万元起 大集合 5 万元起 公募大集合 1000 元起	1～200 人	私募类型 一般大集合类公募 公募大集合可公募
期货公司资管计划	证监会	100 万元起	1～200 人	私募类型
基金子公司资产计划	证监会	100 万元起	1～200 人	私募类型

注：不同的基金发行机构可能对投资者门槛设置个性化的限制

基金运作管理是一个系统的工程，包括投研团队组建和管理、投资决策机制管理、风险管理体系搭建与实施、基金投研团队管理、基金产品设计、基金募集管理、基金运作管理等。

资产管理行业是一个服务行业，向投资者提供适合其风险偏好需求的基金产品。资管产品创新的目的就是满足投资者多样化和个性的投资需求。

基金募集和基金运作是证券投资基金运营的重要环节，本章将对基金募集的监管要求做出详细的列示，并对基金运作过程中的重要事项做出描述。

资产管理行业长期处于一行三会的分业监管模式下，2018 年中国银行监督管理委员会和中国保险监督管理委员会合并，组建成新的中国银行保险监督管理委员会（以下简称银保监会）。银监会和保监会的合并是为了适应当前金融行业开始混业经营的现状。

第一节　投资定位与投研团队组建

1. 投资定位与市场选择

资本市场具有复杂性、多层次性和交叉性的特征，股票、债券、商品期货等金融衍生品市场纵横交织，金融工具更是如恒河沙数、不胜枚举。在每个领域进行深入研究都需要花费大量的人力物力，迄今为止没有任何单一机构能在资本市场的大部分领域都做出出色的成就，即使在金融混业经营的今天，也都是以集团控股、分支机构各司其职的方法进行管理。在二级市场投资管理领域也不例外，这是一个人力和智商密集型以及资金密集型行业，风险大、管理难度大。因此在开展证券投资业务的时候，要对业务范围和方向进行明确的定位，否则随心所欲或者跟着市场热度走，最终将会空费人力物力与财力，达不到预期效果。

一般来说，证券投资基金的定位有以下几个方向、以投资方向为定位、以策略和交易理念为定位和以市场功能为定位。

以投资方向为定位是最常见的证券投资基金经营定位方法，如债券型公募基金一般以债券为主要投资方向，股票型公募基金一般以股票为投资方向，打新基金一般以大盘蓝筹为打新市值配置对象，CTA 基金一般以商品期货和期权为投资方向。

还有一些基金以交易策略和理念为市场定位方法，如某些基金专做市场中性策略，在股票市场上做 Alpha 策略、在期货市场上做跨期和跨品种套利策略，在债券市场上做固定收益套利策略，甚至有基金在 ETF 市场做 ETF 套利策略。有些基金以宏观对冲为指导策略，做跨市场操作，如在经济下行期做空主要经济体的股指的同时做多黄金等避险资产。在中美贸易摩擦期间做空美国大豆同时做多中国的供给侧改革品种螺纹钢。

以市场功能定位也是很多资产管理机构进行基金运作的基础，如某些 FOF 类基金专门针对风险偏好较低的投资者提供保本类 FOF 基金产品。他们将大部分资金投资于高评级债券等固定收益类资产，一小部分资产投资于期权或其他权益类资产以博取超额收益。银行理财也主要瞄准低风险偏好客户，而某些私募基金则为部分超高净值客户提供高风险、高预期回报的衍生品类投资产品。

2. 风格选择

基金风格的概念经常会被第三方理财机构或第三方评级机构提及，那什么叫基金风格呢？简单来说就是基金的投资偏好，喜欢投资成长股还是价值股，喜欢投资大盘股还是小盘股，喜欢投资期货品种还是期权套利。还包括基金的操作风格，喜欢长期持有标的资产还是不停地换来换去，喜欢预测未来走势逆势操作还是顺势而为。还有在仓位调节上是喜欢一笔买入还是分次建仓，在盈利的时候喜欢一次全平还是逐渐平仓。

基金的投资风格是基金经理及投研团队在基金组合管理的过程中进行投资目标管理、市场定位、证券分析、投资择时、仓位管理、风险控制、投资方式，甚至是习惯模式等一系列活动中行为偏好的综合写照。它是依据不同的投资理念和执行方式所表现出来的资产运作特征和运作模式，是投资理念差异化的表现。稳定的投资风格带来基金产品风险收益水平的稳定性，也是形成基金品牌的重要因素。

基金风格是影响基金业绩差异的重要要素。一般来说风格不同的基金，其长期业绩会有很大的不同，而相同风格的基金，长期来看业绩差异不会很大。这种业绩差异体现了投资团队的辛勤和能力。

为什么要形成基金稳定的投资风格呢？我们举一个例子，如果把基金投资者比作是消费者，那么基金产品就是消费对象，消费者要清楚地知道自己购买的产品特性。如果产品特性经常变化，今天是稳定的投资方式，明天变得激进起来，消费者进行资产配置的时候就会陷入迷茫，无法长期持有基金份额。另一方面，对基金管理团队来说，稳定的投资风格代表着投资理念和团队治理的稳定性。稳定的投资风格是投资团队成熟的标志，稳定清晰的投资风格能够对市场上某类相适合的投资偏好产生长期的吸引力，使基金运作得更加成功。

首先，公司的投研体系、核心投资理念、交易机制、风控机制是投资风格形成的核心要素。这些机制的稳定性能带来投资风格的一致性。严谨的投研体系，包括投研团队分工的明确性，投研架构的明确性都带来交易决策的一致性。信息从哪儿获取，如何加工，采用何种分析理念，采用分散投资的模式还是找到机会集中仓位管理的模式，带来不同的产品风险收益特征。交易机制也很重要，独立的交易制度能带来基金经理思考的稳定性，不受市场和基金净值带来情绪的影响。核心投资理念一般来源于基金团队核心成员，如基金经理或投资总监的管理理念，如果这种管理理念不能系统化地分配到具体的操作方式和个人上，就容易因核心成员的变动而导致整个投资观念的变动。风控机制也很重要，严格的风控机制带来稳定的收益特征，独立明确的风控机制带来基金净值波动的稳定性。其次，投资风格的形成和投资主体对市场的认知也有直接的关系，投资主体的年龄、偏好、知识体系、经验会深深影响投资者的决策。最后，投资风格的形成和基金公司的组织管理模式以及团队决策模式相关。基金公司的人员构架，投资决策委员会的决策机制，合规风控委员会的决策机制都会对基金的风格产生重大的影响，甚至基金经理和基金管理团队的薪酬机制也是影响基金风格的因素之一。不合理的奖励制度将带来基金管理的道德风险，容易鼓励基金经理的冒险行为。

一致的投资风格是人们的长期追求。但是在基金投资管理的过程中，基金的风格总是时不时发生变化，这就是所谓的"风格漂移"现象。投资风格漂移不仅增大投资者选择基金的难度，长期来看影响基金的收益。

纵观我国公募基金的发展历程，投资风格经常飘移的基金经理，其管理的基金产品规模很少能做大，反而是投资风格稳定的基金经理，随着时间的推移，其风险管理基金的风险收益特征总能带来一部分投资者的长期追随，最终带来管理规模的增大并保持稳定。但是在现实中，由于各种原因，基金经理投资风格经常发生飘移，尽管这可能会给基金经理带来短期利益，但却损害了基金的长期利益。风格频繁变化的基金，其业绩一般不会很出色，最终大概率被投资者抛弃，成为迷你基金或者被迫清盘。

市场上机构投资者研究出了多种方案解决基金风格漂移问题。一方面，经常对基金经理进行业绩归因，针对基金经理的持仓和交易记录进行评估，检视基金经理的投资风格是否持续。另一方面，对基金经理和投研人员的业绩考核中长期化，避免短期业绩考核带来的基金经理短视效应。另外在产品设计方面细化业绩比较基准，有了合适的业绩比较基准，基金经理的投资风格更容易固定化。

其次，对于基金经理的考核采取风险和收益指标综合考核的方式，避免基金经理过于追求收益最大化而带来的博取短期收益行为。还有一种方法是在研究员和基金经理培养阶段就有意识地培养他们对自己的投资风格有清晰的认识，对自己的业绩经常做业绩归因。

最后，要依靠体系而不是个人的能力，重视投研体系的搭建和系统化，将投资和研究的各个环节进行细化、标准化。一个完整的投研体系和决策体系最终才有可能输出稳定的东西。

为了研究基金管理的业绩同基金的投资风格之间的关系，人们对基金风格进行了分类，常见的分类是对股票型基金和债券型基金进行的分类，混合型基金以及涉及衍生品投资的基金其投资逻辑复杂，投资策略也很多，很难进行分类，笔者建议对于这些基金可以按照风险和收益的特征进行统一把握。

股票基金的投资风格类型一般可以按照表8-2的九宫格进行基金风格归类。

表8-2

	价值	平衡	成长
大盘	大盘价值	大盘平衡	大盘成长
中盘	中盘价值	中盘平衡	中盘成长
小盘	小盘价值	小盘平衡	小盘成长

价值型基金成长值型基金的划分是从基金所投资股票的公司所处的发展阶段来进行分类的。价值型基金指重点投资于那些处于发展成熟期公司股票的基

金。这些公司一般来自传统行业，公司规模和收入增长速度较慢，但公司盈利长期保持稳定，一般每年都进行分红或派息行为。这些公司的股票价格一般比较低，有较低的市盈率和市净率。但是由于公司处于发展的成熟期，除非遇到行业重大风险事件或技术变革对公司经营造成冲击等。这些公司股票的价格一般波动较小，股票抗跌性强，尤其是在市场下行周期，这些股票经常能起到稳定市场的作用。

成长型基金是指重点投资于处于发展成长期公司股票的基金。这些公司一般来自新兴行业，发展速度较快，具有较为广阔的发展前景和想象空间。但是，由于处于发展期，公司盈利一般用于企业扩张和再生产，一般很少进行现金分红或派息。这些公司的股票一般具有较高的市盈率和市净率，投资于这些股票的风险较大，但也容易获得较高的投资收益。

平衡型基金是指既投资于成长期公司又投资于成熟期公司股票的基金。

大、中、小盘基金类型的划分是从基金所投资股票市值的大小来进行划分的。大盘型基金一般投资于市值比较高的大盘蓝筹股。这些公司的股票风险相对较低，公司经营具有稳定性，公司治理完善。小盘型基金一般投资于小市值股票，这些公司股票风险偏高，但容易获得较高的收益，而中盘型基金信奉中庸之道，重点投资市值适中的股票。

当然，还有其他类型的基金风格划分维度，如积极型和消极型、技术分析型和基本面分析型等。这里不做一一列示。

我们可以根据债券型基金的收益来源对债券基金的投资风格类型进行分类。按照 Campisi 模型（一种债券业绩归因模型），债券组合的收益来源分为四个方面：一是票息效应，二是国债变化效应，三是利差效应，四是择券效应。票息效应是持有债券的票息收益，国债效应是由于无风险利率变动而对债券价值变动造成的影响，利差效应是由于基准平均利差变动而导致债券价值的变动，而择券效应本质上是超越债券基准收益的部分。利差效应和国债效应是影响债券收益最重要的方面。从国内外投资经验来看，排名靠前的债券型基金主要是在利差效应和国债效应方面获得了比较出色的超额收益，而择券效应影响实际上并不是很大。

3. 团队搭建

投资团队组建是进行投资基金产品运作的前提，投资团队组建必须基于合理的投研框架。反过来，投资团队成员的知识储备和经验反过来影响投研框架的搭建。这是一个相互制约的过程，投资管理行业人才难求，具有丰富的投资知识以及投资经验的人才比较稀缺，尤其是具有组合资金管理经验的人才很少，相反，理论派人士比较多，那么就涉及人才的可得性与投研框架之间的矛盾，有时候，完美的投研框架往往因为找不到一个关键岗位能够胜任的分析师或者投资经理而不得不做出妥协，因此，投研框架构建的时候要充分考虑到各个环节人才的可得性。

人力资源成本也是投资团队组建必须考虑的重要因素，优秀的投研人员不仅要求丰厚的基本薪酬，还要求丰厚的业绩奖励。那么组建投资团队的时候就要考虑到未来基金的管理规模、管理费用收入和公司支出之间是否能够达到平衡。如果一段时间内盈亏难以平衡，那么公司的股东是否能够持续地进行投入，支持公司发展。

此外，投研团队搭建的时候，定薪是一个问题，定岗也是另一个艺术性的话题。如果岗位设置没有设置合理，后期的管理过程中就会出现决策混乱的情形，这会严重影响投资决策的效率以及基金产品的业绩。

第二节　投资决策管理

投研体系与框架

（1）人员配置与分工

在确定了市场定位与投资方向，定好了投资风格，就要对投资团队进行分工与定位了。一个典型的投资团队应该包括投资总监、投资经理（或称基金经理）、策略及研究团队、投资决策委员会、交易团队、合规风控团队、技术团队等。其中投资经理、策略研究员、交易员、风控专员是必备的分工。在人员配置上需要注意的是，各职能团队之间的人员可以有交叉，如基金经理可以兼任投资总监，交易员和策略研究员可以相互兼任，交易员、投资经理、投资总监、风控专员都可以是投资决策委员会成员。投资经理和投资总监与风控总监或风控专员不能相互兼任、合规风控委员会必须由风控总监或风控专员参与并主持。一般来说，投资经理和交易员不建议兼任。

投资总监在公司整个投资管理中居于核心地位，综合负责公司旗下基金投资风格管理及风格稳定性管理、基金经理和投研团队管理，一般不参与公司制定具体投资策略，根据投资环境和市场需求对基金进行定位管理。负责对基金经理和投研团队进行业绩指标评价、薪酬制度制定等。此外，投资管理制度的拟定与审核、年度投资计划的编制与督导、团队建设与专业人才培养，也经常是投资总监的职责。投资总监一般要求较广泛的知识储备，对投资环境尤其是大类资产环境有深刻的敏锐度，对投资风险的理解比较到位。另外，合格的投资总监应该对部门投资经理的投资风格和投资理念有深入了解，对各种投资策略的风险收益特征有深入把握。

投资经理在单个基金管理中处于核心地位。投资经理根据基金预定的投资目标、投资范围、投资限制，进行基金投资策略制定，指导投资策略运行和交易执行，并根据基金净值情况以及市场状况进行策略调整。负责听取投资研究团队的策略和市场信息建议，对投资研究团队提出的策略进行评价和挑选。对投资研究团队和策略团队人员进行业绩打分。某些基金经理还担负着配合基金份额销售的任务。基金经理一般要求具有一定的交易经历，尤其是有资产配置经验和大资金管理经验。作者认为，在基金管理部门，其他的投研人员可以没有交易经历，基金经理必须有。因为交易是考验人性的事情，只有有长期交易经验的人才能对市场理解到位，尤其是对风险的理解需要实战经验的磨砺。没有在市场上赔过钱的人，只通过书本经验很难理解市场的残酷。此外，基金经理必须对使用的投资策略体系的风险收益特征有深刻的理解，对投资市场的风险收益特征熟悉，对影响交易品种价格的宏观、行业、产业、公司和技术因素以及当前的市场情绪有充分的把握。因此，投资经理是一个信息收集和信息处理的中心，也是产生投资决策并付诸实施的核心。

策略及投资研究团队是一个基金管理公司的核心资产，策略团队是基金管理的智囊团。优秀的策略团队能源源不断地为投资经理提供最新的市场观点，行情观点，应对方案，并且找到当前市场行情的主要矛盾点。市场是极其复杂的，每天会产生大量的基础信息，如果没有策略团队的精选、加工、降维，基金经理很难从浩如烟海的信息中提取出有效信息。即使基金经理有能力，可能也没有精力处理。因此策略团队是基金经理的信息来源和解决方案来源。至于对信息重要性的判断以及对解决方案的选择，最终由基金经理决定。如果说投资总监和投资经理需要全才，那么策略研究员需要的是专才。策略研究员需要对关注的行业和市场进行细致入微的观察和跟踪，在一定的分析框架基础上得出明确性的结论。结论逻辑清晰、观点明确，支撑论据客观。

投资决策委员会一般是基金管理公司投资事宜的最高决策机构，投资决策委员会一般不是常设机构，成员由投研团队成员、公司高层、风控成员兼任。一般的策略决策和较小的投资决策由投资经理决定，重大的投资决策，如涉及基金的投资计划、投研体系变更、投资原则和理念、组合投资的总体计划的时候，需要召开投资决策委员会，其他的投资细节由投资经理自行决策。为了防止投资决策委员会职能和投资经理职能产生冲突，发生投资经理越权决策或对投资经理决策灵活性产生限制的情况发生，投资决策委员会的职责一定要明确，尤其是关于重大投资决策事项的重大性的判定标准要明确。由于市场变化的不可预测性，以及公司业务及投资市场和投资范围的变动性，投资决策委员会职责应及时体现新的市场和公司状况。投资决策委员会议事规则和决策规则一般是事前制定的，如投票表决制和一票否决制等制度的设置。每位决策成员决策权重的设置等。

交易团队是执行投资经理决策的，是将投资策略付诸于市场运行的执行者。在有的公司，交易员就是执行下单功能，自主决策的权限很小；在有的公司，交易员具有较大的决策权限，如基金经理下达指令在某种股票上买入10000股。交易员可以选择在当天或后续的几个交易日择时建仓。交易员还负责基金账户状态监控和基金净值监控等职能，尤其是投资衍生品交易的基金账户，因为衍生品都具有较高的杠杆性，对基金账户安全性的监控就显得尤为重要。对于具有预警风控限制的基金产品，交易员还有对基金当前资产配置进行压力测试，以监控基金净值是否会触碰预警平仓线。

合规风控团队是基金管理必备的常设部门，如果是大型的基金管理公司，一般还设置有合规风控委员会。合规风控团队负责对基金运行的风险进行全面监控，包括市场风险、基金账户风险、法律法规风险等。如果人力资源配置不充分，可以设置一个合规风控专员执行所有合规风控工作。合规风控团队的管理应该同基金投资管理团队完全隔离。一般来说，合规风控部门负责人和公司的投资管理部门负责人不应该是直接的上下级关系，即使在公司行政级别上也至少应该是平级，以保证合规风控工作得到彻底执行。

技术团队虽然是基金管理公司非必备的团队，但是对着计算机技术和金融科技的发展，金融技术的使用越来越重要。量化投资理念的普及，程序化交易方式的优势逐步显现，对技术团队的依赖也越来越强。对于非量化投资类基金管理公司来说，技术团队承担着纯技术处理的工作，但是对于量化投资类基金管理公司来说，技术团队也充当着投资策略开发的核心任务。

（2）软硬件资源配置

除了人员配置之外，软硬件资源配置也是基金管理公司核心竞争力的重要因素。Wind、Bloomberg 等信息咨询系统的采购，程序化下单系统的搭建，数据存储服务器和数据处理系统的部署等都能对投资管理提供正面的帮助。此外第三方基金销售系统的对接能对基金销售提供便捷，促进基金份额的销售。

（3）投资决策机制

基金管理公司投资决策机制的核心是基金经理。在获取关于投资对象市场状态的信息之后，基金经理结合自己的投资理念形成投资决策。基金经理的决策体系可能包括策略研究员的策略建议。

为了防止基金风格漂移，基金管理公司的投资决策机制一般细化到每个决策模块，尽量不允许出现一言堂的情况。从信息收集，信息加工到策略形成，都有系统化的处理流程。一般投资决策制度包括例会制度、投资决策流程等。

例会制度是基金管理公司的基本制度，一般公司设有晨会、周例会和月度总结会议。我们举一个典型的案例来描述一下每个例会制度上的日常工作。

每日晨会制度一般由研究员分析当前关注品种的基本面和技术面信息，对品种波动情况以及潜在的投资机会进行分析。如果研究员认为当前某个市场或某个品种有重大信息出现，或持仓品种可能有重大风险出现，可以提前召开专门研讨会进行研究分析。分析当前策略运行的状况，并提出改进、终止或继续运行策略的意见。由交易员报告当前基金仓位情况和净值情况，对基金运行的风险状况进行描述。

每周例会也是一般基金管理公司的常设例会。周例会一般总结上一周基金的运行情况，对当前的宏观环境进行分析，并对未来一周可能出现的影响投资决策的重大事件进行讨论。此外，在周例会上有新的策略思路的研究员也会对自己的策略思路进行讲解，所有研究员会对自己过去一周的研究成果进行汇报。

月度总结和周度总结类似，是对过去一个月底基金运作情况和市场状况的一个总结。并对下一阶段的投研计划和投资计划做出安排。

一般的投资决策流程分为投资提案、提案审议、提案修改、提案实施、策略监控、继续修改几个步骤。

一个完整的投资决策系统应该包含明确的策略类型（长期、中期短期、套利等）、投资标的、资金使用数量、入场条件、入场策略、出场条件、出场策略、止盈止损条件、风险突发事件执行程序、压力测试结果等。

（4）交易机制

交易团队负责基金策略最终的执行环节，也是风险易发环节。合理有效的交易分工机制和交易流程管理能够促进交易效率，降低交易摩擦成本，并实现交易公平。交易机制的设计理念一般围绕如下几个方面进行：交易效率提高机制、交易风险控制机制、交易公平管理机制。

①交易效率提高。

提高交易效率一方面是交易分工的合理性，另一方面是对投资策略和理念的认知程度，交易管理的软硬件设备也很重要。

交易团队分工包括下单管理、集中风控管理、账户调配管理。对于额度较大的交易，需要交易员结合短期市场行情判断的基础上设定卜单速度和时间点。交易员下单过程中要有实时风控机制，防止和纠正下错单子的情况发生（如单子方向下错或者数量下错）。如果涉及同一个投资标的几个基金账户同时操作，需要对账户下单进度进行合理调配。即使同一个基金账户，可能涉及不同交易市场同时下单，如套利交易，在不同市场下单进度的调配可以合理管理即时敞口，减小基金操作风险。

交易团队对投资策略和理念的有效把握能够减小策略的执行偏差。例如一个短期操作策略，需要交易团队及时将交易下达到场内，以有效获取转瞬即逝的机会。如果是一个长期策略，需要交易团队合理把握短期市场情绪，择时择机选择交易时点和交易数量。

交易管理过程中，高端的软硬件设施能够有效降低交易过程中的滑点、冲击成本等交易摩擦成本。交易滑点是交易员期望的价格同实际成交价格之间的偏差，如果采用程序化下单系统，优化交易室计算机网络速度，优化行情获取同交易决策下达之间的时间差，就能减小交易滑点多交易结果的不利影响。交易冲击成本是指在交易过程中由于需要短时间大规模地买卖证券而对市场的流动性产生冲击，从而使交易价格朝预期价格相反的方向变动，交易价格未能按照预定的价格范围成交，从而多支付的成本。冲击成本是大规模基金管理不可避免的硬伤。对于大规模交易的情况，冲击成本可以降低，但不能避免。市场上有不少降低交易冲击成本的交易下单算法，这些算法既可以辅助人工下单决策，又可以编写成程序化执行的下单策略供交易员使用。

②交易风险控制。

交易与决策的分离是交易风险控制的重要手段，大型金融机构的交易决策机制与交易执行机制是由不同团队负责的。一般来说，不建议基金经理和策略研究员亲自参与市场交易，这样能够有效地规避市场短期波动对策略客观性的影响；另一方面隔离的决策机制和交易机制能够促使策略制定团队对策略的描述更加客观，对策略执行过程的一切突发风险情况都能给出合理有效的解决方案，促使策略制定团队制定一个完整有效客观的策略。

此外，交易软件风控参数设置、单个交易员最大资金额度使用限制、持仓预警系统等也是交易风险控制的重要措施。

③交易公平管理。

交易公平管理是资管管理机构必须重视的重要事项。一般来说，资管管理机构的资金都是来源于诸多客户的基金份额的汇集。同一个资管管理机构又有很多不同类型的基金产品，甚至在有些私募基金管理机构中，会出现同一标的在旗下的不同基金中敞口相反的情况。需要资产管理机构对这些客户公平对待。

交易公平管理最重要的是不同基金产品之间的相同头寸的管理，对于规模较大的资金，不同基金同种标的同时建仓或者平仓，会对市场造成冲击成本。在建仓的过程中，先建仓的基金一般具有相对成本优势，而在平仓的过程中，先平仓的基金会具有收益优势。交易公平管理要求在不同基金之间不能厚此薄彼，要在建仓和平仓过程中保持同步进行。

自营头寸与客户理财之间公平性管理也是资产管理机构需要关注的。资产管理机构的自营头寸或来源于金融机构的资金，或来源于员工或管理层的资金，这就造成资产管理机构在交易、人力资源配置、策略配置上偏向自营头寸管理。为了防止道德风险的发生，资产管理机构要有合理明确的交易管理机制规避风险发生。

此外，基金经理和交易员个人的资产管理行为很容易造成基金的管理行为的非客观性。尤其是大型公募基金交易员和基金经理老鼠仓发生的概率比较高，这要求资产管理机构在合规风控和内控流程上做风险把控。

（5）研发流程

投资研究团队是基金管理的智慧来源，合理的研发流程管理能够有效地整合人力资源，提高策略生产的效率。

研发流程管理包括研发方向性管理、策略及分析师评价管理两个重要方面。研发方向性管理指以投资理念为指导，在既定的投资框架下对各种市场信息进行提取、总结，最终得出研发结论。研究员及分析师不能随心所欲地进行研究，必须在投资理念的指导下进行。在一定的研发框架下管理，有助于策略生产风格的稳定性，如对品种特征的研究重点关注的对象包括品种流动性、波动性、供给和需求状况分析等。研究员和策略分析师提出研究结果之后，要经过基金经理认可方可付诸实施，甚至重大投资决策要经过投资决策委员会审核，并报合规风控委员会批准。因此，对策略和分析师的研究结论的评价机制就显得尤为重要。客观合理的评价机制能够避免主观判断造成的偏见，也有助于基金风格的稳定性管理。

第三节　风险管理体系与框架

现代西方经济学将资金的时间价值、金融资产定价理论、金融风险管理理论并称现代金融理论的三大支柱。随着金融市场的发展，金融监管面临的挑战也越来越多，金融风险带来的危害性日益加剧，金融风险管理逐渐成为金融资产管理的核心内容。

资产管理机构天生是处理风险的。投资是风险和收益的权衡，因此资产管理机构应该正确面对风险。理论上讲，风险应该是中性的概念，在有效市场上，收益的来源与所冒的风险是成正比的。对资产的管理也是对风险进行管理。专业的资产管理机构必须能以系统化的方式处理和控制风险。

资产管理机构风险管理是通过风险识别、风险评估并在此基础上制定各种风险管理制度，使用各种风险管理技术，对发生的风险实施有效控制和妥善处理，以最小的成本将风险发生的概率或发生风险后可能产生的后果降到最低。资产管理机构风险管理体系主要有风险识别与评估、风险管理与处置两个重要方面。

对于风险管理有几个需要明确的地方：首先风险管理的对象是风险。有些风险可以避免，如经营风险和管理风险；有些风险不可消除，如市场风险，只能转移或转嫁。风险管理的基本目标一般都是用最小的成本获取最大的安全保证。但是在实际的风控过程中，风险控制成本也是难以控制的，有时候会超出预期。在某些时候，风险管理本身也冒一定的风险的，因为风险管理方法可能与现实不符而达不到预期效果，甚至可能发生投入巨大的成本去控制风险，但最终风险还是无法规避。因此，风险管理工作有时候也是一门艺术。但是资产管理机构一直在孜孜不倦的追求风险控制目标的客观化，或可量化。这又貌似是一个矛盾，风险管理工作者总是在主观与客观之间权衡。

1. 资产管理机构风险识别及评估

（1）风险识别

风险识别是风险管理的第一步，目的是实现事前风险控制。事前风控是在风险事件发生之前，通过专业知识，在逻辑分析和主观经验的基础上对资产管理业务面临的潜在风险进行感知和分析。风险识别是资产管理机构风险管理的基础。事前风险识别然后制定相应的风险防范措施是成本最小的风险控制手段。

风险识别可以通过逻辑分析的手段来获取，在资本市场上，投资组合的价格风险、波动率风险、汇率和利率风险都是影响资产组合价值的重要因素。某类资产的价格受供需关系的影响或者货币和财政政策的影响都有其经济金融学逻辑，通过理论和逻辑分析可以进行风险识别。主观感知也是重要的风险识别手段，基金经理和策略分析师是可以凭借自己对市场敏锐性，感知市场波动，对市场情绪进行把握，凭借主观直觉发现风险。历史经验是风险识别的主要手段，有经验的资本市场老兵可以凭借其对市场的长期观察，找到风险发生的关键指标。例如30年远期利率和1年期短期利率倒挂是金融危机的重要前兆，有经验的市场参与者此时会抛售风险资产、大规模配置避险资产来规避风险。

资产管理机构的风险来源主要有资产管理风险、合规风险和公司治理风险。按照风险的成因，可以将风险分为市场风险、信用风险、操作风险、合规风险、经营风险等。

资产管理业务本身带来的风险最主要的是市场风险。市场风险可以分为系统性风险和非系统风险两类。系统性风险是由经济宏观环境的不确定性引起的，系统性风险的影响是全局性的，如全面或局部金融危机、特大自然灾害等；非系统风险又称为个别风险，是某类或某个资产的价格变动影响因素变动而带来的风险。系统性风险的来源主要有经济周期波动风险、利率风险、汇率风险等；非系统风险的来源可能有公司财务风险、产业政策风险、公司经营风险、某类资产供给和需求扰动风险等。

交易对手和交易标的信用风险是资产管理业务的主要风险。上市公司财务造假、忽悠式并购重组等信用风险。在资产管理行业的场外交易市场，如场外期权市场，期权义务方的信用违约风险也会给基金净值带来重大影响。

操作风险是资产管理业务固有的风险。因为涉及大额资金管理，再加上资本市场上很多衍生品工具的高杠杆特征，投研人员操作失误以及信息系统或交易系统瘫痪带来的风险也可能是巨大的。

合规风险是金融行业高发的风险类型。资产管理机构的合规风险指在公司的内部控制和业务管理的过程中未能与法律、法规、政策、规章制度、行业自律规范等保持一致而带了法律、行政处罚或行业自律组织处罚的情况。

经营风险是资产管理行业重要的风险来源，自营交易带来的资不抵债、核心投研人员离职造成的基金管理工作瘫痪或投资风险发生重大变更等。都是需要资产管理机构警惕的经营风险来源。

（2）风险评估

风险评估是在风险事件发生之前或之后，对风险事件造成的损失进行的定量和定性估计。风险识别是进行风险评估的基础，风险评估是进行风险管理的依据。

定量评估方法是风险管理人员容易接受的方法，定量评估更加直接、客观明确。但是定量评估要求对风险事件建立客观合理的量化分析体系，提取合适的量化评估指标。定量分析结果不一定是一个确定的数值，可以是一个估计的范围。例如风险发生可能损失的额度范围、概率范围等。风险的价值的概念在定量分析方法中经常被使用。

定性评估是对于那些无法用量化分析框架进行风险评估时采用的方法。定性分析法看似模糊，但其合理性不输于定量分析方法。例如，可以使用定性语言对风险发生的概率进行描述：高、中、低、极低等。

2. 资产管理公司风险管理实施

资产管理公司风险管理体系可以从三个方向着手：人员构架管理、风险管理机制及流程设计和风险管理制度实现机制。这三方面是相辅相成的关系。合理的风险管理部门人事安排和权责机制能够促使风险管理制度和流程有效实施。明确的风险管理机制及流程设计又能使风险管理部门执行风控流程更加清晰和顺畅。风险管理制度实现机制又是保证风险管理流程实现以及相关人员遵守制度的机制保证。资产管理公司的风险管理流程应该是完整的链条。具体来说体现在事前、事中和事后三个方面。

人员构架管理应该根据不同的资产管理机构的规模、业务以及监管机构要求而进行设置。投资风险管理和合规风险管理是资产管理公司必须建立的两个重要风险管理机制和流程。风险管理制度实现机制包括监督机制、约束机制、激励机制、处罚机制、内部审计机制、举报机制等。

投资风险管理主要有以下几个方面：交易决策风险管理、交易流程风险管理和突发事件风险管理。

（1）交易决策风险管理

交易决策风险管理主要有以下两个方面：交易决策的合理性管理、交易决策的合规性管理。

交易决策的合理性管理：交易决策是否客观、是否有充分的投资决策依据、是否符合当前的投研框架、是否同基金的风险收益特征相符合。

交易决策的合规性管理：交易决策是否同当前的监管规则相冲突、是否同基金合同的约束相违背、是否同公司当前的投资禁止制度相冲突。

（2）交易流程风险管理

仓位管理：根据持仓进行投资风险管理，结合投资品种的波动率和流动性，以及投资策略特征决定各品种的开仓头寸。可以通过多周期、跨品种、多策略的组合管理手段来进行基金持仓管理。

品种管理：根据交易池中所关注的投资机会，对品种的交易量、活跃程度等因素进行追踪，并实时动态跟踪市场投资机会，确定可交易的品种，不断调整可交易的投资品种。

资金管理：根据每个交易策略的投资机会和风险收益比把整体资金配置于各个交易品种和交易策略。

净值管理：根据管理产品净值变动，综合考虑风险暴露，动态调整交易品种及头寸配置。

交易监控：及时、有效地进行盘中交易监控，对交易品种进行限制，在突发的情况下采取减仓、强平等措施控制风险。

计算机安全管理：及时对交易系统进行升级，对用作交易的电脑单独管理，对对接交易电脑的外部设备限制接入。尽可能采取计算机灾备措施，防止因断电、断网带来的突发事件干扰交易的正常进行。

交易账户管理：对交易账户专人管理。不同的交易员负责各自的账户，一般不允许交叉管理。

（3）突发事件风险管理

在交易的过程中，会有各种突发事件，如断网断电、净值触发预警止损风控线、基金份额遭受大额赎回等，需要投资经理立即组织人员进行应急反应。对于常规的可预见的突发事件，应有完整的应急响应措施。并且基金经理要每隔一段时间组织应急事件预演活动，防止在重大风险事件发生时反应混乱，给投资人带来不必要的损失。

合规风险管理主要有基金运营合规管理和基金投资合规管理。

基金运营和合规管理：基金募集管理、合格投资者管理、基金合同签署及保管、基金托管制度、基金信息披露制度、反洗钱制度、客户关系管理等。

基金投资合规管理：投资范围合规管理、交易合规管理、投研人员任职资格合规管理、交易公平合规管理等。

第四节　基金团队管理

对于资产管理机构来说，公司的核心资产是公司的投资管理团队成员以及长期形成的投资管理理念、风格以及团队文化。核心投研团队的稳定性对公司发展极为重要。在资产管理行业内经常发生团队集体跳槽的现象，这对资产管理机构的打击是巨大的，对机构产品及投资人预期收益的冲击也是巨大的。因此，基金团队管理尤其是投研团队管理是基金公司人事管理的重中之重。

团队管理是一个灵活的体系，是内化于团队成员、团队领导以及团队文化的一系列决策体系、行为方式的综合。团队管理是一门艺术，和投资管理一样，"道可道、非常道"。我们本节重点阐述在团队管理过程中容易出现的问题，文中提出的管理方式不一定是有效的，也不是建议，仅仅作为思路的启发。

1. 团队稳定性管理

团队稳定性最重要是团队成员的稳定性，这也是资产管理行业常见的管理难题。资产管理行业尤其是资管类的岗位对人员素质要求相似度比较高，严格的监管和行为规范带来了很多岗位工作内容的同质化，因此造成了人员在不同机构之间流动的时候成本较低，或许还会带来较高的薪资溢价。在高流动性的情况下，很多管理层或许有这样的思维：市场上同种类型的岗位和人员很多，招过来就能用，因此不用花过多精力在留住人员上。

降低离职率、保持人员稳定性是人力资源管理的重要课题，合理的薪酬体系和团队成员绩效考核体系是团队稳定性的重要支撑，此外团队制度建设和文化建设也是影响投研团队成员去留的重要因素。这些因素是内因，可以通过团队管理来实现，还有一些外部因素，如资产管理公司运营效率和利润水平。一个低效率的公司，长期不能获得较好的收益，无法给投研团队成员提供较好的薪酬、舒适的工作环境等福利条件，难以留住优秀的管理人员。

合理的团队岗位设置以及明确的岗位工作职责设置，一方面可以提高团队运行的效率，另一方面可以促进投资理念和投研风格的稳定性。铁打的营盘流水的兵，投资分工越明细，岗位设置和人员素质要求越明确，越容易抵御人员流动性带来的投资体系和理念的冲击。但是团队分工和岗位需求以及工作内容设定必须建立在稳定成熟有效的投资管理和研究体系的基础上，也就是内容必须和投研体系融为一体。如果投研体系不成熟，那么就难以形成成熟的团队岗位分工和设置。投研体系不完善不成熟的情况下，对于团队分工和岗位职责设置的过于细化可能使投研体系的优化过程受到阻碍。因此投资理念和风格、投研体系、团队岗位设置和职责设定是一个渐进的尝试过程，不可照搬别人的模式或者纸上谈兵，必须在实践中摸索。管理框架可以照搬，具体的管理细则以及理念同团队融合需要慢慢尝试。

团队稳定性管理的另一个重要方面是尽量避免出现不可替代的关键人物。个人能力的重要性不可否认，出色的工作能力能带来团队质量的极大提高，但是如果在某个岗位上出现不可替代的核心人物，其离职后对团队的冲击将是毁灭性的。因此一方面要鼓励个人能力的充分发挥，但又要防止个人绑架整个团队的现象发生。优秀的员工离职肯定会对团队造成不利冲击，但尽量避免优秀员工离职带来整个团队管理体系的崩溃和不可运行。也就是说离开了某个关键成员，团队可能不如原来优秀，但还能正常运转，这是底线。

2. 团队制度管理

对于投研团队来说，最重要的团队制度是投资管理制度。与投资理念结合的投资管理制度是形成团队投资风格和投资理念的重要框架。

投研制度是对投研工作的规范，也是投研团队的工作框架。如何在制度的约束性与管理的灵活性之间取舍也是考验团队管理的重要方面。投研工作很多是创新型研究，过于机械化的约束会打击团队成员的创造力和创新性，但过于松散的管理体系又可能对投资框架和理念带来冲击。这又是一个艺术性的问题，无法给出正确的答案。

沟通方式和冲突解决方式也是团队制度建设的重要方面。对于投研团队来说，投资决策制度、投资提案制度都是保证投研工作有序进行的重要制度。在既定的投资理念和投资风格指导下，团队成员按照制度原则进行沟通，能够较大程度地规避冲突的可能性。同时有制度原则做依据，冲突的解决按照制度规则进行具有较好的说服力。

3. 薪酬体系管理

薪酬体系管理是投研团队管理的重要方面。有效的薪酬管理体系、管理手段与策略，能够吸引和留住优秀人才，合理的薪酬体系能够在减少企业的人力成本的同时，提高投研人员工作积极性和创造力。如果投研人员的人力资本价值和创造力得不到公平、有效、及时反映，员工就会产生不满情绪，轻则工作积极性下降，严重的话就会产生跳槽的想法，难以一心一意地为企业工作。

高额的报酬确实能吸引优秀的人才加入，但薪酬体系不合理，同样不能持久地留住人才。合理的薪酬体系要体现公平的原则，同时同行业水平保持一致，将薪酬与绩效挂钩，不同员工之间的薪酬差距合理，同时注重长期激励，防止员工的短期行为造成工作方式与公司长远战略的背离。

一般来说，投资管理团队的薪酬构成可能包括以下几个方面：基本薪酬、绩效薪酬、附加薪酬、岗位薪酬、司龄工资等。

基本工资可以参照本城市资产管理行业的平均基本工资，然后加上本公司在行业中的地位进行工资微调。对于资产管理行业来说，不同城市的基本工资水平相差很大，因此不在同一城市的基本工资水平没有可比性。对于很多总部不在北京、上海、广州、深圳等大城市的证券公司来说，其公司总部资产管理团队人员的基本工资可能会远远低于北京、上海、广州、深圳这些大城市的办事处或事业部的资管团队人员基本工资水平。

绩效薪酬经常被称为奖金或效益工资。绩效薪酬经常成为鼓励和吸引有能力的优秀员工的主要薪酬制度。无论在投研团队的绩效薪酬考核方面，还是在将团队绩效发放到员工个人方面，历来是一个棘手的问题。团队绩效如何考核，是团队能力还是短期运气，市场因素也容易将团队和个人能力混淆起来。资产管理行业可能涉及巨额资金管理，有可能在市场行情和团队运气都好的时候，会有巨额的盈利效应。绩效薪酬是否应该有天花板，这也是一个见仁见智的问题。

附加薪酬一般包括：伙食津贴、交通补助、加班补助、出差补助等。有些福利条件好的基金管理公司还有家庭成员额外保险等。

岗位薪酬是根据员工岗位的性质、级别、责任和义务综合而定的薪酬标准。

司龄工资是为了鼓励员工长期为公司服务而定的薪酬标准，如有的公司会有每隔几年一定比例的加薪制度规定。如果员工没有重大过失，能够胜任工作岗位，都会在司龄达到一定年限的时候无条件增加给予司龄工资的增加。

在制定员工薪酬体系的时候，即使是在资产管理团队内部，不同工作性质的员工应该有不同的薪酬体系标准。例如风控人员的基本工资应该占薪酬的大部分，因为给风控人员过度的激励会造成风控人员放宽风控标准的情况发生。只要在合规销售的情况下，给销售人员的激励可以尽可能的大，因为排除合规风险之后的销售行为是可以无限激励的，一直可以激励到边际收入为零。策略团队的激励机制不好把握，因为策略的有效性需要市场的验证，也需时间的验证。交易团队的激励机制也不好把握，因为交易团队是策略的执行者，究竟是策略优秀还是交易团队在策略的基础上增厚了收益，这个标准很难把握。因此策略和交易团队的基本工资应该是薪酬的大部分。投资经理或基金经理在整个投研团队中处于核心地位，投资经理的稳定性对基金产品的管理风格的稳定性有很大的影响，尤其是不成熟的基金管理团队，基本上投资经理的管理风格就是基金的投资风格，因此投资经理的薪酬体系设计就尤为重要。一般来说，投资经理的基本工资和业绩报酬都很高，基本工资高于研究员工资。正常情况下，基金经理的业绩报酬也应该高于最优秀的研究员，除非某个研究员在某个时期对基金团队做出了巨大贡献。

4. 团队绩效管理

基金管理团队的绩效管理分为两部分：一是基金管理团队整体业绩评价与绩效管理，二是基金管理团队内部成员业绩评价与绩效管理。一般来说，基金管理公司会对基金管理团队的业绩进行整体评价，然后确定在一定的绩效考核时间内给予基金管理团队的业绩报酬总额。之后由团队主管（一般是基金经理）根据公司其他制度规定，给予团队成员划定业绩报酬份额。一般来说，团队主管在团队成员业绩报酬划分方面具有较大的主动性，但团队主管确定的业绩报酬可能需要经公司人力资源部门领导或其他管理层领导审批方可。

基金管理团队整体业绩评价与绩效管理是对整个基金管理团队整体的工作业绩进行评价，最核心的评价对象是基金管理团队所直接管理的基金产品的业绩。因此基金产品业绩评价与业绩归因是对基金团队进行业绩评价的关键。

基金管理团队内部成员业绩评价与绩效管理涉及不同工作性质员工之间的绩效考核问题，尤其是市场人员、合规风控人员、投研人员和交易人员之间如何划定贡献比例的问题上，不同的团队有不同的评价方式。有区别评价方式及贡献比例划分是必须的。

（1）基金产品业绩评价与业绩归因

基金业绩评价是一个综合性的问题。在本书第七章第九节我们有详细的介绍。

基金产品的业绩归因主要是为了解决如下几个问题：一是基金的业绩到底是怎样的，是好还是差，好和差的标准又是什么；二是基金为什么会有这样的业绩，基金的业绩来源是市场本身原因还是投研团队的能力问题。

不同的基金产品，其投资理念和获取收益的方式不同，因此业绩归因方式也不一样，需要根据基金的收益来源和策略属性进行区别对待。

学术界给出了诸多的业绩归因模型，不过主要是对绝对价值型基金的评价标准，有的模型是基于净值的业绩归因模型，基于净值的业绩归因是将基金的收益序列对风格因子进行时间序列回归，然后根据回归结果考察每种风格对组合收益的贡献，以及基金经理的主动管理能力（Alpha）对组合收益的贡献。如 Treynor 和 Mazuy（1966）提出的 T-M 模型，将基金经理的能力分为选股和择时两类。他们在 CAPM 的基础上，增加了市场风险溢价的二次项，并以二次项的回归系数代表择时能力，以整个模型的截距项代表选股能力。Fama 和 French 三因子模型（1993）：市场因子、规模因子和价值因子。有的模型是基于持仓的业绩归因，归因基于持仓的业绩归因方法是对投资组合在不同时点上的实际持仓进行分析，并将其映射到不同风格中。经典的模型有 Brinson 绩效归因模型及其多期改进，以及多因子归因模型。

对于相对价值型基金产品，其业绩归因就比较复杂，因为相对价值型产品策略类型繁多，尤其是涉及衍生品投资的基金产品，对其进行业绩归因很困难。那么选择同样时间范围内相同或相似基金产品的业绩曲线进行相对评价也许是一个比较客观中立且相对简单的方式。

基金的业绩评价与归因非常重要，也具有很大的挑战性，对于基金业绩的评价也会反过来影响投研团队的投资行为和投资目标，是非常重要的反馈机制。因此合理、客观，有依据的基金业绩评价方法能给投研团队带来很好的正面反馈。

（2）业绩激励与过度激励的权衡

关于业绩激励为目标的绩效薪酬制度，有一个重要的话题就是激励的合理性问题。如果激励较弱，可能造成团队核心人员流失；如果激励过度，就会产生各种操作风险。

过度激励主要的问题是造成投研团队的冒险行为，如果投研团队管理的基金规模巨大，就会有足够的动力押宝在一次重大的投资决策上。因为一次决策的成功可能带来巨大的业绩提成，可能是年度基本工资总额的数倍甚至数十倍。这种道德风险也是基金管理公司面临的重要挑战。过度激励还会带来基金团队的短视效应，容易在一些没有必要重仓操作的试点采用激进的策略进行收益博取，并且还会造成风控尺度的放宽。此外，过度激励还有可能适得其反，造成投研人员的离职行为。如果某一次重大操作带来巨额的利益，投研团队可能认为获取的回报足够支撑未来很长时间的生活花费，容易产生退隐的想法，转岗或跳槽到工作压力比较小的体制内企业。

业绩奖励的天花板制度是防止过度激励常用的手段。许多基金管理公司对基金经理和高管的综合薪酬设置了一个天花板，超过天花板的薪酬将被取消发放。这在一定程度上可以抑制投资管理团队的过度冒险行为。

绩效奖励递延发放机制也是防止过低激励的常用手段。由于金融行业的绩效管理比较混乱，中国证监会提出证券公司应当建立业务人员奖金递延支付机制，根据 2019 年的监管要求：不得对奖金实行一次性发放。奖金递延发放年限原则上不得少于 3 年。投资银行类项目存续期不满 3 年的，可以根据实际存续期对奖金递延发放年限适当调整。此外，其他资产管理机构也基本建立了奖金递延发放机制。

5. 团队文化管理

学习文化：学习是团队最大的生产力，持续的学习能力是团队的成长基石。良好的培训体系和学习文化能够激发团队成员向既定的目标规范成长。

投资文化：将投资理念和投资风格作为团队的信仰一样深入骨髓，使每个新的团队成员能够迅速融入团队并接受团队理念。

风控文化：风险管理体系决定资产管理团队的生存空间，也在很大程度上决定了产品的风险收益特征。风险管理制度和体系越完善的资管团队，生命力越强。

第五节　产品设计与策略选择

证券投资基金产品设计与定位关系到未来基金的销售以及后续的投资管理策略选择与风控体系设计。不同的产品设计理念、产品结构以及风险收益特征需要相应的投资管理策略相匹配，形成的产品也需要匹配给不同风险偏好水平的合格投资者。这就是监管常说的合适的产品销售给合适的投资者。

1. 产品经理

产品经理的岗位或职能需要综合性的人才，因为产品经理是连接市场和投资的纽带。一方面，产品经理需要进行充分的市场调研，以了解客户需求，把握客户心态，同时对市场相关风险偏好类型的产品进行分析，找到市场需求缺口，或者发掘本资产管理机构比较优势，进行产品的市场定位。同时，产品经理需要同基金销售渠道沟通，了解当前渠道销售热点，以及不同渠道面向客户类型的风险偏好特征，对预期发行产品的规模定性估算。产品经理还要和投资经理进行沟通，根据本机构投研水平，以及人力资源配置、投资风格和理念等，对预期产品发行和管理的可行性评估。因此，在产品设计阶段，产品经理处于整个环节的核心地位。基金经理可能不了解市场投资者偏好和产品供给需求状况，基金销售渠道了解市场状况，但是可能无法设计合适的产品满足市场需求。这都需要产品经理统一把控。

一般来说，产品设计有三个维度需要把握：产品结构、风险收益特征和产品费用。产品结构设计包括产品的份额分级设计以及产品管理模式设计。风险收益特征设计包括预期收益设计、最大回撤设计、预警风控设计等。产品费用设计指产品的管理费、业绩提成、销售费、申购赎回费等费用设置。

2. 产品设计流程

一般来说，产品设计一般包括如下几个主要的流程：①市场调研与发行时机选择；②产品结构设计；③投资经理沟通；④产品费用设计；⑤销售渠道初步沟通；⑥产品发行决议。

（1）市场调研与发行时机选择

产品经理进行产品设计必须对投资者的市场需求进行充分地了解。市场是不断变化的，投资人的资产状况和风险偏好水平也会随着市场的变化而变化。某一种风险偏好特征可能会在某一段时间集中出现，那么把握这一段时间的市场需求，设计适合投资者风险偏好特征的产品就会带来更高的基金募集规模，或者降低资金的募集难度和募集成本。相反，如果产品经理不与市场有效沟通，闭门造车地去臆测市场需求，很有可能设计出来的产品没有市场吸引力，造成基金募集失败。

市场状况决定投资者情绪，投资者情绪很大程度上影响投资者对基金的选择，在牛市阶段重点配置成长股的基金产品容易被投资者接受，而债券类固定收益类产品受青睐程度就低。在熊市阶段，市场中性策略产品和债券类固定收益产品容易被投资者接受。在大宗商品波动比较大的市场状况下，期货 CTA

基金产品的盈利效应会大大吸引投资人的注意。

经济运行状况决定了投资者的可投资资金比例和风险配置偏好，因此也是决定投资者基金配置的关键因素。经济周期的扩张期，人们的现金流状况比较好，风险承受状况较好，更容易配置一些风格比较激进但收益预期较高的产品。经济的下行周期，人们的资产状况相对较差。固定收益类产品和保本浮动型产品更容易募集到较大的基金规模。

市场热点对于基金产品发行择时也有帮助。某个大类资产如果有一个比较好的收益效应，受到市场的关注度比较高，那么跟这个大类资产配置相关的基金产品就会热销。AlphaGo 击败人类职业围棋选手的时候，人工智能的概念被人们关注，以 AI 和大数据选股为投资决策方式的基金产品会更容易被人接受。但是追踪热点不能作为基金产品设计和发行择时的唯一参考。基金管理公司应该根据自己的投研能力和对未来市场的充分评估进行产品设计，不能为了凑热点而发行新的基金产品。因为某些热点发生的市场可能不是自己擅长的领域，另外大部分热点都是转瞬即逝，无法给投资者带来预期的收益水平，最终对投资者造成伤害。

当然也并不是所有的风险偏好类型或市场热点都能够设计相应的产品来满足投资人需求。产品经理一方面要对本机构的投研能力、基金管理偏好和投资风格有深刻地把握，只有在市场偏好同本机构管理风格、投资理念以及研发优势相吻合的情况下，才是好的产品发行时机。

（2）产品结构设计

前面我们讲过，产品结构设计有两个方面：一方面是产品份额分级设计，一方面是产品管理模式设计。

产品份额分级设计是为了在一个基金产品中，同时满足不同风险偏好类型的投资者的一种基金设计模式。根据产品份额分级与否，可以将基金产品分为平层产品和结构化产品两类。平层产品是所有的产品份额认购人获取的收益和承担的风险是一样的，每个投资者 1 单位的基金份额承担同样的风险和收益。结构化产品是对于同一个基金产品，对其风险和收益进行分解形成不同的风险收益特征份额。一般产品份额可以分为 2~3 级：优先级—劣后级；或者优先级—夹层级—劣后级。对于优先级—劣后级结构化产品，优先级份额一般具有保本或保息的风险特征，适用于低风险或者风险厌恶型投资者。劣后级份额一般具有杠杆特征，当基金收益超出一定的范围，劣后级基金份额的收益会呈乘数级增长。对于优先级—夹层级—劣后级结构化产品，优先级份额一般也是具有保本保收益的风险特征。夹层级份额一般是有条件的保本保收益，当劣后级基金份额持有人的基金份额亏损完之后，为了保证优先级基金份额的本息能够兑付，夹层基金的基金份额也有亏损的可能。夹层级基金份额在基金收益的一定范围之上，也具有一定的杠杆特征。劣后级基金份额的风险收益特征同2级分级结构中劣后级份额的风险收益特征一样。一般来说，使用3级分级的结构化产品都是为了满足劣后级基金份额的高杠杆需求。目前优先级基金份额同其他类型的基金份额的比例有一定的监管限制。在不同的市场行情下，可能为了去杠杆的需求，监管会对劣后级基金份额的杠杆比例设定一定的限度。

产品管理模式设计是基金发行机构、基金投资管理机构在权利和义务之间进行分配的一种产品管理构架。如果基金产品发行和基金投资管理都由同一个资产管理机构进行运作，这种产品管理模式称为主动管理模式。基金管理人除了可以自主发行基金产品并由自己进行投资管理之外，还存在一种特殊的业务模式，即投顾模式。在投顾模式下，作为投资顾问的基金管理公司不通过自身而是通过第三方渠道发行基金产品，这个第三方叫基金发行通道。例如私募基金通过信托、期货、券商、基金管理公司（公募）及其子公司等其他持牌机构发行产品。该私募基金在这个模式中叫投资顾问，这些持牌机构成为管理人或通道，投资顾问是该产品的实际管理者，负责产品的投资事宜。管理人或发行通道只负责产品合规运行、风控管理和净值披露管理等辅助业务，不负责实际的投资事宜。

投资顾问模式的发展一方面是资金风险控制的需求，另一方面可能是源于规避监管的需求。例如，某银行的理财资金有意向委托某私募基金进行理财资金管理，该私募基金在投资管理方面很擅长，但是在风控管理方面人员配置欠缺或风控制度不完善，因此该私募基金可以借助证券公司或信托公司的资管通道发行产品，也就是由证券公司或信托公司以管理人的名义发行产品，由私募基金以投资顾问的名义进行产品投资管理。阳光私募这个名字的来源就来源于私募基金管理公司以投资顾问的名义借道信托公司发行产品。投资顾问模式的另一个应用可能是为了规避监管而带来的金融产品创新使用，中国实行的是分类监管制度，资产管理机构分别由不同的监管部门进行监管，如银行、信托归银监会管理，证券公司、私募基金归证监会管理，保险公司归保监会管理，当然截至本书编辑之日，银监会和保监会已经合并为银保监会。不同的监管机构对资产管理业务的投资范围和风险控制措施要求不一样，于是就产生了监管套利的机会，以通道业务为载体的投资顾问模式就是为了进行监管套利而产生的。随着监管机制的逐渐完善，这种以监管套利为目的的金融创新会越来越少，直至最终消失。

相对于传统的主动管理模式，投资顾问模式的优缺点一直是市场讨论的热点。一方面，投资顾问模式可以使资金募集、风控管理和投资管理分开。投资顾问只需负责投资管理操作，有利于资产管理机构专业化发展，集中人力物力于投资管理主业。另一方面，投资顾问模式带来的风险管理和投资管理分裂，不利于投资管理和风险控制灵活性的发挥，且作为管理人的通道方在法律意义上是合同约定的基金管理者，对基金的净值负责，实际上通道方不负责投资管理操作，造成权责不匹配。此外管理人的通道费一般很低，而作为投资顾问的投资顾问收入比管理人的管理费收益高了很多，带来的风险和收益不匹配。

管理人模式又衍生出来双管理人模式。双管理人模式初衷是充分发挥不同管理人的特长。例如一个管理人在期货 CTA 投资方面有优势，而另一个管理人在量化选股方面有优势，那么两个管理人同时管理同一只产品，可以增大产品获取超额收益的可能性，也是分散投资并降低风险的一个重要手段。一般来说双管理人模式两个管理人的投资策略是互补的，或者是差异很大的。互补的双管理人模式经典的案例是 Alpha 策略管理团队同日内短线交易管理团队之间的配合。Alpha 策略团队负责市场中性策略，而市场中性策略的调仓周期一般比较长，一般是一周以上，那个在这一周之内，股票持仓是不变的，而股票是 T + 1 交易，但是如果有 Alpha 策略的底仓存在，那么就可以在 Alpha 策略底仓的基础上进行日内 T + 0 交易。两个策略团队互补，且互不干涉，而且盈利来源完全不同，因此两个团队的协作可以增大产品获利的机会。

双投资顾问模式（有时候不止两个投资顾问，可能有多个投资顾问）是同双管理人模式相似的模式，不同的是双投资顾问模式的两个投资策略团队都是以投资顾问的身份参与同一只基金产品的投资管理。而基金产品的发行是由第三方通道来完成的。当然多投资顾问模式是指由多个基金管理团队进行同一个产品的投资管理的模式。

双管理人模式和双投资顾问模式由 FOF 投资模式衍生出来。FOF 投资模式是将基金产品（母基金）的资金分别投资于几只不同的基金产品（子基金），子基金管理人是具有不同投资风格，并且在不同的市场具有比较优势的资产管理机构。FOF 投资模式将在下一章进行详细讲解。

（3）投资经理沟通

产品经理在进行了市场调研和需求分析之后，对当前的市场状况有了一定的了解，并且有了大致的产品发行规划，我们称这样的规划产品为预期产品。下一步工作就是要同公司的投资经理进行沟通预期产品设计的合理性与现实性的问题了。主要的沟通内容有以下几点：一是预期产品的风险收益特征指标，包括预期年化收益、最大回测控制预计预警止损线设计等。二是当前及未来市场的评估，测算预期产品在设定的风险收益特征下能实现的预期收益是否具有吸引力。三是产品与策略设计，即产品重点投资范围和投资方向是什么，使用什么样的投资策略等。

基金经理沟通完成之后，以下几个基金要素就应该确定下来了：投资范围、策略体系和风控方案。完整的基金要素内容将会用专门的章节进行阐述。

（4）产品费用设定

产品费用的确定可以参照市场同类产品的费用水平进行微调，但不能大幅高于同类产品。产品的费用包括管理费、基金业绩报酬、投资顾问费（如果是投资顾问模式）、代销费、认购费、申购费、赎回费、托管费等。

管理费指支付给基金管理人的薪酬。管理费数额一般按照基金资产净值的一定比例按日计提，每隔一段时间，如一个月或一个季度扣除。管理费从基金资产中扣除，是投资人支付给基金管理人的劳务报酬。如果基金是作为通道产品发行，管理费一般比较低，大部分在 0.01% ~ 0.5%。产品的规模越大，风险越小，管理费就越低。如果是主动管理产品，管理人是基金资产的实际投资者，那么管理费就比较高，一般在 0.5% ~ 2%。管理费一般是百分比，不随基金净值的变动而变动。基金管理费由基金托管机构根据基金合同的设定定期划转给基金管理人，基金管理人无权自动划转基金管理费到自己私人账户。在基金管理费划扣期间，基金管理人需要保证基金账户中有可供划扣的现金资产。

基金业绩报酬有时候也称为后端业绩提成。业绩报酬是为了激励基金管理人和投研团队更加勤勉地管理基金资产所支付给管理人的费用。其目的是激励基金管理人更好地运作基金资产,为投资者创造更多价值,使基金管理人与投资者的利益趋于一致。基金业绩报酬的计算和划转时点由基金合同设定。基金业绩报酬由基金托管人根据基金合同定时划转到基金管理人指定账户。在基金业绩报酬划扣期间,基金管理人需要保证基金账户中有可供划扣的现金资产。

一般来说,公募基金管理人只收取管理费,不收取业绩报酬,但是公募基金专户和一些创新型公募基金也收取业绩报酬。业绩报酬一般是根据基金资产的净收益情况提取一定的比例。这个比例可以是固定的比例,也可以是分段计提,按照不同的净值区间提取不同的比例。例如下面的业绩报酬计提方法:

①当基金份额赎回、基金终止或分红时,赎回份额或分红份额当期收益低于10%(含),管理人不提取业绩报酬。

②当基金份额赎回、基金终止或分红时,赎回份额或分红份额当期收益超过10%(不含)低于30%(含),管理人将提取超过收益10%盈利部分的20%作为业绩报酬。

③当基金份额赎回、基金终止或分红时,赎回份额或分红份额当期收益超过30%(不含)低于50%(含),管理人将提取收益10%~30%盈利部分的20%以及超过收益30%盈利部分的30%作为业绩报酬。

④当基金份额赎回、基金终止或分红时,赎回份额或分红份额当期收益超过50%(不含),管理人将提取收益10%~30%盈利部分的20%、30%~50%盈利部分的30%以及50%以上盈利部分的60%作为业绩报酬。

业绩报酬可以每个季度计提一次,也可以一年计提一次,或者当净值达到一定的标准计提开始计提,也可以当投资人赎回的时候计提业绩报酬,或者当基金清算的时候计提业绩报酬。基金运行时间超过一年的基金产品,一般不选择清算时计提业绩报酬的模式。因为基金日常运行的开支是持续流出的,长期无法计提业绩报酬会对资产管理公司的经营带来压力。业绩报酬的计提方法有很多种,不同的业绩报酬计提方式对投资者收益产生不同程度的影响。下面我们详细阐述几种常见的业绩报酬计提方式及其优缺点。

根据中国证券投资基金业协会的研究,业绩报酬计提要素主要包含计算标准、计提时点、计提对象和扣减形式四个方面。下面我们引用中国证券投资基金业协会对业绩报酬的权威研究结论。

目前国内外私募基金常见的业绩报酬计提多采用高水位算法为计算标准。在此计算标准的基础上，通过与其他三个要素的组合，国内外形成了多种的业绩报酬计提类型。

基金业绩报酬计提的相关法规：关于业绩报酬提取的相关规定《中华人民共和国证券投资基金法》修改之前，私募基金主要以信托公司等通道做投资顾问方式发行阳光私募或者以设立有限合伙形式来管理基金。私募基金的业绩报酬相关规定最早出现在中国银监会 2009 年印发的《信托公司证券投资信托业务操作指引》中，其中明确要求业绩报酬提取仅在信托计划终止日，且以盈利为前提。随着修订的《中华人民共和国证券投资基金法》首次明确私募证券投资基金的合法地位以来，私募基金管理人可以改变以往担任投资顾问的角色，自主发行产品，真正担任基金管理人，同时承担基金管理人的相应法定职责。私募管理人及其基金产品应当到基金业协会履行登记和备案手续。然而，目前包括基金公司及其子公司专户、券商资管、期货公司资管等在内的私募产品业绩报酬计提方式尚无明确规范。

国内主流的基金业绩报酬计提方法及特点：根据计提资产的对象来分，国内目前较为常见的基金业绩报酬计提类型分为两种模式共计六种方法。两种模式为基金资产高水位模式和单客户高水位模式。在基金资产高水位模式中，根据计提时点的不同分为基金资产高水位方法和基金资产高水位＋赎回时补充计提方法；在单客户高水位模式中，根据计提时点和扣减形式的不同，分为赎回时计提方法、固定时点扣减份额＋赎回时补充计提方法、分红时计提＋赎回时补充计提方法以及开放日扣减净值计提四种。

①基金资产高水位方法。

基金资产高水位方法是将历史每个业绩报酬计提基准日的基金份额净值进行比较，选取最高线作为"历史高水位线"。如最新一期基准日基金份额净值创新高，则取其与"历史高水位线"之差为计算标准计提业绩报酬；如最新一期基准日基金份额净值未创新高，则不计提。传统资产高水位方法来源于国外对冲基金的绩效条款，追求绝对收益。计提理念为"业绩创新高"，计提方式简单易懂。但是，当投资者以低于历史高水位的申购价格进来时，管理人无法提取申购价格到历史高水位之间的收益所对应的业绩报酬，因而此部分投资者享受了额外优惠的业绩报酬。此计提方式的计提对象为基金资产，不能区分不同时间点进来的投资者的个性化情况，因此不适用于针对单个客户有业绩比较基准的情形或针对单个客户按年化收益率分段计提等情形。

②（基金资产高水位）赎回时补充计提法。

赎回时补充计提法即为"基金资产高水位"加上"赎回时查漏补缺"的方法，在开放日（包括临时开放日）采用基金资产高水位模式计提业绩报酬。当某个投资者赎回时检查是否有应提未提的情况，如有则进行补提。该方法通过赎回时补提业绩报酬，解决了传统资产高水位对低位进来的投资者无法计提业绩报酬的情况。对于份额净值回落时申购进来的份额，若后续未出现份额净值超过历史高水位线的情况，管理人只有在该份额赎回时才能计提业绩报酬，期限较长。由于基金资产高水位部分由基金会计扣减份额净值计算，赎回时补充计提部分由管理人委托份额登记机构计算，计提的准确性需要双边衔接好来确保，对运营能力要求较高。

③（单客户高水位）赎回时计提法。

赎回时计提此方法在赎回时按照单客户高水位进行计算的一种计提业绩报酬的方法。此计提方式对单客户单笔申购份额赎回日和申购日之间的累计收益为基准计提业绩报酬，对投资者较为公平，且原理简单易懂。在该方法下的存续期内，管理人无法对所有投资者提取业绩报酬，仅能对赎回的份额提取，主要适用于存续期较短年限（如 3 年以内）的基金，但由于投资者选择赎回时点的不可预见性，因而采用此方法可能会影响管理人存续期业绩报酬的提取。

④（单客户高水位）固定时点扣减份额和赎回时补充计提法。

固定时点扣减份额和赎回时补充计提法即在赎回时计提的基础上，增加固定时点的计提频率，并通过扣减份额的方式实现固定时点计提的组合计提方法。在"赎回时计提业绩报酬"的前提下，为了解决管理人无法在存续期计提业绩报酬的弊端，约定固定时点时通过扣减投资者份额、维持基金份额净值不变的方式计提业绩报酬。固定时点只能约定在每年的某些固定时点计提，通常在固定开放日或按季、按年计提，临时开放日不计提。此外，如果定期扣减份额与开放申购不同步，管理人收取业绩报酬的时间与投资者实现投资收益的时间存在先后，在市场下跌时容易导致投资者不满。该方法考虑了管理人定点计提业绩报酬的需求，同时在该方法下基金份额净值的曲线较为平滑，波动较小。扣减份额这一方式与扣减净值相比，虽然实效相同，但并未得到多数投资者和部分销售机构的充分理解及广泛接受。

⑤（单客户高水位）分红时计提和赎回时补充计提法。

分红时计提和赎回时补充计提法即在赎回时计提的基础上，增加分红时点的计提时点，并通过扣减分红金额的方式实现分红时点计提的组合计提方法。和"固定时点扣减份额＋赎回时补充计提"方法类似，该方法通过分红时计提解决管理人无法在存续期计提业绩报酬的顾虑，比固定时点扣份额方式更容易让投资者理解和接受。然而，该方法下的分红方式通常设置为现金分红，投资者实际拿到的分红款（或红利再投款）可能少于分红公告中的份额分红（扣留部分作为业绩报酬归管理人所有），容易造成投资者误解。

⑥（单客户高水位）单客户开放日扣减净值计提法。

单客户开放日扣减净值计提法为在开放日扣减投资者每笔投资份额净值的计提方法。该方法是通过扣减每个投资者每笔申购份额的期末份额净值的方式计提业绩报酬，经计提后的每笔申购份额的期末资产份额净值各不相同。不同时间进来的每笔投资申购价格都为1.00，对每个投资者的每笔投资份额按照时间段分别计算业绩报酬，会出现每个投资者不同时间的投资会获取到多个不同净值的情况。该方法针对每个的具体情况投资人计提，能满足管理人开放日计提全体投资者业绩报酬的需求，但计提方式较为复杂，并且由于不同时间参与的份额产生不同的份额净值，投资者难于理解和评估基金的整体业绩表现。

投资顾问费是含有投资顾问模式的基金产品特有的费用，由于投资顾问是基金产品真正意义上的投资操作者，因此，投资顾问费同同类管理型产品的管理费差距不大。

代销费是基金代销公司代理销售基金管理公司产品向基金管理公司收取的费用。一般来说，代销费来源于基金管理人收入的一部分，可以是管理费、认购费或申购费的一部分。基金代销费由基金管理人向基金代销公司支付。有时候基金代销机构直接向基金认购人收取。

认购费是指基金投资者在基金首次发行的发募集期内购买基金份额时向基金管理人缴纳的手续费。基金认购费可以有，也可以没有。一般来说认购费用＝认购金额×认购费率，认购费率通常以百分比的形式存在，有时候认购金额较大的时候在费率上有一定的优惠。根据基金产品的风险收益特征不同，认购费率设置也不一样。被动管理型的指数基金认购费用较低，货币基金一般免认购费，主动管理型基金认购费相对较高。同时基金公司的品牌效应和基金经理的品牌效应也对认购费设定有关系。认购费由基金管理人收取，由基金份额认购人缴纳。基金认购费由基金托管人根据基金同在基金份额认购人认购基金份额时扣取，直接划转到基金管理人指定账户。认购费的收取方式有价内收取和价外收取两种方式。我们举例说明：

①价内法。

$$认购费用 = 认购金额 \times 任购费率$$

$$净认购金额 = 认购金额 - 认购费用$$

$$认购份数 = 净认购金额 \div 认购当日基金份额净值$$

例如，认购金额100万元，认购费率为1%，认购当日基金份额净值1.28元。

$$认购费用 = 100 万元 \times 1\% = 1 万元$$

$$净认购金额 = 100 万元 - 1 万元 = 99 万元$$

$$认购份数 = 99 万元 \div 1.28 = 77.34375 份$$

②价外法。

$$净认购金额 = 认购金额 \div （1 + 认购费率）$$

$$认购费用 = 认购金额 - 净认购金额$$

$$认购份数 = 净认购金额 \div 认购当日基金份额净值$$

例如，认购金额100万元，认购费率为1%，认购当日基金份额净值1.28元。

$$净认购金额 = 100 万元 \div （1 + 1\%） = 99.0099 万元$$

$$认购费用 = 100 万元 - 99.0099 万元 = 0.9901 万元$$

$$认购份数 = 99.0099 万元 \div 1.28 = 77.35148 份$$

申购费是基金投资者在基金发行完成之后的存续期间，当基金处于开放期内，购买基金份额时向基金管理人缴纳的手续费。一般来说申购费用 = 申购金额 × 申购费率。根据中国证监会的规定，申购费率不得超过申购金额的5%。基金开放期可以参考基金要素表部分的章节内容。基金申购费可以有，也可以没有。一般来说，基金认购行为涉及基金是否能达到最低成立标准。为了鼓励投资者在基金初次发行的时候认购基金份额，基金的认购费要低于基金的申购费。申购费由基金管理人收取，由基金份额申购人缴纳。基金申购由基金托管人根据基金合同在基金份额申购人申购基金份额时扣取，直接划转到基金管理人指定账户。申购费的收取方式也有价内收取和价外收取两种方式，同认购费用的收取方式一样。这里不再赘述。

　　赎回费是已经购买并持有基金份额的投资者赎回基金份额时向基金管理人支付的手续费。一般来说，赎回费用 = 赎回金额 × 赎回费率。根据中国证监会的规定，赎回费率不得超过赎回金额的3%。为了鼓励投资人长期投资，基金管理人会对持有期限低于一定时间的基金份额持有人收取惩罚性赎回费。例如赎回费率本来是1%，如果基金份额持有人持有基金份额低于3个月，管理人向份额持有人收取3%的赎回费作为惩罚。同时有的基金合同设定了如下条款：如果基金份额持有人持有基金份额超过2年，管理人可以免收基金赎回费。赎回费由基金份额认购人缴纳，可以由基金管理人收取，也可以划归基金财产，这也是某些情况下基金净值会因为基金份额持有人的大量赎回导致基金净值非市场因素上涨。基金赎回由基金托管人根据基金合同在基金份额持有人赎回基金份额时扣取，直接划转到基金管理人指定账户，或划归基金财产。

　　基金销售费：根据中国证监会《开放式证券投资基金销售费用管理规定》，基金销售费用是指基金销售机构在中华人民共和国境内发售基金份额以及办理基金份额的申购、赎回等销售活动中收取的费用。

　　托管费是指基金托管人为保管和处置基金资产收取的费用。基金托管费一般从基金净值中划扣。托管费一般按照净资产的一定百分比例提取，一般的基金合同约定基金托管费逐日从基金净值中计提，每个月度或季度划扣给基金托管人。基金托管费的划扣一般由基金托管机构根据基金合同的约定自动划扣，但在基金托管费划扣期间基金管理人需要保证基金账户中有可供划扣的现金资产。

　　业绩报酬计提频率：国际上对业绩报酬计提日的频率以及基金管理人从账上提取业绩报酬的时点均有一定的限制。一般而言，业绩报酬基准日的选取多数为年或季度，相较国内多按月度的计提频率而言明显较低。

　　业绩报酬提取的模式和方法决定了管理人和投资者利益划分边界。由于提取模式各异、提取频率不一，再加上投资者构成不同，市场环境的千变万化，可能形成不同的业绩报酬提取和支付模式。部分情况下会造成有失公允、有悖受托人职责的情形。例如"业绩报酬"支付的前提是否应在投资者赎回（或清盘）且基金有盈利时发生，扣减份额的方式是否容易被接受，等等。此外，基金业绩报酬的提取除计算标准、计提时点等因素外，还受到基金开放期、信息披露等因素的影响。业绩报酬计提日和开放日不匹配，信息披露不充分或未尽到告知义务都会引起对业绩报酬的质疑。

（5）销售渠道初步沟通

通过前面几个步骤的准备工作，基本上一个完整的基金要素就形成了，此时如果能同合作的几个基金销售渠道进行产品预售的沟通，对于基金发行决策就有很大的意义了。

销售渠道面向基金投资者比较直接，对投资者的需求的把握更加及时。初步渠道沟通可以对当前市场同类产品的销售情况进行了解，对基金的销售前景进行预估。

（6）产品发行决议

基金新产品发行属于公司的重大决策事项，一般应该提交投资决策委员会或其他相关决议部门进行集体决策。在决策会议上，产品经理、投资经理、风控经理都要对新产品发表专业意见。

产品经理将编制完成的基金产品要素表呈递会议审阅，并详细阐述完整的产品方案、可选销售渠道、预期产品规模等事项。

基金经理阐述产品的风险收益特征以及投资方案设计，方案可行性评估等。并对投研团队在该产品投资管理上的优势和劣势进行阐明。

风控经理阐述基金产品的风控方案可行性，投资方案的合理性以及监管政策合规性等，并提出可能的整改意见。

3. 产品要素

产品要素是基金产品重要内容的提炼，是基金产品设计的骨架。有了产品要素，法务和合规人员才能根据要素起草基金合同。表 8 - 3 是一个经典的产品要素表模板（资料来源于招商证券）。

表 8 - 3

产品名称：	×××× 证券投资基金			
管理人名称	×××× 基金管理有限公司			
注册地址	北京市 ×× 区 ×× 路 ×× 大厦 8 层 88 号			
办公地址	北京市 ×× 区 ×× 路 ×× 大厦 8 层 88 号			
合同沟通联系人	李明	联系人电话	1888××8888	联系人邮箱	

续表

拟募资规模	50000 万元	预计成立时间	20XX 年 X 月 XX 日
基金销售方式	■直销（含居间推荐：即不通过代销系统与 TA 对接） □代销（即通过代销系统与 TA 对接）代销机构名称：_____		
是否分级	■管理型产品 □结构化产品（杠杆分级）请详细表述： 优先劣后比例：____：____； 优先劣后收益分配原则： □优先收益的 {X}% 给劣后，优先自身亏损的 {X}% 由劣后承担，其中 X ={_____} □优先收益享受基金整体收益的 {X}%，优先承担整体亏损的 {X}%，其中 X = {_____} □年化收益 {X}%，优先收益低于 {X}% 时 {Y}% 给劣后，高于的 {X}% 时 {Z}% 给劣后，亏损时对称，其中 X = {_____}、Y = {_____}、Z = {_____} □年化收益 {X}% 为基准，基金年化 {X}% 的收益优先享受整体收益的 {Y}%，高于年化 {X}% 优先享有整体收益的 {Z}%，亏损时对称，其中 X = {_____}、Y = {_____}、Z = {_____} □其他（如财务分级等，请详细描述）_____		
存续期限	■永续 □[ ] 年		
认申购起点	■100 万元 □[ ] 万元 追加申购起点 [1] 万元		
认申购费	□无 ■额外缴纳 [1%]（如投资者申购 100 万元，申购费率 1%，则实际交款 101 万元） □价外法 [%]（如投资者申购 100 万元，申购费率 1%，则实际认购金额 99.01 万元） □如有其他考虑，请详细表述：		
禁止赎回的期限	■无 □自基金成立之日起_____个月 □自基金份额申购确认日起_____个月		
开放日	□每月_____号（遇节假日顺延至下一工作日）； ■每月第 1 个工作日； □每月最后一个工作日； □每季度第_____月的_____号（遇节假日顺延至下一工作日）。 □如有其他考虑，请详细表述：_____		

预约申赎机制	■不需要预约申赎 □需要预约申赎 申购预约 T－_____日至 T－_____日 赎回预约 T－_____日至 T－_____日
赎回费用	■本基金投资者持有期不足［____6____个月］的赎回本基金，赎回费率为［____2____％］，但本基金投资者持有期满［____6____个月］的免赎回费。 □如有其他安排，请详细表述：_____
赎回费用	□管理人 ■基金资产 □销售机构
巨额赎回处理方式	■全部接受，资金交收时间在 30 个工作日内； □部分接受，未接受的赎回申请顺延至下个开放日处理
投资经理简介	
投资目标	在风险可控的前提下，实现客户资产长期、持续、稳定的增值
投资范围	本基金的投资范围包括沪深交易所上市交易的股票、债券（包括银行间债券、交易所债券、可转换债券、可交换债券）、沪深交易所上市交易的存托凭证、优先股、证券回购、存款、公开募集证券投资基金（包括分级基金 B，但不包括非货币类 ETF 基金一级市场申购、赎回）、期货、场内期权、权证、资产支持证券、证券公司收益凭证。本基金可以参与融资融券交易、港股通交易、新股申购，也可以将其持有的证券作为融券标的出借给证券金融公司。本基金可投资于证券公司（含证券公司子公司）资产管理计划、期货公司（含期货子公司）资产管理计划、银行理财产品、在基金业协会登记的私募证券投资基金管理人发行并由具有证券投资基金托管资格的机构托管或由具有相关资质的机构提供私募基金综合服务的契约式私募投资基金，也可投资于上述产品的劣后级份额。 特别提示 1：受"资管新规"多层嵌套限制，如本基金投资范围涉及"本基金可投资于证券公司（含证券公司子公司）资产管理计划、期货公司（含期货子公司）资产管理计划、银行理财产品、在基金业协会登记的私募证券投资基金管理人发行并由具有证券投资基金托管资格的机构托管或由具有相关资质的机构提供私募基金综合服务的契约式私募投资基金，也可投资于上述产品的劣后级份额"的，请管理人确保本基金投资者不含"资管产品"，或投资的"资管产品"不再投资"资管产品"

续表

投资范围	特别提示2：如本基金投资于"信托计划、基金公司（含基金子公司）特定客户资产管理计划、保险公司（含保险子公司）资产管理计划"的，请明确具体的投资标的名称。 特别提示3：如有其他需求［如投资"场外期权（仅限于证券公司及其子公司作为交易对手)"］请在合同拟定阶段与产品经理进行确认。 □如需调整，请详细说明：
投资策略	"自上而下"确定仓位策略、配置策略；"自下而上"精选投资标的；精准择时投资
投资限制	■基本无投资限制 本基金投资组合遵循相关法律法规或监管部门对于投资比例限制的规定。 本基金投资于沪深交易所上市交易的存托凭证按市值计算占基金资产总值的比例为0%～100%。 □如有相关投资比例限制，请参照以下条款补充、修改、删除相应（股票、债券、期货等）投资比例限制指标，如： 1、本基金持有的股票，依买入成本计算，不得超过基金资产净值的X%； ……
止损线、预警线	（注意：设置预警止损线在实际操作中容易引起投资纠纷，且托管人会根据监管要求将产品触及预警线或止损线的上报相关情况，因此须慎重选择是否设置预警止损线） □无止损线、预警线安排 □有止损线（净值触及止损产品即清盘）、但无预警线的风控安排 止损线［0.X元］ □有止损线（净值触及止损产品即清盘）、基金到达预警线以下基金份额持有人有权追加增强资金（基金份额持有人须按份占比追加和取回，且追加了增强资金在取回之前基金全封闭运作___个月，一旦开放申赎增强资金无法取回） 预警线［0.X元］、止损线［0.X元］ ■有止损线（净值触及止损产品即清盘）、基金到达预警线以下管理人采取以下的风险控制措施进行预警（请罗列）：如触及预警线后的十个工作日内使所持有的现金类资产（包括存款、证券保证金、备付金、货币基金、债券逆回购）比例不低于基金资产净值的50%（以成本价计算），直到基金份额净值恢复到预警线以上。 预警线［0.80元］、止损线［0.70元］
风险级别	___R4___ （R5/R4/R3/R2/R1）风险
管理费率	___1___ %

托管及外包服务费率	托管费率____0.075____% 外包服务费率____0.075____%
保底托管及外包服务费	□_____万元 ■特殊情况说明____无保底____
业绩报酬计提方式	□基金资产高水位法，提取比例____%（若份额有赎回锁定期则不允许用此计提方式） □基金投资者赎回时计提业绩报酬（无业绩比较基准），提取比例____% □基金投资者赎回时计提业绩报酬（有业绩比较基准____%），提取比例____% □基金投资者赎回时和分红时计提业绩报酬（无业绩比较基准），提取比例____% □基金投资者赎回时和分红时计提业绩报酬（有业绩比较基准____%），提取比例____% □固定时点通过扣除投资者份额的方式＋投资者赎回时计提业绩报酬，固定时点_____，提取比例____%（固定时点需与开放日重合，且对于处于锁定期的份额不计提业绩报酬） ■如有其他业绩报酬计提方式，请详细说明： 基金投资者赎回时和分红时计提业绩报酬（无业绩比较基准），提取比例： 分段计提：累计收益10%（含）以下不计提；累计收益10%～30%（含）部分计提20%；累计收益30%～50%（含）部分计提30%；累计收益50%以上部分计提60%。
收益分配	一般设计： □现金分红； □分红转投资； ■现金分红或红利转投资（默认现金分红，投资者如选择红利转投资，则需向管理人提出申请） □如有其他收益分配方案，请详细列明_____。
收益分配次数	每年收益分配____4____次
经纪商选择	■证券经纪商：［招商证券］ □期货经纪商：［××××期货］ □如有多个经纪商，请详细说明
其他个性化需求	有否投资顾问（是/否）____否____，若有，则投顾公司名称_____，固定投顾费率____%，业绩报酬____%归投顾

其他个性化需求	是否双管理人（是/否）_____ 否 _____ B 管理人信息： 管理人名称（必填）_____ 注册地址（必填）_____ 办公地址（必填）_____ 法定代表人（必填）_____ 管理人电话（必填）_____ 管理人传真（选填）_____ 管理人网址（选填）_____ A 管理人和 B 管理人具体分工（填"管理人 A"或"管理人 B"或"管理人 A 和管理人 B"）： ［募集基金管理人］_____ ［募集户开户基金管理人］_____ ［平台开户管理人］_____ ［信息披露（投资者）管理人］_____ ［备案管理人］_____ ［投资管理人］_____ ［估值核算管理人］_____ ［对外签署协议（投资协议等）管理人］_____ ［交易相关账户开户管理人］_____ ［划款管理人］_____ ［投资监督对接管理人］_____ ［收益分配方案确定的管理人］_____ ［纳税管理人］_____ ［预警止损基金管理人］（如有）_____ ［聘请投顾管理人］（如有）_____

产品名称：基金的产品名称不是可以随便命名的，不同的监管机构对其监管范围内的基金管理机构产品的命名有不同的规范。

中国证券投资基金业协会在《私募投资基金命名指引》中对私募基金的命名规范如下：私募投资基金名称不得明示、暗示基金投资活动不受损失或者承诺最低收益，不得含有"安全""保险""避险""保本""稳赢"等可能误导或者混淆投资人判断的字样。不得使用"资管计划""信托计划""专户""理财产品"等容易与金融机构发行的资产管理产品混淆的相同或相似字样；契约型私募投资基金名称中应当包含"私募"及"基金"字样，避免与公开募集投资基金混淆。

《证券期货经营机构私募资产管理业务运作管理暂行规定》第四条规定，结构化资产管理计划名称中必须包含"结构化"或"分级"字样；由于该规定同样适用于私募证券投资基金，因而结构化私募证券投资基金名称中，也必须包含"结构化"或"分级"字样。

深圳证券交易所《开放式基金代码及简称编制规则》第四条规定："开放式基金的简称由 4 个汉字字符串或长度不超过 4 个汉字的字符串构成，字符串的前两位必须为汉字，代表基金管理公司的名称。"

中国证券监督管理委员会《公开募集证券投资基金运作管理办法》第七条规定："基金名称表明基金的类别和投资特征，不存在损害国家利益、社会公共利益，欺诈、误导投资者，或者其他侵犯他人合法权益的内容。"第三十一条规定："基金名称显示投资方向的，应当有百分之八十以上的非现金基金资产属于投资方向确定的内容。"

管理人：基金产品的发行主体，如果是通道产品，基金管理人是不作为基金资产的投资主体而出现，投资顾问是投资的真正主体。

基金销售方式：一般来说基金销售方式有直销和代销两种方式。基金直销指通过基金发行主体买卖基金份额的一种方式，基金直销的销售主体是基金公司。基金代销是具有基金代销资格的基金销售机构接受基金管理公司委托，代理销售基金产品。基金代销的销售主体是基金销售机构。

基金分级：基金分级是对基金产品份额属性进行设计。本书在基金产品结构设计一节中对基金分级进行了详细的说明。

存续期限：存续期限是基金产品的最长生存周期。一般来说，基金产品的存续期限不短于 1 年。对于公募基金来说，封闭式基金通常设定了固定的存续期。目前按照证监会规定是至少 5 年，一般封闭式基金的存续期限在 10～15 年，且基金存续期届满之后可延长。开放式基金存续期可以是永续运行的。

认申购起点：不同类型的基金对认购起点的要求不一样。一般来说，私募性质的证券投资基金认购起点都是最低 100 万元。例如私募证券投资基金、证券公司（含证券公司子公司）资产管理计划、期货公司（含期货子公司）资产管理计划、基金子公司的资产管理计划等，其认购起点都是 100 万元。某些私募性质的证券投资基金甚至将认购起点设置在 300 万元以上。私募基金的申购（追加认购）起点一般在 1 万～10 万元，并且有些基金要求以最低申购起点的整数倍数申购。公募基金中的股票型基金、债券型基金、混合型基金等的申购起点大多数是 1000 元起，有部分公募基金的申购起点是 5000 元。

基金费用：基金费用包括管理费、投资顾问费、代销费、申购赎回费等在上节已有详细的描述。

禁止赎回的期限：禁止赎回的期限又称为基金封闭期，是指基金成功募集完成之后，或者基金份额持有人成功认购基金份额之后，会有一段时间管理人不接受基金份额持有人赎回基金份额的期限。封闭期的概念一般是对开放式基金来说，对于封闭式基金，基金份额持有人在认购基金份额之后直至基金到期清算的整个期间都不能进行赎回操作。基金封闭期不是必须设定的选项，但为了防止基金投资人频繁申购赎回带来的基金资产管理问题，同时鼓励基金投资者长期投资，基金都会设置一定时间的封闭期。对于私募性质的证券投资基金来说，基金的封闭期从基金份额持有人认购基金份额的试点算起，一般设定 6 个月到 1 年的封闭期。某些价值投资理念为主导的私募基金封闭期可以达 2 年。对于公募开放式基金来说，首次募集结束后通常也会有一个封闭期，开放式公募基金的封闭期一般不超过 3 个月。

开放日：基金开放日必须是交易日。在基金开放日，基金管理人和托管人可以为基金投资者办理申购、赎回等业务。对于开放式公募基金来说，正常情况下，所有的交易日理论上都可以为投资者办理申购、赎回等业务。但是，当基金规模扩大到一定程度的时候，基金管理公司有可能在某一段时间内暂停办理申购、赎回等业务。对于私募基金来说，大部分私募基金投资者不是每个交易日都能进行申购赎回操作的。一般私募性质的基金产品的开放日都是每月月初或每季度的某一个或几个工作日。

预约申购赎回机制（含巨额赎回处理）：预约申购赎回机制是为了保证基金申购赎回时，基金管理人可以提前根据投资人的申购赎回意向合理安排基金投资和基金现金资产的一种制度安排。尤其是当单一基金份额持有人在基金份额比例中占比较大的时候，巨额的赎回操作可能会造成基金资产变现的流动性问题。影响基金变现的效率，进而对基金净值造成较大的不利影响，所以当基金资产投资某些流动性较差的债券资产的时候，基金合同会对单一客户的巨额赎回行为做出一定的约束条款，如巨额赎回需提前一个月通知基金管理人等措施。

投资目标：投资目标决定了投资方式，也是基金管理人投资理念的体现，是基金管理人设定的预期基金投资方式和投资效果。

投资范围：基金的投资范围是约束基金管理人在基金投资过程中的投资行为的重要规范。为了防止基金管理人和投资团队在基金管理过程中偏离预定的投资理念和投资方向，基金合同必须设定基金投资范围的要素。监管机构对不同类型的证券投资基金的投资范围都有明确的约束。一般来说，私募类型的证券投资基金其投资范围监管约束较少，甚至有些混合型的私募基金在基金合同中列出了监管机构允许的所有的投资范围。这种做法一方面可以保证投资团队操作的灵活性，另一方面加大了投资经理的管理风险，加大了基金产品风格变动的可能性。对于公募基金，股票型基金的投资范围一般都是股票，基本不允许商品期货和期权等衍生品等投资范围的出现。一般来说，基金合同中明确列示的投资范围才是后期基金运作过程中可以投资的市场方向，投资范围的表述必须明确，不能有"等等"等模糊的词语出现，或即使有模糊定义出现，皆不能视作合同认可的基金投资范围。基金投资范围由基金管理人或基金投资顾问自觉遵守，并由基金托管人强制监管。如果基金管理人或投资顾问没有按照基金合同约定的投资范围基金投资，基金托管人有权责令基金管理人或投资顾问立即改正，如果基金管理人或投资顾问未能在限期内改正，基金托管人有权亲自负责基金投资范围的更正工作，包括强制平仓等措施。

投资限制：投资限制也是约束基金管理人在基金投资过程中的投资行为规范。投资限制包括投资比例限制，投资禁止限制等。如单只股票成本占基金净值的比例不能超过 X%。禁止购买 ST 类型的股票等。

投资策略：投资策略是本基金产品未来使用的策略体系的概述。例如市场中性策略为主还是量化选股为主，主动管理还是被动管理等。

收益分配次数：收益分配次数是每年管理人提取多少次管理费和基金业绩报酬。

证券期货经纪商：证券投资基金产品要进行证券投资必须去期货公司或证券公司开立证券期货投资账户。基金账户属于特殊法人账户。特殊法人是天然的专业投资者，受证券监督管理机构限制的投资范围较少。例如个人投资者和一般法人投资者在投资场内和场外期权的时候都有投资经验和可交易金融资产的限制，但是基金产品在投资场内和场外期权时是直接默认的合格投资者，可以直接开户。

4. 基金组织结构图

通过基金组织结构可以一眼明了地看清楚基金运行的参与各方，以及产品结构的相关信息。图 8-1 是一个简单的私募证券投资基金产品结构。

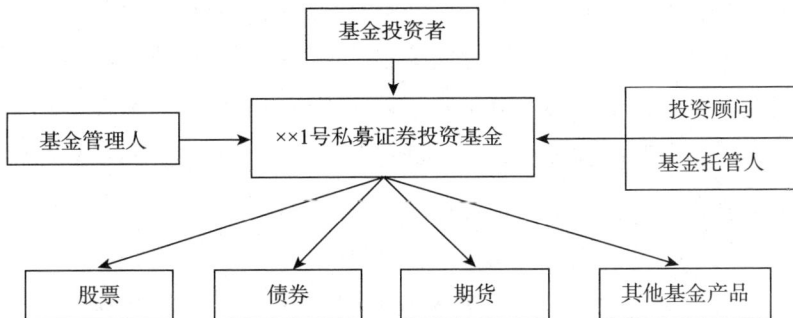

图 8-1

（1）合同定制

当基金产品报经投资决策委员会等相关部门审议通过之后，就要进入基金产品的成立准备阶段了。一般来说，证券类投资基金产品的组织形式大部分都是契约型基金。与契约型基金相关的合同和协议有：基金合同、托管协议、经纪服务协议、投资顾问协议、基金代销协议等。

基金合同一般是三方合同，是基金管理人、基金托管人和基金投资人为明确基金当事人各方权利和义务关系而订立的协议文书。基金合同是基金产品最重要的合同文书。

托管协议一般是两方协议，是基金管理人与基金托管人（一般为具有托管资格的证券公司或商业银行）就基金资产的托管事宜达成的协议文书。托管协议以合同的形式明确委托人、基金管理人和托管人的权利和义务关系。

经纪服务协议一般是指证券经纪协议和期货经纪协议，经纪服务协议是两或三方协议，是基金管理人、证券公司或期货公司以及基金托管人就基金产品开立证券账户和期货账户而订立的协议文书。

投资顾问协议一般是两方协议，是基金管理人和基金投资顾问方就管理人委托投资顾问在基金合同和投资顾问协议的约束下进行资产投资的协议文书。投资顾问协议的内容不能同基金合同的内容有任何冲突的地方。如果有冲突，以基金合同的约定内容为准。

基金代销协议一般是两方协议，是基金管理人和基金销售机构就管理人委托销售机构进行基金销售而订立的协议文书。

①基金合同。

基金要素表定义了基金的核心事项，基金公司的合规风控部门或法务部门根据基金要素表的内容进行基金合同编制。每个基金管理公司都会使用特定的基金合同模板，因此要素表实际是基金合同模板中的特定约束事项。

基金合同的主要内容包括特殊名词释义、基金基本情况、基金募集或份额发售、基金成立与备案、基金申购赎回与份额转让、当事人权利和义务、基金份额持有人大会、基金份额登记、基金投资、基金财产、基金托管、基金估值、基金费用、基金收益分配、基金信息披露、合同的变更与终止、基金清算、违约责任、争议解决、风险揭示等。

证监会对公募基金的合同内容有专门的要求，根据中国证券监督管理委员会发布的《中华人民共和国证券投资基金法》第五十二条　公开募集基金的基金合同应当包括下列内容：

（一）募集基金的目的和基金名称；

（二）基金管理人、基金托管人的名称和住所；

（三）基金的运作方式；

（四）封闭式基金的基金份额总额和基金合同期限，或者开放式基金的最低募集份额总额；

（五）确定基金份额发售日期、价格和费用的原则；

（六）基金份额持有人、基金管理人和基金托管人的权利、义务；

（七）基金份额持有人大会召集、议事及表决的程序和规则；

（八）基金份额发售、交易、申购、赎回的程序、时间、地点、费用计算方式，以及给付赎回款项的时间和方式；

（九）基金收益分配原则、执行方式；

（十）基金管理人、基金托管人报酬的提取、支付方式与比例；

（十一）与基金财产管理、运用有关的其他费用的提取、支付方式；

（十二）基金财产的投资方向和投资限制；

（十三）基金资产净值的计算方法和公告方式；

（十四）基金募集未达到法定要求的处理方式；

（十五）基金合同解除和终止的事由、程序以及基金财产清算方式；

（十六）争议解决方式；

（十七）当事人约定的其他事项。

如果基金产品有投资顾问，那么基金合同中还有投资顾问的章节内容。

②托管协议。

基金托管协议的主要内容包括协议订立的目的与原则、当事人权利与义务、基金财产的保管、投资指令及划款指令的发出确认与执行、交易安排、托管费用、认购申购赎回转换及分红清算、基金估值与净值计算、基金份额持有人名册登记与保管、违约责任等。

③经纪服务协议。

经纪服务协议的主要内容包括账户的开立与保管、数据与指令的输出与接收、交易税费计算、证券交易、资金管理、交易清算等。

④投资顾问协议。

投资顾问协议的主要内容包括投资范围与投资限制、投资顾问费、合同双方的权利和义务、保密条款、违约责任等。

⑤基金代销协议。

基金代销协议的主要内容包括代销事项描述、代销费用、合同双方的权利和义务、保密条款、违约条款等。

（2）基金备案

基金备案制度是监管机构对资产管理公司合法合规进行产品发行和管理的事前风控机制。根据不同的监管机构对各种基金产品和资产管理计划的要求，基金产品运行之前或运行之后的一定时间限制内，基金管理人需按照监管要求向相关部门报备基金产品相关材料。

①中国银保监会监管体系下的基金备案。

银行理财产品和信托产品是银保监会监管体系下的主要基金产品。按照相关法律法规，这两类产品的备案制度如下。

根据中国银行保险监督管理委员会发布的《商业银行理财业务监督管理办法》：

第十二条　商业银行总行应当按照以下要求，在全国银行业理财信息登记系统对理财产品进行集中登记：

（一）商业银行发行公募理财产品的，应当在理财产品销售前10日，在全国银行业理财信息登记系统进行登记；

（二）商业银行发行私募理财产品的，应当在理财产品销售前2日，在全国银行业理财信息登记系统进行登记；

（三）在理财产品募集和存续期间，按照有关规定持续登记理财产品的募集情况、认购赎回情况、投资者信息、投资资产、资产交易明细、资产估值、负债情况等信息；

（四）在理财产品终止后5日内完成终止登记。

根据管理办法，银行理财产品的报备部门是全国银行业理财信息登记系统，该系统是中央国债登记结算有限责任公司开发并管理的。

根据原中国银行业监督管理委员会发布的《信托登记管理办法》：

第三条　信托机构开展信托业务，应当办理信托登记，但法律、行政法规或者国务院银行业监督管理机构另有规定的除外。

第九条　信托登记信息包括信托产品名称、信托类别、信托目的、信托期限、信托当事人、信托财产、信托利益分配等信托产品及其受益权信息和变动情况。

第十条　信托机构应当在集合资金信托计划发行日五个工作日前或者在单一资金信托和财产权信托成立日两个工作日前申请办理信托产品预登记（简称信托预登记），并在信托登记公司取得唯一产品编码。

第十一条　信托机构应当在信托成立或者生效后十个工作日内申请办理信托产品及其受益权初始登记（简称信托初始登记）。

第十二条　信托存续期间，信托登记信息发生重大变动的，信托机构应当在相关事项发生变动之日起十个工作日内就变动事项申请办理信托产品及其受益权变更登记（简称信托变更登记）。

第十三条　信托终止后，信托机构应当在按照信托合同约定解除受托人责任后十个工作日内申请办理信托产品及其受益权终止登记（简称信托终止登记）。

银保监会对信托产品的监督管理是分类分阶段进行的。一般来说，分前期管理和中后期管理两个时段进行管理。前期时段，单一信托计划为报备制度，即信托公司发行信托产品时将信托产品相关材料向银保监会（银监局、银监分局）报备。集合信托计划为报批，即信托公司发行产品时将信托产品相关材料向银保监会（银监局、银监分局）呈递，待获得批准后方可发行集合信托产品。大部分面向公众发行的信托产品为集合类信托计划产品。中后期时段，信托公司需要定期将信托产品的运行情况向银保监会（银监局、银监分局）报告。

②中国证监会监管体系下的基金备案。

公募基金、私募基金、证券公司资产管理计划、期货公司资产管理计划是证监会监管体系下的主要基金产品。按照相关法律法规，这几类产品的备案制度如下。

公募基金备案管理：根据中国证券监督管理委员会发布的《中华人民共和国证券投资基金法》，相关内容如下：

第五十条

公开募集基金，应当经国务院证券监督管理机构注册。未经注册，不得公开或者变相公开募集基金。前款所称公开募集基金，包括向不特定对象募集资金、向特定对象募集资金累计超过二百人，以及法律、行政法规规定的其他情形。公开募集基金应当由基金管理人管理，基金托管人托管。

第五十五条

基金募集申请经注册后，方可发售基金份额。基金份额的发售，由基金管理人或者其委托的基金销售机构办理。

第五十八条

基金募集期限届满，封闭式基金募集的基金份额总额达到准予注册规模的百分之八十以上，开放式基金募集的基金份额总额超过准予注册的最低募集份额总额，并且基金份额持有人人数符合国务院证券监督管理机构规定的，基金管理人应当自募集期限届满之日起十日内聘请法定验资机构验资，自收到验资报告之日起十日内，向国务院证券监督管理机构提交验资报告，办理基金备案手续，并予以公告。

第九十七条　从事公开募集基金的销售、销售支付、份额登记、估值、投资顾问、评价、信息技术系统服务等基金服务业务的机构，应当按照国务院证券监督管理机构的规定进行注册或者备案。

根据《中华人民共和国证券投资基金法》，不仅公募基金管理人发行公募基金产品的时候需要办理基金备案手续，公募基金代销机构、份额登记机构等公募基金服务机构也要注册或备案。

私募基金备案管理：为规范私募投资基金业务，保护投资者合法权益，促进私募投资基金行业健康发展，根据《中华人民共和国证券投资基金法》和中国证券监督管理委员会的授权，中国证券投资基金业协会制定了《私募投资基金管理人登记和基金备案办法（试行）》，相关内容如下：

第三条　中国证券投资基金业协会（以下简称基金业协会）按照本办法规定办理私募基金管理人登记及私募基金备案，对私募基金业务活动进行自律管理。

第十一条　私募基金管理人应当在私募基金募集完毕后20个工作日内，通过私募基金登记备案系统进行备案，并根据私募基金的主要投资方向注明基金类别，如实填报基金名称、资本规模、投资者、基金合同（基金公司章程或者合伙协议，以下统称基金合同）等基本信息。

第十二条　私募基金备案材料不完备或者不符合规定的，私募基金管理人应当根据基金业协会的要求及时补正。

第十三条　私募基金备案材料完备且符合要求的，基金业协会应当自收齐备案材料之日起20个工作日内，以通过网站公示私募基金基本情况的方式，为私募基金办结备案手续。网站公示的私募基金基本情况包括私募基金的名称、成立时间、备案时间、主要投资领域、基金管理人及基金托管人等基本信息。

第十四条　经备案的私募基金可以申请开立证券相关账户。

私募基金备案的主管部门是中国证券投资基金业协会。只有通过备案的私募基金产品，获得证券投资基金业协会的备案函，才能去中国证券登记结算有限公司申请股东卡，有了股东卡，私募基金管理人才能去证券公司开立证券账户。

证券公司资产管理计划备案管理：根据中国证券监督管理委员会《证券公司集合资产管理业务实施细则》相关内容如下

第十条 证券公司发起设立集合资产管理计划后5日内，应当将发起设立情况报中国证券业协会备案，同时抄送证券公司住所地、资产管理分公司所在地中国证监会派出机构，并提交下列材料：

（一）备案报告；

（二）集合资产管理计划说明书、合同文本、风险揭示书；

（三）资产托管协议；

（四）合规总监的合规审查意见；

（五）已有集合计划运作及资产管理人员配备情况的说明；

（六）关于后续投资运作合法合规的承诺；

（七）中国证监会要求提交的其他材料。

根据中国证券监督管理委员会《证券公司定向资产管理业务实施细则》，相关内容：

第四十五条 证券公司应当在5日内将签订的定向资产管理合同报中国证券业协会备案，同时抄送证券公司住所地、资产管理分公司所在地中国证监会派出机构。

根据细则，证券公司的定向资产管理计划和集合资产管理计划均需要报中国证券业协会备案。

期货公司资管计划备案：根据中国证券监督管理委员会发布的《期货公司资产管理业务试点办法》，期货公司进行资产管理业务，在发行基金产品时不需要向中国证券监督管理委员会呈报备案信息。

根据中国证券投资基金业协会发布的《证券期货经营机构私募资产管理计划备案管理办法（试行)》，证券公司定向和集合资产管理计划、期货公司资产管理计划还需要报中国证券投资基金业协会备案。相关内容如下：

第二条 证券期货经营机构开展私募资产管理业务，应当加入中国证券投资基金业协会（以下简称证券投资基金业协会）成为会员，并按照证券投资基金业协会要求，及时进行私募资产管理计划备案，报送资产管理计划运行信息，接受证券投资基金业协会自律管理。

本办法所称证券期货经营机构，是指证券公司、基金管理公司、期货公司及前述机构依法设立的从事私募资产管理业务的子公司。

第七条　资产管理人应按照本办法要求向证券投资基金业协会报送资产管理计划的设立、变更、展期、终止、清算备案，以及定期报告、不定期报告，并及时报送资产管理计划的运行情况、风险情况等信息。

(3) 产品与策略

产品的风险收益特征与基金产品拟投资的市场以及计划使用的策略体系是相匹配的，同时与基金经理的投资理念也有关系。

一般来说，私募证券投资基金的投资范围可以包括但不限于股票市场、债券市场、期货市场、期权市场、场外衍生品市场（场外期权、收益互换等）以及证券市场。不同的策略在不同的证券市场上进行交易会产生不同风险收益特征的投资结果。例如，对于买入并持有的多空策略来说，期货市场和期权市场由于其高杠杆特征，容易产生较大的投资风险，但也可能带来较大的投资收益；高评级债券市场的风险较小，收益稳定，但是不可能产生较高的收益。但是如果在期货市场上采用 T + 0 策略或者跨期套利策略，其风险也比较小。

此外，策略组合的设计也对资产组合的风险收益特征产生明显的影响。长、中、短线策略组合的设计，趋势策略、反转策略与其他类策略的配置能产生不同的组合风险收益特征。

多市场投资策略一方面会加大基金产品的管理难度，但是另一方面又能降低不同市场之间的相关性，可以降低组合投资风险。

风控设计理念的设计也对基金产品的风险收益特征产生较大的影响。例如单一品种最大资产配置比例的限制，多策略产品单一策略最大资金使用的限制，资产净值在一定范围内风险策略和风险资产的配置比例限制等，都会形成不同风险收益特征的产品。

第六节 资管产品创新

中国的资产管理行业发展历史较短，资产管理机构产品多样化不足，满足投资者多样化、个性化的投资需求是各个资产管理机构应该努力的方向。

随着资本市场的发展，居民收入来源日趋多元化，收入的保值增值需求也越来越大，收入来源的多元化又会带来市场冲击的多样化，因此投资者个性化的理财需求越来越强烈。对资产管理机构产品创新也带来了新的挑战。

随着金融技术的发展，金融工具也日益丰富，尤其是资本市场的开放，可投资的资产类别也越来越多，产品创新的条件越来越好。余额宝、银行个性化理财、商品 ETF 基金产品都是金融产品创新的鲜活实例。

作为基金管理行业的主力军，公募基金在产品创新上一直没有停止脚步，从封闭式基金试水到 LOF 基金、公募 FOF 基金、分级基金、保本基金、商品 ETF 基金，公募基金的产品创新基本围绕着投资者的现实需求，满足投资者多样化投资的要求。为了打破公募基金管理费的收费模式，南方基金推出了行业首只"赚钱才收固定管理费"的基金产品——南方瑞合 3 年定期开放混合型发起式基金（LOF），该基金采取有条件收取管理费的模式，即每 3 年封闭期结束后如果基金收益率为正，才向投资者收取每年 1.5% 的管理费；如果每 3 年封闭期结束后基金收益率小于或者等于零，则不收取管理费。此外"公募基金＋资产证券化"的房地产投资信托基金（REITs）模式也是公募基金产品创新的新探索。2019 年境内首批商品期货 ETF 产品——华夏饲料豆粕期货 ETF、建信易盛郑商所能源化工期货 ETF、大成有色金属期货 ETF 获得中国证监会准予注册的批复，在深圳证券交易所上市交易。支付宝与货币基金的结合就产生了余额宝这种互联网金融与基金管理相结合的创新模式。

银行理财产品也是广大居民进行投资理财的重要途径。银行理财产品已从过去的结构单一向多元化发展。在打破刚性兑付之后，银行理财产品收益的浮动性会加大，投资风险也会增加。这一方面给银行带来客户流失的压力，另一方面激励银行进行产品创新。目前银行结构化理财产品的规模急剧扩大，针对产业大客户，银行开始探索结构化理财产品同企业套期保值相结合。例如针对钢铁企业的阶段性高利润现象，钢铁企业一方面手中积累了大量的现金资产，另一方面又担心未来的利润会下降，银行理财部门根据企业的个性化需求，设计了一款基于螺纹钢、焦炭、铁矿石期货合约的指数挂钩型产品，指数组合为钢厂利润：螺纹钢—设定比例的焦炭—设定比例的铁矿石。设计的收益结构为指数看跌期权，也就是如果钢厂利润下降，钢铁企业就能在购买的银行理财产品浮动收益端获得风险补偿。这种模式大受钢铁加工企业的青睐，同时为了减轻钢铁企业购买理财产品带来的资金压力，钢铁企业从银行购买的理财产品又可以向银行申请贴现，拿出部分资金用于经营。这种模式一举多得。

有些资管产品创新是基于规避监管的需要出现的。中国目前的分业监管模式使得监管套利机会很多，为了规避监管，资产管理机构在产品创新方面也是费尽心机。

资管产品创新是一把双刃剑，一方面增加了资管产品的多样性，满足了投资者的个性化需求，另一方面也带来了相应的风险。首先是对投资者的风险，对于投资者来说，多样化的选择不一定完全是好事儿，过多的选择增加了投资者的选择难度，并且复杂的金融产品其风险收益特征可能不稳性，尤其是嵌入期权的结构化产品，其复杂性可能连专业的金融机构人员都难以理解。投资者在面对这样的资管产品时，风险偏好需求与资管产品的风险收益特征出现错配的概率就会增加。另一方面，个性化的资管产品带来了投资管理的难度，不同的投资产品风险收益特征各异，如果使用单一的管理团队单独管理各个风险收益特征的个性化产品，资产管理机构的人力资源成本和管理成本就会大大增加。如果采用同一个团队管理不同的资管产品，就会产生诸如交易公平性问题、管理混乱问题以及产品风险收益特征的不稳定问题。其次，衍生品的使用虽然对灵活多变的投资需求很有帮助，但是衍生品的杠杆特征导致交易风险加大。如果管理不善，将给投资者带来不可承受的风险。最后是监管问题，越来越多的个性化产品增加了监管的成本和难度，对监管机构提出了更高的挑战。

第七节　基金募集管理

基金产品的募集管理是合规管理重要的组成部分，在基金募集管理的过程中，宣传推介方式和场所要合规，基金募集渠道有自有渠道募集和第三方销售渠道募集两种途径。在基金销售过程中，要将合适的产品销售给合适的投资者，因此基金风险等级划分和投资者适当性管理很重要。在基金募集过程中，有必要对投资者进行适当沟通，让投资者了解产品的风险收益特征以及基金的投资理念和风格，并认真审视自己是否适合购买此类产品。

当前基金产品根据募集方式的不同分为公开募集基金（公募）和非公开募集基金（私募）。两种不同类型的基金产品在募集对象、投资门槛、产品规模、投资范围、投资风格、基金费用、份额流动性、信息披露等方面有所不同（表8-4）。

表8-4

	公开募集基金	非公开募集基金
募集对象	一般不限定投资者资格	1. 具备相应风险识别能力和风险承担能力； 2. 投资于单只私募基金的金额不低于100万元； 3. 机构投资者净资产不低于1000万元，个人投资者金融资产不低于300万元或者最近三年个人年均收入不低于50万元
投资门槛	门槛较低100～1000元不等	100万元或更高
投资者数量	可以超过200人	不能超过200人
产品规模	一般规模较大，几亿元到几百亿元的都有，但是也有运行不成功的几千万级别的迷你基金	规模从100万元到几亿元不等，超过10亿元的单只基金很少
投资范围	一般为股票和债券，期货期权等衍生品涉及不多	理论上证监会规定的可以作为证券投资基金投资范围的金融产品都可以投资
投资风格	一般追求相对回报，以某个基准指数为业绩比较基准	追求绝对回报和超额收益
基金费用	主要是管理费	管理费＋业绩报酬
份额流动性	流动性较好，除了封闭期之外，一般可以随时申购赎回	一般为封闭式运作，即使允许申购赎回，也是在规定的开放期内才可以申购和赎回。而且基本上开放期不连续，每月开放或每季度开放
信息披露	每个季度都要详细地披露其投资组合，持仓比例等信息	一般不披露底层持仓

1. 宣传推介管理

（1）募集期管理

基金募集期指从基金招募说明公告开始到基金成立为止的这段时间。在基金募集期间，基金公司可以通过直销或代销机构代销的方式进行基金份额的销售，也可以同时采用两种方式进行销售。一般来说公开募集基金会同时委托多家基金代销机构进行基金份额销售。在基金募集期，投资者只能买入基金份额。通常来说，公募基金的募集期为15天，私募基金的募集期一般为1~3个月。

在基金募集期，管理人可以决定募集期结束，产品进入封闭期，宣布产品成立。在基金募集期限内，如果产品募集不理想，管理人可以延长募集期限。

（2）宣传对象管理

公募基金的宣传推介对象可以为不特定对象，也就是说公募基金可以通过网站、微信、微博、广告等途径公开宣传。

私募基金的宣传推荐对象必须为特定对象。根据《私募投资基金募集行为管理办法》的规定，不得用以下方式宣传推介基金，包括公开出版资料；面向社会公众的宣传单、布告、手册、信函、传真；海报、户外广告；电视、电影、电台及其他音像等公共传播媒体；公共、门户网站链接广告、博客等；未设置特定对象确定程序的募集机构官方网站、微信朋友圈等互联网媒介；未设置特定对象确定程序的讲座、报告会、分析会；未设置特定对象确定程序的电话、短信和电子邮件等通讯媒介。特定对象调查程序应当采取问卷调查方式，对投资者的风险识别能力和风险承担能力进行评估。未经特定对象确定程序，不得向任何人宣传推介私募基金。

（3）宣传推介内容管理

根据监管政策规定：基金产品宣传推介的内容应该与基金合同一致，不得有任何虚假记载，不得有误导性陈述，或重大遗漏陈述；不得以任何方式承诺投资者资金不受损失，或者以任何方式承诺投资者最低收益，包括宣传"预期收益""预计收益""预测投资业绩"等相关内容；不得夸大或者片面推介基金，违规使用"安全""保证""承诺""保险""避险""有保障""高收益""无风险"等可能误导投资人进行风险判断的措辞；不得采用不具有可比性、公平性、准确性、权威性的数据来源和方法进行业绩比较，任意使用"业绩最佳""规模最大"等相关措辞；不得恶意贬低同行。

2. 销售渠道管理

根据中国证券监督管理委员会发布的《证券投资基金销售管理办法》，基金销售包括基金销售机构宣传推介基金，发售基金份额，办理基金份额申购、赎回等活动。基金销售机构是指基金管理人以及经中国证券监督管理委员会及其派出机构注册的其他机构。基金管理人可以办理其募集的基金产品的销售业务。商业银行（含在华外资法人银行）、证券公司、期货公司、保险机构、证券投资咨询机构、独立基金销售机构以及中国证监会认定的其他机构从事基金销售业务的，应向工商注册登记所在地的中国证监会派出机构进行注册并取得相应资格。

根据当前的监管政策，基金管理人可以选择销售自己发行的基金产品，也可以选择通过基金销售机构代销产品。银行、证券公司等金融机构必须取得基金销售业务资格方可进行基金代销业务。独立的第三方基金销售机构必须经中国证监会注册备案。

根据中国证券投资基金业协会发布的《私募投资基金募集行为管理办法》：私募基金管理人可以委托第三方代销机构募集基金。第三方代销机构除了在中国证监会备案获取基金销售业务资格外，还要在中国证券投资基金业协会备案，成为中国证券投资基金业协会会员。

委托基金销售机构代销基金产品必须签订基金代销协议。基金代销协议中必须明确基金的募集行为应包含基金推介，基金份额销售，基金份额的认/申购、赎回等活动；必须明确与基金销售机构签订的协议中关于基金管理人与基金销售机构的权利与义务划分，以及其他涉及投资者利益的内容。

一般来说，基金代销机构的宣传推介材料由基金管理人制作，或者由基金管理人提供基本材料，由基金代销机构制作，并由基金管理人审核。基金的宣传推介材料内容必须合规。推介材料中关于基金管理人的描述和基金产品风险收益特征的描述必须准确。宣传推介材料中必须含有基金投资风险揭示的相关内容。

销售预热和销售团队路演是很多基金销售机构的重要环节。销售预热一般由基金管理人或者对当前基金产品比较了解的基金销售机构人员主持，向基金销售分支机构介绍基金产品相关情况。内部预热完成之后，基金销售分支机构就开始组织产品的大规模路演，向潜在的投资人介绍基金产品的情况并进行销售推介。

关于第三方基金代销机构，有一个重要的软件系统不得不提：基金代销系统。一般来说，独立的基金销售机构都有基金代销系统、基金份额登记系统、基金估值系统以及基金份额登记系统（TA）。它们是与基金管理公司相关的几大重要的软件系统。第九章我们将详细讲述这几大系统的用途。

飞单行为是在基金销售机构中比较容易发生的基金销售风险。飞单一般是指是证券期货公司销售人员、银行理财经理、第三方理财师等销售人员非法销售非本公司基金产品或非本公司代销的基金产品的行为。实践中，飞单行为经常发生在私募类基金销售的过程中。

3. 投资者适当性管理

证券期货市场的二级市场投资基金本身就是管理风险的业务，股票、债券、期货、期权等各种金融产品的功能、特点、复杂程度和风险收益特征差别很大，而广大投资者在对市场的认知水平、风险承受水平、风险收益偏好以及偏好自我认知程度等方面都存在很大差异，投资者在不同的时点，不同的经济状况下对不同基金产品的需求也不尽相同。如果投资者的专业化程度和风险承受能力与基金产品不匹配，有可能给投资者带来无法承受的风险，从而导致市场和社会的不稳定。因此，在基金募集的过程中需要对投资者进行分类管理，对投资者的风险收益偏好做充分了解，"将合适的产品销售给合适的投资者"。另一方面，我国资本市场发展时间较短，参与者以中小投资者为主，没有在大范围内形成合理的投资方式和投资理念。需要采取针对性措施来保护投资者特别是中小投资者的权益。

另外，基金管理公司作为基金产品的提供方，从产品的管理中获取报酬。一般来说，无论产品最终管理结果如何，产品管理人照样收取管理费。因此基金管理公司具有天然动力去开发更多客户、销售更多产品，而对于产品的理解，投资者则相对处于信息不对称的弱势地位，尤其是金融衍生品越来越多、投资标的日益丰富、产品结构日益复杂、投资者同基金产品管理人之间的信息不对称程度越来越大。

为了规范证券期货投资者适当性管理，维护投资者合法权益，中国证监会发布了《证券期货投资者适当性管理办法》，在投资者适当性管理办法中明确了基金产品关于投资者分类、产品分级、适当性匹配等各个环节的标准、方法或底线要求，适当性管理办法的核心是要求证券期货管理机构对投资者以及基金产品进行科学合理的分类，把"了解客户""了解产品""客户与产品匹配""风险揭示"作为基本的经营原则。

（1）了解客户

了解客户最主要的是了解客户的风险承受能力和风险偏好。风险承受能力和风险偏好分别从客观和主观两方面共同构成了客户的风险资源。

风险承受能力也被称为客观风险承受能力，是投资者在进行金融决策时能够接受的最大的资产损耗，它代表了投资者能够在多大程度上承担风险。风险偏好也被称为主观风险承受能力，或者风险态度，是指投资者对风险的好恶，它代表投资者对于不确定性的态度。如果投资者承担的风险超出了风险偏好的范围，就会感到焦虑和不安，甚至情绪崩溃。风险承受能力和风险偏好在投资者适当性管理中扮演的角色不同。其中，风险承受能力是向投资者推荐产品和服务时必须要满足的条件，因为超出投资者风险承受能力的风险很可能会使投资者的正常生活难以为继。[①]

投资者分类是投资者适当性管理工作的基础和关键环节。投资者问卷调查是了解客户风险收益特征的基础环节，投资者问卷调查的内容应该包括"投资者基金信息、财务状况、投资知识、投资目标、风险偏好"等模块。

基金管理公司根据投资者填写的调查问卷内容，对客户的风险收益偏好进行划分，但仅仅依靠传统基于问卷调查的客户分类方法作为投资者适当性评估的依据具有一定的局限性，有机构提出在结合客户风险承受能力和风险偏好评估结果的基础上对投资者的综合风险特征进行评价。

根据中国证券投资基金业协会发布的《证券经营机构投资者适当性管理实施指引（试行）》第九条，证券经营机构可以将普通投资者按其风险承受能力等级由低到高至少划分为五级，分别为：C1（含风险承受能力最低类别的投资者）、C2、C3、C4、C5。具体分类标准、方法及其变更应当告知投资者。

投资者问卷调查分为问卷设计、问卷测试和问卷更新三个环节。问卷设计

———————————

① 华西证券有限责任公司投资管理研究小组

是对不同的问卷模块设计不同的测试内容，可以为单选、多选、问答等方式。问卷测试是投资者或机构投资者代理人对调查问卷进行测试。问卷更新是随着市场状况的发展以及投资者的财务状况的改变，投资者风险偏好状态会发生改变，需要对投资者进行重新测评，更新投资者的风险偏好状态。

投资者分为专业投资者、普通投资者和合格投资者。

中国证监会在发布的《证券期货投资者适当性管理办法》中，提出了专业投资者和普通投资者的标准。根据该管理办法的规定，其适用范围包括"向投资者销售公开或者非公开发行的证券、公开或者非公开募集的证券投资基金和股权投资基金（包括创业投资基金，以下简称基金）、公开或者非公开转让的期货及其他衍生产品，或者为投资者提供相关业务服务"。因此，私募证券投资基金必须适用《证券期货投资者适当性管理办法》进行投资者适当性管理。中国证券投资基金业协会发布的《基金募集机构投资者适当性管理实施指引》（试行）中，又引入了合格投资者的概念。我们列表对这三类投资者进行比较（表8-5）。

表 8 - 5

投资者适当性管理办法		私募基金合格投资者
普通投资者	专业投资者	合格投资者
专业投资者之外、符合法律法规要求，可以从事基金投资活动的投资者。	（一）经有关金融监管部门批准设立的金融机构，包括证券公司、期货公司、基金管理公司及其子公司、商业银行、保险公司、信托公司、财务公司等；经行业协会备案或者登记的证券公司子公司、期货公司子公司、私募基金管理人。 （二）上述机构面向投资者发行的理财产品，包括但不限于证券公司资产管理产品、基金管理公司及其子公司产品、期货公司资产管理产品、银行理财产品、保险产品、信托产品、经行业协会备案的私募基金。 （三）社会保障基金、企业年金等养老基金，慈善基金等社会公益基金，合格境外机构投资者（QFII）、人民币合格境外机构投资者（RQFII）。 （四）同时符合下列条件的法人或者其他组织： 1. 最近1年末净资产不低于2000万元； 2. 最近1年末金融资产不低于1000万元；	（一）具备相应风险识别能力和风险承担能力，投资于单只私募基金的金额不低于100万元且符合下列相关标准的单位和个人： （1）净资产不低于1000万元的单位； （2）金融资产不低于300万元或者最近3年个人年均收入不低于50万元的个人。 前款所称金融资产包括银行存款、股票、债券、基金份额、资产管理计划、银行理财产品、信托计划、保险产品、期货权益等。

投资者适当性管理办法		私募基金合格投资者
普通投资者	专业投资者	合格投资者
	3. 具有 2 年以上证券、基金、期货、黄金、外汇等投资经历。 （五）同时符合下列条件的自然人： 1. 金融资产不低于 500 万元，或者最近 3 年个人年均收入不低于 50 万元； 2. 具有 2 年以上证券、基金、期货、黄金、外汇等投资经历，或者具有 2 年以上金融产品设计、投资、风险管理及相关工作经历，或者属于本条第（一）项规定的专业投资者的高级管理人员、获得职业资格认证的从事金融相关业务的注册会计师和律师。 前款所称金融资产，是指银行存款、股票、债券、基金份额、资产管理计划、银行理财产品、信托计划、保险产品、期货及其他衍生产品等	（二）社会保障基金、企业年金等养老基金，慈善基金等社会公益基金； （三）依法设立并在中国证券投资基金业协会备案的投资计划； （四）投资于所管理私募基金的私募基金管理人及其从业人员； （五）中国证监会规定的其他投资者

专业投资者之外的投资者为普通投资者，可见，监管机构对专业投资机构的要求要远高于普通投资者。

（2）了解产品

根据中国证券投资基金业协会发布的《证券经营机构投资者适当性管理实施指引（试行）》第十四条规定，证券经营机构可以将产品或服务风险等级由低至高至少划分为五级，分别为：R1、R2、R3、R4、R5。具体划分方法、标准及其变更应当告知投资者。

通常情况，基金产品风险等级规则见表 8 - 6。

表 8 - 6

类型	风险等级
货币型基金	R1
债券型（不含可转债基金、债券基金分级 A/B 份额）基金	R2
可转债基金	R3
分级基金 A 份额	R3
混合型基金	R3
债券基金分级 B 份额	R4

续表

类型	风险等级
股票型（除股票基金分级 B 份额）基金	R4
股票基金分级 B 份额	R5
可转债基金分级 B 份额	R5
投资方向为衍生品的基金	R5

（3）客户与产品匹配

投资者在认真了解基金产品风险收益特征和投研团队的投资风格之后，应根据自身的能力审慎地进行决策。基金公司或基金销售机构的风险匹配意见只是建议性指导，不能代替投资者做出最终投资决策。投资者应在无任何外部干扰情况下做出投资决策。投资者风险匹配意见也并非是强制性意见，如果投资者执意要购买超过自身风险承受能力的产品或服务，基金管理公司无权强行干预投资者的决定，在投资者签署基金产品风险警示确认书、承诺知晓购买的产品风险可能超出自身风险收受能力之后，投资者可以认购相关产品份额。

根据中国证券投资基金业协会发布的《证券经营机构投资者适当性管理实施指引（试行）》：

第十七条　证券经营机构应当根据本机构及普通投资者的实际情况，确定其风险承受能力等级与产品或服务的风险等级适当性匹配的具体方法，也可以参照以下方式确定：

（一）C1 级投资者匹配 R1 级的产品或服务；

（二）C2 级投资者匹配 R2、R1 级的产品或服务；

（三）C3 级投资者匹配 R3、R2、R1 级的产品或服务；

（四）C4 级投资者匹配 R4、R3、R2、R1 级的产品或服务；

（五）C5 级投资者匹配 R5、R4、R3、R2、R1 级的产品或服务。

专业投资者可以购买或接受所有风险等级的产品或服务，法律、行政法规、中国证监会规定及市场、产品或服务对投资者准入有要求的，从其规定和要求。

（4）风险揭示

风险揭示是基金产品销售的必不可少的重要环节。在基金投资者签署基金合同之前，基金募集机构应当向投资者充分揭示基金的投资风险并要求投资者签订基金风险揭示书。

基金风险揭示书的内容必须与基金合同相符合。一般基金风险揭示的内容包括特殊风险提示和一般风险提示。

特殊风险是根据不同基金产品的性质，需要管理人特别阐明的事项，包括基金合同与监管机构发布的合同指引不一致所涉风险，基金产品未托管的风险，基金募集风险，基金外包所产的的风险，聘请投资顾问的风险等。

一般风险主要包括在基金投资过程中共同性的风险，如资金损失风险、基金运营风险、流动性风险、募集失败风险、投资标的风险、税收风险和其他风险。

4. 募集程序管理

产品推介：产品推介管理在上一节有详细的描述，产品推介的目的是对投资者进行预期管理和投资理念灌输，使投资者了解基金的投资风格和风险收益特征。

合格投资者鉴定：对投资者的收入状况和财产状况进行鉴定，可能需要投资者提供资产证明和收入证明文件。

风险测评：对投资者的风险承受能力进行测评，将合适的产品销售给合适的投资者。

合同签署：包括风险揭示书、基金合同、承诺函等一系列合同文件，根据监管要求私募类基金合同签署的过程中需要录音与录像。

投资者打款与确认：投资者签订合同之后，可以进行基金份额认购的最重要一个环节，向募集账户中打款。投资者向募集账户中打款可以通过银行柜台完成，也可以通过网银或手机银行完成。投资者打款之后，私募基金认购需要一定的冷静期。在投资者冷静期内，投资者可以撤回前期做出的投资决策。冷静期结束后，基金托管人会对投资者的认购做确认，然后由基金销售机构或管理人通知基金投资人认购成功。

投资人数管理与基金额度管理：基金募集的过程中，要实时监控基金认购的人数。根据监管的规定，私募类型的基金产品单一产品的投资者人数有上限的要求。并且大部分基金产品管理规模也有上限的要求。如果募集认购的人数超出监管规定的上限，或者基金认购的总额度超出预定的上限，需要基金管理人协同基金销售机构和基金托管人按照时间优先的原则进行退款操作，资金退回的路径一般按照原路退回的原则，返回基金认购者的先前向基金打款的账户中。

投资者信息管理与存档：《证券投资基金销售管理办法》第六十五条：基金销售机构应当建立健全档案管理制度，妥善保管基金份额持有人的开户资料和与销售业务有关的其他资料。客户身份资料自业务关系结束当年计起至少保存 15 年，与销售业务有关的其他资料自业务发生当年计起至少保存 15 年。与基金相关的档案主要包括基金合同、风险揭示书、投资人信息文件、投资者适当性文件（风险测评问卷、投资者收入证明等）、声像文件（投资者签署协议时的录音录像文件）等。

基金募集失败流程管理：如果基金产品未能在预定的时间内完成一定的募集额度，基金管理人又不愿意延长基金募集期，管理人可以宣布基金募集失败。基金募集失败后，已经募集的资金和资金在此期间所产生的利息必须退还基金投资人。其中，资金利率选用银行同期存款利率。同时，基金管理人需要承担因基金募集行为带来的基金销售相关费用。

第八节　基金运作管理

除了投资管理工作，证券投资基金的运作管理也是一项系统工程，证券投资基金的运作主要包括基金托管、估值、开立投资账户、基金账户管理、基金投资管理、信息披露管理、基金申购赎回管理、基金费用及分红管理、基金清算管理等几个方面。

1. 托管、估值

（1）基金托管

基金托管是商业银行或证券公司接受基金管理人的委托（以托管协议的形式），代表基金份额持有人的利益，保管基金财产，并监督基金管理人日常投资运作。基金托管人负责开立基金托管账户，根据托管协议的约定，对管理人的投资指令进行执行，如进行基金清算和交割等活动。基金托管人对提供的服务收取托管费，一般来说基金托管费来自基金资产。无论是私募类型的基金产品还是公募基金产品，都必须将基金资产交由银行或证券公司等第三方托管账户进行资金存管。

基金托管人资格需要经中国证监会核准方可开展业务。商业银行和证券公司都可申请成为基金托管人。一般来说，公募基金大部分选择银行作为托管机构，少部分公募基金选择券商作为托管机构；私募类型的基金大部分采用券商作为托管机构，某些大型私募基金也会选择银行作为托管机构。

（2）基金估值与基金净值

基金估值是指按照公允价格对基金资产和负债的价值进行计算、评估，以确定基金资产净值和基金份额净值的过程。

基金净值一般是指基金的单位净值，就是每份基金单位（一般是1元钱）现在值多少钱。计算方法是基金的总资产减去总负债后的余额除以当前所有持有人持有的单位份额总数。

一般来说基金估值并不等于基金净值，但两者的差距不应很大。基金估值是一个在基金公司正式公布基金净值之前提供给基金份额持有人或基金管理人的参考价值，基金净值以基金公司最后公布的为准。由于各种原因，最终基金的估值结果与实际公布的净值可能有所不同。

根据中国证监会发布的《关于证券投资基金估值业务的指导意见》中基金估值的基本原则：

（一）对存在活跃市场的投资品种，如基金资产估值日有市价的，应采用市价确定公允价值。估值日无市价的，但最近交易日后经济环境未发生重大变化，应采用最近交易市价确定公允价值。估值日无市价的，且最近交易日后经济环境发生了重大变化的，应参考类似投资品种的现行市价及重大变化因素，调整最近交易市价，确定公允价值。有充分证据表明最近交易市价不能真实反映公允价值的（如异常原因导致长期停牌或临时停牌的股票等），应对最近交易的市价进行调整，以确定投资品种的公允价值。

（二）对不存在活跃市场的投资品种，应采用市场参与者普遍认同且被以往市场实际交易价格验证具有可靠性的基金资产估值技术确定公允价值。

（三）有充足理由表明按以上基金资产估值原则仍不能客观反映相关投资品种公允价值的，基金管理公司应依据具体情况与托管银行进行商定，按最能恰当反映公允价值的价格估值。

2. 开立投资账户

投资账户主要是指证券账户、期货账户和期权账户。一般来说，监管机构要求必须备案的基金产品，必须拿到基金备案证明方可申请开立账户。

在申请开立证券账户之前，基金管理人必须给基金产品申请股东卡方可去证券公司开户。股东卡的主管机构是中国证券登记结算有限责任公司。一般来说，每个股东卡可以去任意一家券商开立证券账户。按照当前的监管规定，每个基金产品可以申请三张股东卡，可以去三个不同的证券公司开立证券账户。但每个基金产品只能在每家证券公司开立一个证券账户。

3. 基金账户管理

在基金投资管理的过程中，有三类不同的账户需要管理：基金募集账户、基金托管账户、证券和期货账户。

募集账户：基金募集账户是基金托管机构在基金产品成立之前开立的，用于投资者打款的银行账户。投资者认购基金份额，要把资金打进基金募集账户。在确认投资者认购成功之后，基金管理人才能把投资者的认购资金划转到基金托管账户中。

托管账户：基金托管账户也是基金托管机构开立的，但托管账户必须是在基金管理人宣布基金成立之后方可开立。基金托管账户可以看做是基金的基本账户，托管账户一方面接收从募集账户中划转过来的投资者的资金，另一方面在证券账户和期货账户之间进行资金划转。

证券账户是基金管理人在证券公司开立的用于证券投资的交易账户；期货账户是基金管理人在期货公司开立的用于期货和期权投资的交易账户。证券与期货账户的资金必须从托管账户中划转。证券账户和期货账户之间的资金划转也必须通过基金托管账户作为中介，不能直接从证券账户向期货账户划转资金，也不能反向划转。

产品清盘后或者投资人赎回基金产品份额时，需要管理人把证券或期货账户中的现金资产划转到基金托管账户，然后从托管账户将资金划转给各个投资人。

证券账户和期货账户的用户名和密码都是公司机密，要有专人保管；一般来说，证券和期货账户每隔一段时间都要修改密码，然后由保管人将新密码发送给各个交易员。

4. 基金投资管理

除了证券交易外，基金投资管理过程中还要涉及的事项有：投资范围和投资限制管理、交易所规则管理、法律法规和政策风险管理等。

在管理人使用基金资产进行证券投资的过程中，需要根据基金合同约定的投资范围和投资限制进行交易。一般来说，投资范围的控制比较容易，但投资限制尤其是各种比例投资限制比较难以把握。例如，创业板股票持仓成本不能超过基金净资产比例的 10%，这样创业板股票的购买量是随着基金净值不停变动的，因此需要管理人实时监控基金的盘中估值，然后再做出投资决策前测算出当前的投资决策是否造成交易违规的现象发生。如果有预警和止损措施的基金产品，在基金净值距离基金合同中设定的预警线和止损线较近时，基金交易人员应及时上报基金经理，做好触碰预警止损线时的风险管理应急方案。

在交易的过程中，需要严格注意交易所的交易规则，如期货的持仓限额制度、挂撤单次数限制、股票的举牌制度等，都需要在交易的过程中进行实时监控。

此外，法律法规的变动可能对基金产品的投资范围和投资限制产生影响，有时候可能导致基金被迫提前清盘，需要基金管理公司的相关人员及时关注监管动向。

5. 信息披露管理

根据中国证监会发布的《公开募集证券投资基金信息披露管理办法》，主要内容有：

第六条 公开披露的基金信息包括：

（一）基金招募说明书；

（二）基金合同；

（三）基金托管协议；

（四）基金产品资料概要；

（五）基金份额发售公告；

（六）基金募集情况；

（七）基金份额上市交易公告书；

（八）基金资产净值、基金份额净值；

（九）基金份额申购、赎回价格；

（十）基金定期报告，包括年度报告、中期报告和季度报告（含资产组合季度报告）；

（十一）临时报告；

（十二）基金份额持有人大会决议；

（十三）基金管理人、基金托管人的专门基金托管部门的重大人事变动；

（十四）涉及基金财产、基金管理业务、基金托管业务的诉讼或者仲裁；

（十五）澄清公告；

（十六）清算报告；

（十七）中国证监会规定的其他信息。

根据中国证券投资基金业协会发布的《私募投资基金信息披露管理办法》，主要内容有：

第九条　信息披露义务人应当向投资者披露的信息包括：

（一）基金合同

（二）招募说明书等宣传推介文件；

（三）基金销售协议中的主要权利义务条款（如有）；

（四）基金的投资情况；

（五）基金的资产负债情况；

（六）基金的投资收益分配情况；

（七）基金承担的费用和业绩报酬安排

（八）可能存在的利益冲突

（九）涉及私募基金管理业务、基金财产、基金托管业务的重大诉讼、仲裁；

（十）中国证监会以及中国基金业协会规定的影响投资者合法权益的

其他重大信息。

6. 申购赎回管理

基金申购赎回一般指开放式基金的申购和赎回，在基金申购和赎回时，基金投资人需要提交申购赎回申请，经管理人同意后发起申购赎回流程。基金的申购和赎回必须在基金开放日进行。基金开放日是可以为投资者办理申购、赎回业务的时间，一般开放日必须为工作日。

基金申购时，基金份额申购人签订基金合同之后，将投资资金汇入基金募集账户。

基金赎回时，基金份额持有人签订基金赎回申请表，基金管理人同意后，保证基金托管账户中的现金足够用于支付基金赎回人的赎回申请。如果基金托管账户资金不足，需要基金管理人同基金投资经理沟通，卖出部分证券资产，划转入基金托管账户保证赎回人的赎回操作顺利进行。

7. 基金费用及分红管理

基金费用及基金分红一般按照基金合同的约定进行分配，在基金费用划转日或基金管理费提取日由基金托管人划转到约定的各方账户。

基金费用一般逐日计提，在合同约定的日期划转。如果在基金费用计提日期基金托管账户中的资金不足，基金托管人可以在托管账户资金充裕时划转。

8. 基金清算管理

基金清算是指基金按照合同约定，或者法定事由终止时，由基金管理人对基金财产进行处理的善后行为。

基金清算时，管理人需要对基金全部资产进行变现，不能变现的资产，如停牌的股票或者投资于其他基金产品而未到赎回日期，那么基金管理人负有继续管理基金资产的义务，直至基金资产全部清算完毕。

由于基金资产变现的问题，基金可以分多次清算，每次清算完毕后，基金托管人将当次清算所得的基金剩余资产分配给基金投资方。从基金第一次清算到最终基金全部清算完毕，托管机构的托管费一般需要继续扣除。

第九节 基金公司软件系统管理

基金运营过程一靠制度、二靠流程、三靠系统。与基金运行相关的系统通常有五类：金融信息系统、交易系统、基金估值系统、份额登记系统（TA 系统）和基金销售系统。

基金估值系统处理的是基金投资端的业务，那么 TA 系统则处理的是基金申赎端的业务。

1. 金融信息系统

金融信息系统包括看盘软件、金融数据服务系统等。看盘软件是最常用的金融信息系统。一般看盘软件都是免费使用的，但是使用一个高级功能需要付费使用。金融数据服务系统是提供综合金融市场数据与信息的系统。常用的有万得（Wind）金融终端和彭博（Bloomberg）金融终端，这些金融数据服务系统提供的内容包括股票、债券、期货、外汇、基金、指数、权证、宏观行业等多项品种，$7 \times 24 \times 365$ 不间断地为金融机构、政府组织、企业、媒体提供准确、及时、完整的金融数据资讯。

2. 交易系统

经纪商交易软件是最常见的交易系统，每家证券公司和期货公司都会提供属于自己的交易软件。为了增加交易软件的效率，交易软件的看盘功能一般都不强大，行情分析都交给专业的看盘软件和行情分析系统去完成。

PB 系统：PB 业务（Prime Broker，主经纪商业务）是指向基金管理公司等高端机构客户提供集中托管清算、后台运营、研究支持、杠杆融资、证券拆借、资金募集等一站式综合金融服务的统称。提供 PB 业务的基本是证券公司，目前证券公司 PB 业务的核心主要集中在交易环节。满足基金管理公司及高净值个人多样化交易需求和账户集中管理需求。在一个 PB 系统上，基金管理人可以管理多只基金，并且每只基金的股票、期货、期权交易可以集中在一个 PB 系统上进行管理。这样方便基金管理人实施监控整个基金账户的持仓情况和总体净值情况。目前市场上的 PB 系统提供商主要有恒生、迅投、金证和同花顺。

3. 基金估值系统

基金估值系统是对基金净值进行定时或实时估算的系统。一般来说，公募基金有自己的估值系统，私募基金一般采用基金托管外包服务，使用托管券商或者银行的基金估值系统进行基金估值。

4. 份额登记系统（TA 系统）

TA（Transfer Agent 过户代理），TA 系统又称份额登记系统，其功能主要为账户管理、交易管理和产品管理三种。

账户管理主要包括基金投资者开户、资料录入和修改、账户登记以及销户，这里的开户、销户不是指交易账户，而是指基金认购账户。

交易管理主要包括基金的认购/申购（包括定期定额申购）、赎回、转托管、基金转换等；特殊业务处理，如非交易过户、账户冻结/解冻、份额冻结/解冻、份额强增强减等；分红业务处理，如现金分红、红利再投资、分红方式变更等。

产品管理主要包括产品的成立管理、发行失败管理、产品清盘管理等。

TA 系统又分为两种：基金管理公司自建 TA 和中登 TA。一般来说基金公司和证券公司都有自己建立的 TA 系统，负责自己产品的份额登记和结算业务。中登 TA 是中国登记结算公司建立并运营的 TA 系统，然后将不同的端口下放到各个基金公司，称为分 TA。该 TA 系统的份额登记和结算都在中国证券登记结算有限公司。只要是涉及场内基金清算的基金产品，只能用中登 TA 里进行处理，因此场内结算基金产品如 ETF 基金、LOF 基金等必须使用中登 TA 系统。

一般来说，公募基金管理公司都会部署两套 TA 系统，即自建 TA 和中登公司的分 TA；而私募基金则一般都不自建 TA，而使用基金托管和外包服务机构的 TA 系统。

5. 基金销售系统

从功能上看，TA 系统的功能涵盖了销售业务的销售系统的功能，因此基金销售系统最容易和 TA 系统产生混淆。

TA 系统是把所有的业务数据集中起来管理的一个综合系统，但是基金销售机构是很多的，每个基金销售机构又有不同的销售网点，并且销售网点的类型也不一样。销售的业务管理模式也不一样，有的是店面销售，有的是在线销售。因此需要一套定制化的分布式业务系统去同 TA 系统对接。这就是基金销售系统。基金销售系统相当于 TA 系统的一个个触角。延伸到各个销售网点。接收投资基金份额业务申请，然后统一格式发送给 TA 系统。这些申请包括开立基金认购账户、基金份额登记、基金认/申购、基金份额转换、赎回等。

基金销售系统又分成直销系统和代销系统两个版本。直销系统是基金管理公司销售自己的基金时使用的系统，只能销售该基金公司自己发行的基金产品。基金代销系统一般是独立第三方销售机构使用的系统。只要同基金公司的 TA 系统对接，基金代销系统理论上可以销售市面上所有基金公司的基金产品。一般来说，独立第三方基金销售机构都会与多家基金管理公司签署代销协议，并与这些基金管理公司的 TA 系统进行对接，从而实现销售多家基金公司的多只基金产品的功能。如果涉及场内结算的公募基金份额销售的，基金销售系统还必须对接中登公司的 TA 系统。

第十节　监管问题

随着经济的发展和居民财富的增长以及理财需求的提升，资产管理成为金融体系中快速发展的一个领域，并且其作用日益显著，甚至已经成为具有系统性重要性的金融领域。资产管理领域成为国内仅次于银行，具有跨界特征的金融"子行业"，缔造了一个所谓的"大资管时代"。

资产管理领域之所以具有系统重要性，可能在于两个原因：一是资产管理的规模持续快速扩张，规模已十分巨大。虽然与英美等资本市场主导型金融体系比较而言，资产管理规模占 GDP 的比重仍有待进一步提高，但是，从自身规模上看，国内资产管理规模已经非常巨大。二是资产管理运作存在跨界融合的特征。国内资产管理的运作存在诸多跨界操作的状况，银行＋信托、银行＋证券、银行＋信托＋证券、基金＋信托等，互为通道、交互嵌套和跨界融合十分普遍，本质上就形成了日益深化的综合化或混业化经营，而国内目前仍然是分业监管的体系，这样就造成了混业经营模式与分业监管体系的制度性错配。在这个过程中，存在部分金融机构主动跨界创新、刻意规避监管、深化跨界套利的行为，加上监管体系自身的分业监管、监管标准以及监管执行等方面的差异，资产管理领域的风险在逐步显性化，并且风险跨界传染的可能性大大加强。

长期以来，我国的资产管理行业实行的是一行三会监管体系下的分业监管模式，但国内金融机构的混业经营已成趋势，金控集团旗下多张资产管理牌照的现象越来越多。统一监管模式的呼声也越来越高。资管新规的出现一定程度上是在逐渐打破原有的分业监管模式，统一资产管理行业规范标准，另外银监会和保监会的合并也是为了监管尺度能够统一。

分业监管体制在今天能够继续存在说明其具有合理性，我国金融机构之间业务区分有一定的差异性。此外，即使近些年我国金融业有混业迹象，但与真正意义上的混业经营还是有所区别的。分业监管体系有助于促使各类金融机构向专业化方向发展，这样既有利于金融机构内部管理，又有利于外部监管体系监管。在分业监管模式下，监管机构针对性更强，避免了不必要的交叉管理问题。

资产管理行业监管常见问题有以下几方面。

1. 监管分工与监管套利

监管分工容易造成不同监管部门下资产管理机构监管尺度的不一致，而这些资产管理机构的产品又可以相互嵌套，形成监管套利的机会。在分业监管的模式下，监管机构之间统一协调的难度较大，于是就会上演资产管理机构同监管部门之间"猫和老鼠"的游戏。一方面监管部门不断地对原有政策法规进行修改、补充，另一方面资产管理机构又不断地找到新的监管漏洞和监管套利机会。

过去几年流行的通道业务就是监管套利的典型表现。在分业监管的体制下，原银监会监管系统下的资产管理公司的投资范围、投资限制和杠杆比例同证监会监管系统下的资产管理公司有差异。为了规避这些投资限制，证监会体系下的资产管理机构利用银监会体系下的信托公司做通道增加杠杆比例，银监会监管体系下的银行等金融机构利用证监会体系下的基金子公司做通道投资信托等非标准债券，规避不同种类资产的投资比例限制。对于通道提供方来说，在所在的监管体系下法律法规允许的情况下，通过合同条款的设置避开一些主动管理的责任和义务并收取一定比例的通道费用，是一种比较消极管理但稳定的盈利模式。而对于通道使用方来说，避开了所在监管体系下法规的限制，扩大了投资范围或者隐藏了杠杆比例。但通道业务的风险很大:一方面,作为基金管理人的通道提供方,不履行投资管理业务,将业务抛给投资顾问方,容易造成管理人监管的懈怠。另一方面,多层嵌套导致杠杆过度放大,加大了整个金融系统的风险。

分业监管模式还会带来模糊监管边界问题。分业监管和资产管理机构之间相嵌套投资的制度性错配,使得资管领域的某些业务可能未被及时纳入到监管体系之中。使得监管存在"灯下黑"的现象。

2. 金融科技带来的跨界创新

金融科技的发展也给监管带来了一定的难度。2015 年,俄罗斯伊世顿国际贸易有限公司利用规避期货公司资金和持仓验证手段,非法获取交易速度优势,大规模集中交易中证 500 股指期货和沪深 300 股指期货合约,25 个交易日非法获利人民币 3.893 亿余元,震惊金融界。

此外,随着互联网技术与传统金融业务的深度融合,新的金融产品创新带来的监管问题也层出不穷。比如 P2P 产品、比特币基金等互联网金融产品。这些创新型金融产品一开始即缺少相关监管政策指导,监管主体也不明确,因此乱象丛生,存在诸如挪用客户资金、非法集资、金融诈骗、过度投机交易等违法违规行为。比如"e 租宝事件"和"泛亚事件"等。

虽然创新无禁区,但金融创新却不能没有监管。创新可能带来监管一定的滞后性,但不能缺席。

3. 表内与表外业务

理论上讲,资产管理公司的资产管理业务应该是表外业务,也就是说资产管理机构的代客理财业务是一种委托代理关系,是一个资产管理中介,不能承诺对所管理的基金产品保本保收益。但是,在现实的运作中,资产管理公司往往成了一个信用中介,承担了承诺保本收益、进行收益保障、刚性兑付、隐性担保等非市场化的责任。这使得资产管理的边界被混淆。为了打破刚性兑付,证监会发布了《关于规范金融机构资产管理业务的指导意见》,在指导意见中明确指出资产管理业务为表外业务。当金融机构开展名为代客理财,实为承担兑付责任的资产管理业务时,要适用资本约束机制,实际上要变成一个真正的信用中介。如果是一个管理中介,就必须严格禁止刚性兑付、禁止资金池操作、禁止关联交易,要求产品期限与所投资产存续期相匹配,并强化投资者适当性以及信息披露等制度实施。

4. 避监管政策变动带来的市场扰动

监管机构为了弥补监管漏洞，或者升级原来的监管政策，都会带来资产管理机构投资管理模式的变动。因此，基金管理公司应适时保持监管沟通，及时了解监管动向，对新的监管规则认真解读，保持基金管理业务实时满足监管要求。

5. 投资者保护与过度溺爱

投资者保护是监管机构出台各种监管政策的出发点和落脚点。作者认为，对投资者保护是应该的，但不能将投资者保护变成过度的溺爱。资产管理行业本事是处理风险的，投资收益和风险是成正比例的。投资者保护不是保护投资者不受损失，应该是保护投资者不去购买超过自身风险承受能力的金融产品。如果投资者对基金产品的特征有过详细的了解，为了博取较高的收益，最终承担了较大的亏损，这个亏损和预期的收益没有明显的不成比例支出，那么这种风险是不应该被保护的。

第九章　证券投资与人工智能

　　人工智能与空间技术、能源技术一起被称为 21 世纪三大尖端技术。人工智能诞生于 20 世纪 50 年代，经过半个多世纪的发展，人工智能技术取得了巨大的成就，并成为一门交叉学科和前沿学科，给社会的方方面面带来了巨大的变化。在各种技术、算法的不断提出以及和硬件技术的不断进步下，人工智能已经具备了使机器像人一样思考甚至行动的能力。2016 年 3 月，著名的阿尔法围棋机器人 AlphaGo 击败了世界围棋冠军——职业九段棋手李世石先生，名震一时。其工作原理就是基于深度学习的人工智能系统。

　　金融行业向来对技术进步有浓厚的兴趣。一家名为 Rebellion Research 的资产管理公司在 2007 年推出了第一个以人工智能为特色的基金，成功预测了 2008 年的世界性金融危机，并在 2009 年给予希腊债券进行降级处理。这比国际著名的惠誉评级提前一个多月。如今，人工智能已深入金融行业的各个方面，今后也必将给金融行业包括资产管理行业带来翻天覆地的变化。李开复在《AI. 未来》中对人工智能的应用前景介绍中认为："华尔街的交易员，这个曾经很光鲜的职业很快消失了。"摩根大通集团将重金投向硅谷，高盛集团将大量的交易员岗位用计算机程序代替。金融与技术的结合将成为未来的主流方向，人工智能在其中将发挥着中流砥柱的作用。

　　人工智能是一门交叉性很强的学科。人工智能的思维核心在于算法，因此对数据的分析和处理方法是人工智能的核心，对数据的分析也一直是证券投资领域的重要话题。数据分析的方式多种多样，目的也不尽相同，常见的数据分析方法有统计分析和数据挖掘技术。随着计算机技术的发展，机器学习、大数据技术等概念和数据处理方法不断涌现，对数据的分析处理方式以及要求也不断进步。人工智能技术对所有的技术兼容并包，以海纳百川之势将不同的技术应用于不同的领域。

由于人工智能技术应用广泛，使用的数据分析方法也包罗万象。因此，在实践过程中人工智能的概念同机器学习、统计学、数据挖掘、人工神经网络等概念相互混淆，给人们的理解带来了极大的不便。实际上，各种学科理论相互交叉，很多理论有相同的统计学或建模基础。

机器学习是人工智能的重要组成部分，机器学习是现阶段解决很多人工智能问题的主流方法。现代统计学理论也为机器学习理论提供了大量的模型基础。人工神经网络是最重要的机器学习模型。

数据挖掘方法为人工智能提供了广泛的理论模型，其中机器学习是数据挖掘的重要方法论。但机器学习是另一门学科，并不从属于数据挖掘。并且除了机器学习以外的数据挖掘模型也为机器学习提供了重要的方法论基础。

模式识别技术与人工智能技术一样，也是一个多学科的交叉领域。模式识别技术为人工智能的多项应用提供算法支持，同时模式识别又从人工神经网络等数据挖掘技术和统计学知识中寻求模型和思想支持。

总之，机器学习、数据挖掘、模式识别、人工神经网络等技术都是交叉学科，你中有我，我中有你，都对人工智能的发展提供技术和方法论支持。

人工神经网络和各种其他的机器学习算法是人工智能模型的大脑心脏和思维的源泉。本章对人工神经网络的基础知识进行介绍，并对常见的机器学习算法的原理进行阐述。

人工智能在资产管理领域的应用渗透到了各个方面，也必将对资产管理的行业面貌和管理模式带来剧变。

第一节　人工智能简介

人工智能（Artificial Intelligence，缩写 AI）是一门前沿交叉学科，属于自然科学和社会科学的交叉内容。对其定义一直存在不同的观点：有的观点认为人工智能就是机器表现出人的思维能力；有的观点认为人工智能是像人一样思考、行动的系统。2018 年发布的《人工智能标准化白皮书（2018 版）》对人工智能给出如下定义："人工智能是利用数字计算机或者数字计算机控制的机器模拟、延伸和扩展人的智能，感知环境、获取知识并使用知识获得最佳结果的理论、方法、技术及应用系统。"

人工智能离不开计算机技术的支持。它通过计算机程序模拟人的智能思考行为，创造出一种与人的智能行为相似的智能机器。人工智能的发展历史和计算机科学技术的发展历史密切相关。除了计算机技术外，人工智能还涉及数学、统计学、哲学、心理学、神经科学、仿生学、生物学、信息论、控制论、自动化、语言学、医学等多门学科。

人工智能研究的主要内容包括知识表示、知识获取、知识处理、自动推理、计算机视觉、智能机器人、智能搜索、智能控制、机器学习、机器视觉、无人驾驶、自动程序设计、语言识别、图像识别、自然语言处理、专家系统、指纹识别、掌纹识别、人脸识别、视网膜识别、虹膜识别、自动规划、定理证明、博弈推理、组合调度、模式识别、不精确和不确定管理、神经网络、复杂系统、遗传算法、金融推理及预测等。

我们可以将人工智能的研究和应用通过分层的形式进行说明：最下面的一层是基础层，主要包括硬件设备、智能芯片、软硬件接口和数据库等。第二层是各种智能算法，包括机器学习算法、数据挖掘算法、模式识别算法等。第三层是技术应用层，包括计算机视觉（图像识别、指纹识别等）、语音工程（语音合成、语义理解等）、自然语言处理（机器翻译、情感分析等）、规划系统、专家系统等。最上面一层是行业或企业解决方案，包括金融应用、医疗应用、交通应用等。

自从人工智能诞生以来，理论体系日益丰富，技术体系日益成熟，应用领域也不断扩大。在不久的将来，人工智能对人的意识和思维以及情感的模拟方面也会有新的进展。

1. 人工智能的发展历史

人工智能的发展经历了七八十年的历程。在这个过程中，人工智能从概念提出，到算法实现，再到实践应用。实践应用又反过来催生出更多的智能算法和解决方案。这些算法和解决方案的提出再促进应用领域的实践活动，如此循环。进入 20 世纪之后，人工智能的发展明显提速，在应用领域的使用也越来越成熟。我们下面对人工智能发展过程中的重要事件以及重要算法的出现做出梳理，一方面可以让读者对人工智能的发展有整体的了解，另一方面让读者了解和人工智能相关的重要知识体系以及其建立的过程。

1943 年，两位科学家 Warren McCulloch 和 Walter Pitts 提出了"神经网络"的概念，并将大脑的工作原理简化为 MPC 神经元模型。虽然在当时只是一个数学理论，神经网络的提出为后续人工智能模型使用神经网络进行智能运算开启了研究的篇章。

1946 年第一台计算机 ENIAC 问世，计算机技术是人工智能的物质基础，为人工智能后续的发展奠定了最重要的基础。

1949 年，Donald Hebb 提出了赫布理论。赫布理论对循环神经网络（RNN）中各节点之间的关联性进行了建模，模拟了学习过程中大脑神经元所发生的变化，是机器学习领域迈出的重要一步。

1950 年，现代计算机之父、英国著名数学家、逻辑学家艾伦·图灵提出著名的"图灵测试"。图灵认为，如果一台机器在隔离的情况下（如通过键盘等电传设备）与人类展开对话而不能被辨别出其机器身份，那么这台机器就被认为具有一定的人类智能。图灵机不是一种具体的机器，可以是一种思维模型，或是计算机函数。图灵因为对机器能思考方面问题的研究被称为"人工智能之父"。

1955 年 8 月，四位科学家 John McCarthy、Marvin Minsky、Nathaniel Rochester 和 Claude Shannon 提交了一份《人工智能研究》的提案，首次提出了"人工智能"（Artificial Intelligence，AI）的概念。

1958 年 Rosenblatt 发明的感知器（Perceptron）算法。该算法可以说是机器学习鼻祖级别的算法。它使用 MP 模型对输入的多维数据进行二分类，感知器算法及后续的研究引起人们对神经网络研究的第一次热潮。

1959 年，美国发明家 George Devol 与 Joe Engelberger 一起发明了首台工业机器人，命名为 Unimate（尤尼梅特），寓意是"万能自动"。该机器人借助计算机读取指令并进行逻辑运算，然后发出指令控制一台多自由度的机械手臂。

1966 年，首台聊天机器人诞生。美国麻省理工学院 AI 实验室的约瑟夫·魏岑鲍姆教授开发了 ELIZA 聊天机器人，实现了计算机与人通过文本来交流。这是人工智能研究的一个重要方面。不过，它只是用符合语法的方式将问题复述一遍。

1968 年，美国斯坦福研究所研发出世界上首台人工智能机器人 Shakey，

Shakey 能够自主感知、分析环境、规划行为、执行任务，比如可以根据人的指令发现并抓取积木。Shakey 甚至拥有类似人的触觉和听觉。

1969 年，人们首次提出了反向传播算法（Backpropagation 又称 BP 算法）。BP 算法是机器学习历史上最重要的算法之一，它是奠定人工智能的重要理论基础之一。

1970 年，美国斯坦福大学教 T. Winograd 开发出了人机对话系统 SHRDLU。SHRDLU 是一个能用人类语言指挥机器人动作的系统。它能理解人类语言及进行语义分析和逻辑推理，被视为人工智能研究和应用的又一个巨大成功。

1976 年，美国斯坦福大学研发了医疗咨询系统 MYCIN。MYCIN 系统可以帮助医生对住院的血液感染患者进行诊断，并选用合适的抗菌素类药物提供治疗意见。这是一种智能专家人工智能系统。随后陆续出现了用于生产制造、财务会计、金融等多个领域的智能专家系统。

1980 年，美国卡耐基·梅隆大学为美国数字设备公司（DEC 公司）制造出 XCON 专家系统。当客户订购 DEC 的 VAX 系列计算机时，XCON 专家系统可以按照客户需求自动配置零部件。据说 XCON 为 DEC 公司每年节约 2000 万 ~ 4000 万美元的费用。这是专家系统商业化成功应用的重要标志。

1981 年，日本经济产业省拨款 8.5 亿美元用以研发第五代计算机——人工智能计算机。

1983 年，美国人 Charles Hull 制造出人类历史上首台 3D 打印机。

1984 年，著名的大百科全书（Cyc）项目启动。该项目试图将人类当前拥有的所有一般性知识都输入计算机，从而建立一个巨型数据库系统，并在此数据库基础上实现知识推理和运算，推理和运算能力成为人工智能领域的一个新的研究方向。

1986 年，Hinton 发明了适用于多层感知器（MLP）的 BP 算法，该算法有效解决了非线性分类和学习的问题，引起了人们对神经网络研究的第二次热潮。

1986 年，决策树方法被提出，此后 ID3，ID4，CART 等改进的决策树方法相继出现，给数据挖掘带来了大量的可行算法。

1989 年，Robert Hecht - Nielsen 证明了多层感知器（MLP）的万能逼近定理，这极大的鼓舞了人们对神经网络的研究。同年，LeCun 发明了卷积神经网络——LeNet，并将其用于数字识别领域。

1995 年，著名的支持向量机（SVM）模型被统计学家 Vapnik 提出。支持向量机是著名的数据挖掘算法，在人工智能领域应用广泛。

1997 年，IBM 研发的超级计算机"深蓝"（Deep Blue）战胜了当时的著名的国际象棋冠军 Garry Kasparov，震惊全球。研究表明，在国际象棋对抗中，1997 年的深蓝系统可搜寻及估计到随后的 12 步棋，而一名优秀的人类象棋手可估计到随后的 10 步棋。这是 AI 发展史上，人工智能首次战胜人类的先例。

1997 年，Adaboost 算法被提出，Adaboost 是一种迭代算法，被广泛应用于机器学习算法当中。

1999 年，微软发布了一个智能家庭的宣传片，对物联网智能家居进行了预测。基本上成功描绘了智能家居的现状。不同的是限于当时的技术水平，微软预计的智能家居以 PC 电脑为主角，借助于蓝牙技术实现，而现在的智能家居基本以智能手机为主导。

2000 年，核化的 SVM 模型被提出，是对支持向量机模型的巨大改进。它通过巧妙的方式将原空间线性不可分的问题映射成高维空间的线性可分问题。

2001 年，随机森林被提出。这是一种新型的、高度灵活的一种机器学习算法，一经提出立即被很多领域应用。

2006 年，是深度学习（Deep Learning，DL）元年。这一年 Hinton 提出了解决深层网络训练中梯度消失问题的方案。这个方案的解决极大地促进了深度学习理论的发展。

2008 年，著名的《自然》杂志出版了一期专刊，专门讨论与大数据处理相关的一系列技术问题和挑战，首次提出"Big Data"的概念。

2011 年，IBM 开发出了人工智能系统"沃森"（Watson），Watson 参加智力问答节目并战胜了两位人类冠军。后来这一人工智能程序被 IBM 广泛应用于医疗诊断领域。

2012 年，加拿大一群由神经学家和计算机专家组成的团队，创造了一个虚拟大脑，命名为"Spaun"。Spaun 由 250 万个模拟神经元构成，具备简单的人类认知能力，能通过最基本的智商测试。

2012 年，联合国发布了《大数据促发展：挑战与机遇》白皮书，这是一本关于大数据研究的白皮书，从此全球对大数据的研究和发展进入了一波高潮。

2013 年，Facebook 成立了人工智能实验室，百度也创立了深度学习研究院。Google 收购了语音和图像识别公司 DNN Research，开始推广其深度学习平台。深度学习算法逐渐被广泛运用在基于人工智能的产品中。

2014 年，谷歌推出无人驾驶汽车。这是一种智能汽车，没有方向盘，主要依靠车内的计算机系统实现运行。无人驾驶是人工智能发展的又一座里程碑。

2014 年，在英国皇家学会举办的"2014 图灵测试"大会上，聊天程序 Eugene Goostman 首次通过了图灵测试。

2016 年，Google 人工智能围棋系统 AlphaGo 与围棋世界冠军李世石的人机大战，经过长达 5 个小时的比赛，最终 AlphaGo 以 4：1 的成绩完败人类专家代表李世石，再次点燃了全世界对人工智能的关注热情。

2. 人工智能与统计学的关系

统计学的产生早于人工智能以及与其相关的各类学科。统计学最早产生于 17 世纪中叶，研究如何搜索、测定、整理、描述、归纳和分析各种数据的学科。统计学是一门综合性学科，统计学大量运用了数学模型和计算机技术支持，其应用几乎覆盖了整个自然科学和社会科学的方方面面。随着大数据时代的来临，统计学的面貌发生了巨大的变化，逐渐从传统的统计学理论中衍生出数据挖掘技术、模式识别技术等新的领域。这些技术的发展以及与其他学科领域的结合，诞生出不同的应用范围。使得这些新的研究领域从传统的统计学中独立出来。但是这些新的领域又与原有的统计学体系中相互借鉴知识，最终你中有我，我中有你。但是对数据的处理与运算是这些研究领域的主线。

人们对人工智能的研究发展出各种复杂精美的数学工具，用于解决人工智能领域的特定问题。这些数学工具和方法同数学、统计学、运筹学等领域形成大量的交叉。

2018 年 8 月，诺贝尔经济学奖得主 Thomas J. Sargent 在"共享全球智慧，引领未来科技"为主题的世界科技创新论坛上表示，人工智能其实就是统计学，只不过用了一个很华丽的辞藻。这句话也不无道理，实际上人工智能确实吸收了大量的统计学模型和思维模式。很多时候，人工智能模型的运算方法和机制就是统计学原理。人工智能模型吸收了统计学知识，并且解决了传统统计学无法解决的大量难题。

总之，人工智能模型和方法以及统计学模型和方法相互交织，只是为了解决不同的问题而采用不同的处理方法而已。

3. 人工智能与机器学习的关系

机器学习是人工智能的核心，和人工智能一样，也是一门交叉领域的学科，涵盖统计学、概率论、模糊数学和其他各种复杂算法。机器学习研究如何让计算机模拟人的行为，获取知识和学习能力，并自动更新自己的知识和学习能力。有人说机器学习的主要研究对象就是人工智能。机器学习的核心算法——人工神经网络就是人工智能最重要的算法模型。

机器学习也广泛利用统计学模型来开发自主学习算法，其中使用比较广泛的是推断统计学知识。所以统计学、人工智能、机器学习是高度交叉、相互依赖的系统。

4. 机器学习与数据挖掘的关系

数据挖掘是指从大量的数据中通过各种算法挖掘出隐藏于数据当中有效的、新颖的、潜在的、有用的、最终可理解的信息的过程。数据挖掘技术包括计算机技术、统计学模型与原理、检索技术、机器学习模型、模式识别技术等。数据挖掘技术使用了机器学习原理提供的数据分析技术。

数据挖掘经常是一种决策支持过程。数据挖掘技术从大量数据中挖掘出潜在的模式和信息，帮助决策系统做出正确有效的决策。因此数据挖掘技术也是机器学习和数据库领域研究的热点技术。

因此，一方面数据挖掘技术为机器学习技术提供有效的决策信息支持，另一方面数据挖掘技术不断地从机器学习技术模型中吸取经验，为更有效地挖掘信息服务。数据挖掘是以目的为导向的，以挖掘有效信息为最终目的。机器学习是以方法为导向的，在不同的场合和应用领域使用不同的学习方法去实现不同的目的。

5. 机器学习与人工神经网络的关系

人工神经网络（Artificial Neural Network，ANN）是最重要的一类机器学习方法。它是基于模仿人类大脑神经系统结构、功能和行为特征而建立的一种信息处理系统。人工神经网络模型通过复杂的系统调节各个节点（神经元）的相互连接关系以及强弱，达到信息处理的目的。人工神经网络具有强大的自学习、自组织、自适应能力，能处理复杂的非线性关联关系，拥有强大的容错能力、模糊处理能力和预测能力。与传统的数据处理方法相比，人工神经网络技术在处理模糊数据、随机数据、非线性数据方面具有明显优势，尤其适用于与处理规模大、结构复杂、信息不明确的系统。

人工神经网络的出现和发展极大地促进了人工智能的发展，人工神经网络使得计算机的学习能力更加深化和准确，各种神经网络模型使得机器学习的方法更加多样化。随着深度学习技术和人工神经网络的结合，机器学习能力突飞猛进，人工智能在机器学习能力的发展下也飞速发展。因此人工神经网络之父Hinton说，随着人工神经网络及相关新技术的出现，人工智能已走入我们的生活，并且不再会有冬天。可见，人工神经网络对机器学习和人工智能带来的意义之重大。

6. 人工智能与模式识别

模式识别是对事物或现象进行分析、描述、辨认、分类、解释等的过程。模式识别技术主要被应用于图形分析与处理、语音识别、专家系统、数据挖掘等方面。

模式识别与计算机科学、统计学、语言学、计算机图形学、人工智能模型等都有密切的关系。模式识别技术在很多人工智能系统中被使用。例如人工智能系统在研究图像处理、自然语言理解方面包含了大量的模式识别问题。同时基于人工智能模型的学习机制也被模式识别系统所采用，如自适应和自组织的模式识别系统。

模式识别是指对表征事物或现象的各种形式的（数值的、文字的和逻辑关系的）信息进行处理和分析，以及对事物或现象进行描述、辨认、分类和解释的过程，是信息科学和人工智能的重要组成部分。

7. 数据挖掘与传统统计分析

数据挖掘技术是更深层次的统计分析技术。与传统的统计分析技术相比，数据挖掘技术是在没有明确假设前提下去挖掘有用信息和知识。传统的数据统计分析技术是在一系列统计模型指导下的数据分析。例如传统的统计分析理论很多都是基于概率论的。在进行统计分析的时候，研究人员需要对数据的分布和数据之间的关联关系做出假设，以确定使用什么样的函数模型描述变量之间的关系比较合适。但是在数据挖掘技术中，研究人员不需要对数据的分布和关联关系做出事先假设。数据挖掘算法会自动寻找变量之间的关联关系。

很多时候，数据挖掘是任务导向型的，数据挖掘的任务主要有关联关系分析、分类、聚类、异常分析、特异群组分析和演变分析等。常用的数据挖掘的算法主要有 C4.5 算法、神经网络法、决策树法、K – 均值聚类、支持向量机最大期望（EM）算法、Adaboost 迭代算法、KNN 算法、遗传算法、逻辑回归、朴素贝叶斯模型、分类与回归树算法、模糊集法、粗糙集算法、主成分分析、Apriori 算法、AprioriTid 算法、FP – Growth 算法等。

不过很多数据挖掘技术是基于传统的统计理论发展起来的，如决策树模型、CART 模型、CHAID 模型等。并且传统统计学中的多变量分析技术在许多数据挖掘技术中起到核心的作用。

相对于传统统计分析技术，数据挖掘技术有如下特点：数据挖掘技术一般被用来处理大数据。这些数据量大，维度复杂，一般的统计模型无法胜任。很多时候数据挖掘模型无法给出数据变量之间明确的函数关系式，甚至不知道哪些变量起主导作用，哪些变量根本不起作用，或者就是噪音数据。

8. 人工智能与大数据

伴随着信息技术的发展和计算机存储能力的进步，大数据吸引了越来越多的关注。麦肯锡全球研究所给大数据的定义是：一种规模大到在获取、存储、管理、分析方面大大超出了传统数据库软件工具能力范围的数据集合，具有海量的数据规模、快速的数据流转、多样的数据类型和价值密度低四大特征。

数据挖掘技术能从原本海量的、无法处理的数据中挖掘到有用的信息。随着数据库技术的发展，大数据存储及应用已渗透到工业、服务业、医疗和金融行业的各个方面，并给人们解决现实问题提供了重要的信息来源。

在深度学习技术取得突破性进展之前，受制于计算机的运算能力，传统的数据挖掘技术和人工智能模型对特大型、较复杂的数据挖掘和分析能力不太理想。深度学习技术的出现使得人工智能获得了再次的长足发展。基于深度学习的神经网络技术通过深层次神经网络算法模拟人类大脑的学习过程，使得人工智能系统对大数据处理能力获得了巨大的进步。深度学习技术需要足够多的数据对人工神经网络进行有效的训练，而大数据技术恰好提供了底层的数据支撑。

随着移动互联网的爆发式增长，可获得的数据量也呈指数级增长，受益于现代计算机数据采集、存储、计算能力的突破，人工智能从简单的数据算法达到了深度学习的强人工智能水平。

9. 人工智能知识体系梳理

从前面的描述我们看到，人工智能、机器学习、大数据、模式识别、统计学、人工神经网络等领域相互交叉，相互促进，每一个领域的技术进步都有可能被其他的领域所采纳和融合。如图9-1所示我们描绘了一个简单的知识网络图，希望帮助读者构建一个完整的知识体系框架。

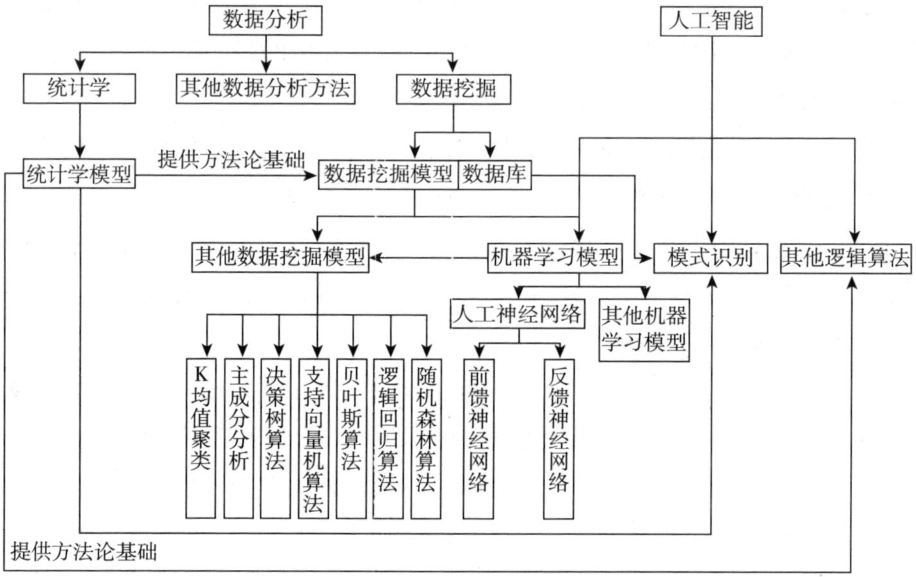

图 9-1

第二节　人工神经网络

人工神经网络是在现代神经可科学研究成果的基础上提出的，人工神经网络方法试图模拟人类大脑的思维机制，通过网络化互联单元组成的非线性、自适应信息处理系统进行信息处理。

机器学习是人工智能的核心，而人工神经网络是最重要的一类机器学习方法，经过几十年的发展，人工神经网络的研究取得了巨大的进展，在模式识别、智能机器人、经济预测、专家系统、自动控制等方面解决了以往计算机模型难以解决的问题。随着深度学习网络的提出和应用，人工神经网络的智能性越来越就好。

1. 人工神经网络基本原理

人工神经网络的基本组成单元是"神经元"。神经元是信息的处理单元和关键节点。人工神经网络利用抽象的神经元模型来模仿人类的神经细胞的工作机制。神经元模型是一个数学模型，以人类神经细胞的反应机制建立模型。根据神经生理学的研究，神经细胞的主要行为包括能在抑制和兴奋状态之间相互切换，能进行信息的整合。神经细胞的生物学特征为数学神经元建模提供了客观依据。

从神经细胞的特性和功能设计神经元，神经元被设计成一个多输入单输出的信息处理单元，并且模型对信息的处理是非线性的，神经元的输出变量要能区分出兴奋和抑制两种状态，神经元具有空间整合的能力，可以对多个输入进行整合，产生一个输出。图 9 - 2 是一个经典的神经元模型图。

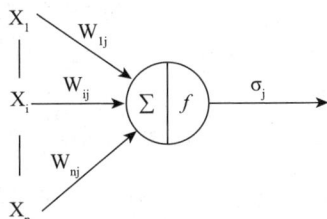

图 9 - 2

大量形式相同的神经元链接在一起，形成了神经网络。由于神经元模型的非线性，因此神经网络也具有高度的非线性特征。神经网络的拓扑结构（链接方式）也是以神经生理学对神经细胞的互联方式的研究为依据的。虽然每个神经元的结构和功能可能并不复杂，但是如果将这些神经元链接成网络，那么其算法形成的输入和输出模式就会表现出十分复杂的特征。也正是由于这种复杂性，使用人工神经网络表达现实世界的能力才会强大。

人工神经网络模型是以神经元的数学模型为基础来链接形成的网络。因此，人工神经网络模型主要有网络拓扑结构、神经元的算法模型以及网络的学习规则来定义的。

一个人工神经网络主要由输入层、隐藏层和输出层构成，由于输入层未对数据做任何变换，因此不单独作为一层，当隐藏层只有一层的时候，这个神经网络就是两层神经网络。输出层的个数代表了分类的个数，图9－3是一个基本的两层神经网络的拓扑结构。

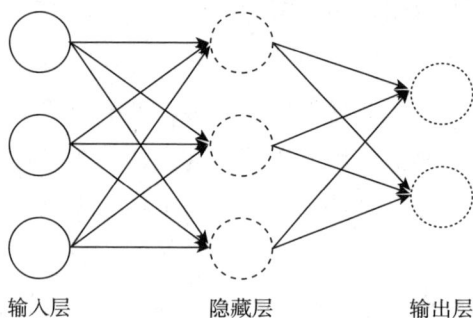

输入层　　　　　　　隐藏层　　　　　　　输出层

图9－3

隐藏层的层数对人工神经网络的表达能力至关重要。一般来说，隐藏层数越多，人工神经网络越复杂，人工神经网络的表达能力就越强。但是随着隐藏层层数的增加，人工神经网络运算的复杂度呈现指数级增加。

2. 人工神经网络是如何学习的

学习能力是人工神经网络智能化的重要表现，在人工神经网络的发展过程中，对于学习算法的研究始终处于核心地位。不同的神经网络模型都对应着相适应的学习算法，有的人工神经网络模型有多种学习算法，而有的算法可适用于不同的人工神经网络模型。

按照学习方法分类，人工神经网络可以分为：有监督的学习、无监督的学习和强化学习。

有监督的学习：用于训练的数据（训练集）包括输入和输出，神经网络通过对输入数据和期望的输出数据进行比较，根据两者的差异调整网络的算法权重，使得差异最小。

无监督的学习：训练集只有输入没有输出，网络尝试着将相似的输入进行分类，按照预定的规则调整网络的算法权重，达到分类的效果。

强化学习：训练集一般只包括输入，但是在网络的训练期间，会有相应的激励信息输入系统，给网络的学习提供一定的指导。

按照学习规则分类，人工神经网络可分为：Hebb 学习规则、Delta 学习规则、梯度下降学习规则、Kohonen 学习规则、Dropout 学习规则、后向传播学习规则等。

Hebb 学习规则：属于无监督学习规则。当两个神经元同时处于触发状态的时候，两者的连接权重会被加强，否则就会被减弱。这种学习规则能够更好地将训练集的统计特性提取出来，将输入的信息按照统计特征的相似性进行分类。

Delta 学习规则：属于有监督的学习规则。根据 Delta 学习规则，若神经元实际的输出比期望输出大，模型就减小输入为正数的连接的权重，同时增大输入为负的连接的权重。反之，若神经元实际的输出比期望输出小，模型就增大输入为正的连接权的权重，同时减少输入为负的连接权的权重。

梯度下降学习规则：属于有监督的学习规则。根据数学优化方法，要求模型的输入和预期输出的差值最小，用不断调整权重的方法实现。

Kohonen 学习规则：属于无监督的学习规则。根据 Kohonen 学习规则，在训练的过程中，处理的单元都参加竞争活动，具有最高输出的单元是获胜者。获胜节点有抑制其他竞争节点的能力并激发相邻单元，也就是只有胜利者才能有输出，只有获胜节点和其邻近节点的权重才能被调节。

Dropout 学习规则：一般用于深度学习网络。根据 Dropout 学习规则，在训练的过程中，每次更新参数之前，模型会随机丢掉网络中一定比例的神经元，就是更改网络结构的链接结构从而使神经网络变得简单。

后向传播（Back Propagation）学习规则：属于有监督的学习规则。根据后向传播学习规则，当输入训练数据后，神经网络计算出对应的输出值，与期望的输出值进行比较，并从后往前计算误差，修改权重，直到按照一定的规则修改完权重后，才能输入新的数据。

3. 人工神经网络的特征和优越性

（1）非线性

非线性模型是人工神经网络区别于其他机器学习模型的重要特征。自然界的很多现象都是表现出非线性特，人工神经网络通过激活或者抑制网络神经元的方式充分逼近很多复杂的非线性关系。

（2）非局限性

人工神经网络由多个神经元通过网络互联，形成一个整体行为，这些整体行为不仅取决于单个神经元的算法设计，还取决于不同神经元之间的相互连接方式，因此可以有足够多的机制去模仿人类大脑的思维方式。并且根据不同的实际情形设计不同的网络模型去针对性地处理问题。

（3）鲁棒性和容错性

人工神经网络不仅可以处理变化的信息，而且在处理变化信息的时候，人工神经网络本身也在不断发生变化，使得人工神经网络具有自适应、自组织、自学习能力。可以学习和适应不熟悉和不确定的系统。此外人工神经网络能够同时处理定量和定性两类知识。

（4）非凸性

非凸性是指人工神经网络可以有多个稳定的状态，或者是系统可以演化出多个不同的模式。非凸性带来系统演化的多样性。

（5）并发性

人工神经网络可以采用并行分布式处理的方式进行运算，使得快速大规模深度学习成为可能。反馈型人工神经网络可以加速模型的寻优能力，实现高速运算。

4. 人工神经网络发展历程

（1）第一代神经网络——感知机（perceptron）

神经网络的研究起源于20世纪五六十年代，美国神经学家 Frank Rosenblatt 提出可以模拟人类感知能力的机器，称之为"感知机"。第一代感知机模型只有一个隐藏层，输入的训练数据通过隐藏层的变换到达输出层，第一代神经网络模型简单，无法处理复杂的分类结构，学习效果不是很理性。

（2）第二代神经网络——多层感知机和 BP 神经网络

随着数学理论的不断完善，20世纪80年代之后，含有多个隐藏层的多层感知机（Multilayer Perceptron）被提出来，Rumelhart、Williams、Hinton、LeCun 等人使用多个隐藏层发明的多层感知机使神经网络的性能得到大幅提升。

多层感知机摆脱了早期离散的传输函数的束缚，并在算法上使用 BP 算法（Back Propagation Plgorithm）进行参数计算。使得神经网络能够解决以前无法解决的异或逻辑的问题，并使得多层神经网络能够刻画更多现实中的复杂问题。多层神经网络还给人们一个更大的启示，神经网络的层数直接决定着神经网络的学习能力，在增加神经网络层数的情况下，即使使用很少的神经元，也能模拟非常复杂的现实情形。

但是，BP 算法并不总是有效的。很多情况下，随着神经网络层数的增加，BP 算法很容易陷入局部最优解，局部最优解的陷阱使得 BP 神经网络的使用受到巨大的限制。另外，第二代神经网络还有其他的一些问题：随着神经网络层数的增加，"梯度消失"的现象开始出现并越发严重，梯度的指数衰减使得 BP 网络传回的信号越来越弱，从而限制了网络层数的增加。此外，在多个隐藏层之间传递数据导致训练的速度很慢。再次，BP 网络中有时候有许多参数需要使用者凭借经验和技巧进行手工设定，如网络层数、神经元个数等参数，这些参数不能自动或者智能选取也制约了神经网络的发展。

(3) 第三代神经网络——深度学习神经网络

2006 年，著名的神经网络专家 Hinton 提出了深度置信网络（Deep Belief Networks DBN）。深度置信网络使用一种叫贪心无监督的训练方法对网络进行优化，缓解了局部最优解的问题，并使得算法的训练时间和神经网络的大小和网络层数呈现近乎线性的关系。从此人工神经网络进入深度学习网络时代。

深度学习神经网络可以通过逐层特征变换，将训练样本的特征空间变换到一个新的特征空间上，使得分类和预测变得更加容易。深度学习神经网络可以进行无监督的属性特征提取，能够直接处理未标注的样本数据，利用大数据来学习样本的属性特征，更加容易地刻画复杂样本的隐藏信息。随着 GPU 和 FPGA 等元器件被用于高性能计算，神经网络硬件和分布式学习系统的出现，深度学习网络的训练时间被大大缩短。如今，深度学习已经成为人工智能领域最热门的研究方向。

为了克服多层神经网络中的"梯度消失"现象，人们对神经网络的传输函数进行了改进，最终形成了现在的深度神经网络（Deep Neural Network DNN）。另外，最近出现的高速公路网络（Highway Network）和深度残差学习（Deep Residual Learning）进一步对梯度消失的问题进行了优化，使得网络层数达到更深的程度。

普通的深度学习网络带来了机器学习能力的巨大提升，但是，过拟合的问题一直困扰着神经网络的使用者。深度学习网络带来效率提升的同时，带来了参数数量的急速膨胀，这就是深层神经网络的参数灾难的问题。卷积神经网络（Convolutional Neural Network，CNN）的出现就是为了解决这个问题而提出的，卷积神经网络的结构包括输入层、卷积层、激活函数、池化层、全连接层。每一层都有多个特征图，每个特征图有多个神经元，每个特征图通过一种叫卷积滤波器的算法对输入的特征进行提取。卷积操作不仅可以减少深层神经网络内存的消耗，而且有效地减少了神经网络的参数个数，极大地缓解了模型的过拟合问题。

随着对神经网络使用领域的扩展，人们发现普通的深度学习网络还存在另外一个问题，那就是无法处理时间序列问题。在某些情况下，样本出现的时间顺序非常重要，如证券价格的行情数据，自然语言的处理问题，人们信用卡的使用习惯等。为了处理这种特殊的需要，一种新的人工神经网络——循环神经网络（Recurrent Neural Network，RNN）出现了。

循环神经网络的出现就是为了描述一个序列当前的输出与之前信息之间的关系。从网络结构上看，循环神经网络会记忆之前的信息，并利用之前的输入信息影响后面神经元结点的输出。也就是说，循环神经网络的隐藏层之间的神经元结点是相互连接的，隐藏层的输入信息不仅包括输入层的输出信息，还包括上一时刻隐藏层的输出信息。

5. 人工神经网络的分类

根据网络性能进行划分，可以将人工神经网络划分为：连续型与离散型网络和确定性与随机性网络。

根据学习方式进行划分，可以将人工神经网络划分为：有监督学习网络、无监督学习网络、强化学习网络和深度学习网络。

根据连接突触性质进行划分，可以将人工神经网络划分为：一阶线性关联网络和高阶非线性关联网络。

根据神经元拓扑结构（神经元链接方式）进行划分，可以将人工神经网络划分为：向前神经网络（BP，径向基函数，级联相关）、反馈神经网络（Hopfield）和自组织神经网络。

根据功能特性和学习特性进行划分，可以将人工神经网络划分为：单感知器、线性神经网络、BP神经网络、径向基函数网络、自组织影射网络、反馈神经网络和深度学习网络等。

第三节　机器学习算法简介

机器学习（Machine Learning）是人工智能的核心，机器学习算法是计算机具有思维能力的根源。由于机器学习是新兴的技术，又是一门交叉学科，应用领域极其广泛。因此，对机器学习概念的定义以及范畴的划分不尽相同。

Langley 将机器学习定义为："机器学习是一门人工智能的科学，该领域的主要研究对象是人工智能，特别是如何在经验学习中改善具体算法的性能。"

Alpaydin 将机器学习定义为："机器学习是用数据或以往的经验，以此优化计算机程序的性能标准。"

Arthur Samuel 将机器学习定义为："一门不需要通过外部程序指示而让计算机有能力自我学习的学科。"

Tom Mitchell 将机器学习定义为："机器学习是对能通过经验自动改进的计算机算法的研究。"Tom Mitchell 还给出了一个对机器学习比较学术性的表述："对于某类任务 T（Task，缩写为 T）和性能度量 P（Performance，缩写为 P），如果一个计算机程序在 T 上以 P 衡量的性能随着经验 E（Experience，缩写为 E）而自我完善，那么我们称这个计算机程序在从经验 E 学习。"

随着机器学习理论以及时间的不断完善和拓展，对机器学习的定义可能还会有变化。机器学习涵盖多个学科的知识，包括概率论与数理统计、数学建模、最优化方法、计算机科学、数据挖掘、模式识别等。

机器学习是对人类学习能力的模仿。人类在生产和生活的过程中，不断地积累经验，并自觉或不自觉地对这些经验进行归纳、分析和演绎，获得一些规律性的东西。当遇到未知问题的时候，人类会利用这些规律对未知的问题进行推测，从而指导生产和生活。机器学习的训练和预测过程同人类的学习和预测过程类似，是对人类学习过程的模拟。

1. 分类、聚类、回归、降维

分类、聚类、回归、降维是机器学习的四类重大问题，既是机器学习重要的方法论，又是数据挖掘领域的重大问题。

对于一组样本数据，我们希望对其属性进行归类。如果该属性是离散的，那么这就是一个分类问题；如果该属性是连续的，那么可能是一个回归问题。

如果给定一组样本数据，我们不知道其属性值有哪些，需要从样本中找到属性值，以及对这些属性值进行划分的方法。那这就是一个聚类问题。

如果样本数据特别复杂，数据维度非常高，导致数据分析时困难重重，我们想通过数据处理的方式将样本数据的维度降低，希望在低维空间对数据进行分析，那这就是降维的问题。

（1）分类（Classification）

分类指通过学习算法获得样本属性与类别之间的关联关系。下面是两种对分类的定义。

分类是通过学习算法得到一个函数 f，然后将每个样本个体通过属性集合 x 映射到一系列预先定义好的类别标号 y 中。

分类算法属于有监督的学习，分类算法根据给定的分类样本，然后训练计算机程序对未知的样本数据进行类别分析。通俗地讲，就是我们已知一些样本的分类方法（属性和类别标识），然后寻找一个将属性和类别标识进行联系的关系式，最后通过这个关系式对包含属性的样本进行类别划分。

分类是机器学习和数据挖掘的一项非常重要的任务。利用分类技术，可以从样本数据集中获得一个样本数据，根据数据属性进行分类的一个函数或者模型，这个函数或模型被称为分类器。然后利用分类器对样本数据集中的数据点归类到某个已知的数据类别中。分类技术不仅能对数据样本进行分类，还能根据分类对新的数据进行类别预测，

分类器可以采用多种形式加以描述，常用的表示方法有决策树、数学函数、神经网络、贝叶斯模型等，以及最近兴起的新的分类算法粗糙集。

要构造合适的分类器，需要有一个归类好的样本数据作为模型学习的对象，这个样本数据也叫做训练样本。训练样本就好像一个指导老师，指导机器学习模型对分类器进行构建和优化。训练样本由一系列数据记录构成，每个记录都有相关的字段（也就是记录的样本或特征）值，以及类别标记。分类器就是根据这些记录进行模型构造的。分类器构造方法有统计方法、机器学习方法和神经网络方法等。

既然有那么多分类器的构造方法，如何对分类器的分类效果进行评价呢？一般有三个评价标准：一是预测的准确性，这个是硬性标准；二是算法的复杂

度；三是算法逻辑的清晰度。如果算法需要耗费大量的计算机资源，计算需要的时间比较长，可能导致算法无效。比如利用过去的历史数据预测未来 5 分钟股票价格的涨跌，如果算法的计算时间超过 5 分钟，那么算法就根本没有使用价值了。此外算法的逻辑越简单清晰，过拟合的可能性就小，算法的健壮性就好。

另外，分类器的分类效果还和输入的数据有很大的关系。如果数据中无效信息较多，也就是常说的噪音加大，那么就会影响机器学习模型对真正规律性的知识的识别。因此在进行数据输入之前，常常需要对数据进行清理。常用的数据清理方法有数据一致性检验、无效值和缺失值处理、不完整数据处理、重复性数据处理、异常数据处理等。

分类方法在实践中应用特别广泛、常见的应用包括医疗诊断、信用卡信用评级、图像识别、金融诈骗判断等。

（2）聚类（Clustering）

聚类分析是将样本数据通过算法分类为不同的类别。与分类不同，聚类方法在分类前对划分的类别是未知的。在机器学习算法中，聚类分析是一种无监督的学习，也就是没有示例的分类样本供聚类模型进行参考。能分成什么样的类别也没有指导意见。因此，聚类分析一般是根据样本的相似性对数据进行分类的。因此，聚类的分类标准也被称为簇，同一簇数据具有较大的相似性。不同的簇之间的数据其属性具有较大的差异性。

聚类就是根据"物以类聚"的原理对数据进行划分的，聚类算法的指导思想是使得属于同一类别的对象之间的差异尽可能的小，同时使得不同类别的对象之间的差异性尽可能的大。如何评价这些差异性是不同聚类方法的特有的属性。通过聚类分析，人们可以发现不同的数据属性之间有趣的关系。不同类别的差异性是聚类分析的重点，常见的差异性分析方法还有几何距离、欧式距离、明考斯基距离等。

从统计学的角度来看，聚类分析是对数据进行简化的一种手段。传统的以统计学模型为分析方法的聚类模型有系统聚类法、分解法、加入法、动态聚类法、重叠聚类和模糊聚类等方法。其中，K－均值聚类和 K－中心点聚类算法已成为成熟的工具模型被纳入大部分的统计分析软件中。

从机器学习的角度来看，聚类产生的分类标准——簇，类似于机器学习模型中的隐藏模式。簇的定义和搜索的过程是无监督的学习过程。

聚类分析是一种尝试性的探索过程，聚类的分析结果是不稳定的，不同的样本空间使用相同的聚类方法可能出现不同的聚类标准和类表表示。同样的样本空间使用不同的聚类方法也可能得到不同的聚类标准和类表表示。

聚类分析既可以作为独立的工具对数据的分布状况进行分析，也可以作为其他算法的基础进行数据的预处理操作，如作为分类算法和定性归纳算法的现行步骤使用。

聚类分析方法简单、直观、没有示例数据的生成过程，操作的成本较小。但是不管样本数据中有没有真正的类别，或者是聚类分析给出的类表标准合不合理，聚类算法都能给出一个明确的分类标准。因此聚类分析主要应用于探索性知识研究，在得到分析结果之后，需要研究者对聚类结果进行重新审视和评价。对聚类效果做出主观的判断也是很有必要的。

聚类分析的结果完全依赖于研究者使用的样本数据、特征属性以及聚类方法，对样本数据的增删以及对特征属性和聚类方法的变换都会导致聚类结果的变化，甚至是实质性的变化。在某些情况下一些异常值和特殊值的存在可能对聚类结果造成非常大的干扰。同时对待聚类的数据进行标准化处理也是提高聚类效果的有效方法之一。

聚类方法在有些场合是无法使用的，如研究者期望能清楚地找到大致相等类型划分是不现实的。因为聚类结果是数据导向型的，不是目的导向型的。聚类模型也可能无法给出一个最佳的聚类结果。

作为数据挖掘和人工智能的基础分析方法，聚类分析涉及的领域非常广泛，包括市场营销领域、生物科学、地理信息系统、空间技术、计算机网络等。

分类与聚类的区别：

分类是实现定义好类别，对于分类模型来说，类别数不变。聚类进行数据分析前不知道要将数据分成多少类别，以及分成什么样的类别。

分类是有监督的学习，聚类是无监督的学习。分类依赖于事先定义好的类别和属性特征。聚类不依赖事先定义的类别，聚类能自动根据数据的特征产生类别划分标准。

分类的类别划分标准是示例数据，聚类的类别划分标准是样本数据之间的距离。

（3）回归（Regression）

回归分析是建立线性或非线性回归方程，揭示自变量对因变量影响的大小，从而实现使用自变量预测因变量或者是使用自变量对因变量进行解释。回归方法一般是有监督的学习方法，回归方法的使用对象是数值型的随机变量，尤其是连续数值型随机变量。回归方法一般将数据的属性特征和目标特征明确划分为自变量和因变量。以因变量的数值对算法进行监督，从而实现有监督的学习。

对于机器学习应用来说，很多回归算法都对应着相应的分类算法。无论回归还是分类，都可以用于对数据特征的预测。因为回归和分类都是从样本数据中推导出相应的算法模型，使用样本数据计算出的算法模型可以对未来的新数据进行预测。分类输出的是离散的类别值，而回归输出的一般是连续的数值。

（4）降维（Dimensionality Reduction）

降维是机器学习中经常使用的思想，一般来说降维算法会同其他的机器学习算法结合使用。在机器学习的过程中，尤其是处理大数据问题的时候，经常会碰到一些高维度的数据。当数据的维度增加到一定程度的时候，一方面，算法需要的运算量会呈指数级增长；另一方面在给定的数据精度下，要准确地对某些变量的函数或算法进行参数估计，需要的样本量也会随着样本维度呈现指数级增长。这被称为维度灾难。为了克服维度灾难，研究者发明了许多降维算法，旨在保留数据本质特征的情况下降低数据特征或属性的维度，去除无用的噪音，去除特征或属性之间的冗余属性，达到简化数据分析的目的。

2. 机器学习方式的分类

根据机器学习模型训练方式的不同，可以将机器学习分为有监督学习（Supervised Learning）、无监督学习（Unsupervised Learning）、强化学习（Reinforcement Learning）和深度学习（Deep Learning）。

（1）有监督学习

有监督的学习模式是在已知正确答案（一般将答案称之为标签 label）的时候对问题进行学习，也就是使用数据信息进行训练或拟合，得到合适的模型和模型参数。

进行有监督学习任务的时候，可以根据答案的类型采用不同的模型。如果答案是连续的，可以使用回归模型；如果答案是离散的（定性或离散值），就可以使用分类模型。

有监督的学习需要给模型一个训练的实例，但是并非所有的学习环境都能给出合理的问题和答案作为标签，这大大限制了有监督学习的使用范围。

此外，如果学习的对象涉及许多不同的输入要素、复杂的要素关联关系以及输出要素的不确定性和复杂性，那么该学习过程就会非常复杂，复杂的学习过程需要大量的训练数据作为支撑。输入变量维度的增加会大大增加模型的学习难度和算法的复杂度，影响学习的效率和学习的准确性。

（2）无监督学习

有监督的学习是给定一组数据，没有正确答案，然后任由机器学习模型从中寻找有用的模式或者成结构。与有监督的学习不同，无监督的学习不需要训练实例。

无监督的学习似乎更加贴近生活。例如，我们对一堆苹果进行分类，分出好坏，一开始可能我们对好坏的判断标准很模糊，但是随着我们对苹果的观察，我们根据大小、颜色、饱满度等状态最终将苹果分成了优质苹果与一般苹果。

因为没有训练实例，因此无监督的学习模式没有训练过程，给出一定的数据样本，机器学习算法对数据进行特征分析，从而根据一定的规则得出某种规律。

无监督的学习一般用于解决以下的系列问题：没有足够的先验知识，缺乏足够的训练实例，或者训练实例的获取代价太高，或者是样本数据空间太大，或者样本数据太复杂。

但是在可以给出足够的训练实例的情况下，有监督的学习更容易达到特定的学习目的，让机器学习模型朝着预想的方向学习。

（3）强化学习

强化学习又被称为再励学习、评价学习或增强学习，是机器学习模型在学习的过程中与外部环境不断交互，在交互的过程中得到"奖励"，以奖励最大化为目标而进行的学习。强化学习的过程是一个不停的试错过程，通过试错不断地调整模型，从而获得奖励最大化。

不同于有监督的学习方式，强化学习不依靠训练实例进行指导，而是通过奖励机制提供的强化信号对学习模式进行评价，然后不停地修正自己的学习模式。强化学习能在没有任何训练实例的情况下，通过先对模型进行一个尝试，从而得到一个对还是错的反馈，根据反馈调整之前的行为。

还以上文从一堆苹果中挑选出好苹果为例，先随机挑选一只苹果，得到不是好苹果的反馈。再挑选一只，得到是好苹果的反馈，然后通过比较两只苹果的大小，发现大苹果有可能是好苹果的标准，如此通过不停地重复，最终得到体积大、颜色鲜艳、形状饱满的苹果是好苹果。

强化学习的反馈机制可能不是即时的反馈，在有些情况下可能尝试了很多次之后才知道前面的某一次选择是对还是错，而监督学习因为有训练实例做指导，做出尝试的好坏会有立即的反馈机制。

（4）深度学习

深度学习是机器学习领域的一个新的研究方向，深度学习理论的出现和应用使得机器学习模型更加智能，使得机器学习向人工智能的目标更加接近。

深度学习技术使得机器学习和人工智能的技术取得了更大的进步，使得人工智能更加"聪明"。现在，深度学习技术被广泛应用于数据挖掘、机器翻译、语音图像识别、文本识别等复杂的模式识别领域。

深度学习的概念是源于对人工神经网络的学习算法的研究。与传统的浅层次学习模型相比较，深度学习模型的结构更加复杂和深化，通常是5层以上的神经网络，并且使用特征变换算法使得原有的样本空间变换到新的样本空间，使得运算更加方便、分类或者预测更容易。

3. 机器学习算法简介

机器学习算法是机器学习的内核。我们下面对机器学习的常见算法的基本原理和特征进行说明，具体的算法及模型读者可以参考相关专业书籍。

（1）有监督的学习算法

线性分类算法（Linear Classifier）：线性回归（Linear Regression）、逐步回归（Stepwise regression）、逻辑回归（Logistic Regression）、多类别逻辑回归（Multinomial Logistic Regression）、感知机（Perceptron）、支持向量机（Support Vector Machine）、朴素贝叶斯分类（Naive Bayes Classifier）、Fisher 线性判别（Fisher's Linear Discriminant）、K–近邻算法（K–Nearest Neighbors Classification，KNN）、决策树算法（Decision Tree）等。

线性回归：用一条直线描述两种或两种以上变量之间的相互依赖关系，变量之间的关系被确定之后，当一部分变量出现新的数据的时候，就能够根据确定的关系预测另一个变量的值。线性回归建模速度快，变量之间的关系比较容易用简单的逻辑直观的解释。在资产管理领域，股票 Beta 值的求解常用的方法就是线性回归方法。

逐步回归：在研究多项式线性回归的时候，自变量可能是一系列的变量。但是这些变量对目标因变量的影响不尽相同，甚至有的基本上没影响，是噪音可以忽略掉，或者有的即使有影响，也和其他的自变量对因变量的影响几乎是一样的，也可以忽略掉。逐步回归就是解决这个问题的，它通过将自变量一个个的引入模型，判断新的自变量的引入对模型是否有意义。如果没有意义，就丢掉，如此不断引入所有变量，直到找到所有对因变量有意义的自变量为止。逐步回归方法在资产管理行业可以对资产价格的影响因子进行筛选。

逻辑回归：逻辑回归名为回归，但是实际上执行的是分类任务。逻辑回归一般用于二分类。使用逻辑回归模型可以预测在不同的自变量条件下发生某种事情（分类）的概率有多大。所以使用逻辑回归可以在输入合适的变量的情况下判断下一个时间段股票涨跌的概率。

多类别逻辑回归：逻辑回归方法的拓展，将逻辑回归的因变量从二变量拓展为多变量。

感知机：感知机是神经网络和支持向量机等复杂人工智能模型的理论基础。感知机的原理就是在一个二维或多维空间中找到一条直线或者超平面（多维空间）使这个平面能够将所有的数据分成两类。

支持向量机：支持向量机是一个二分类模型，它可以寻找一个超平面，将所有的样本空间进行分割，分割的原则是间隔最大化（间隔是立体空间中两类样本之间的间隔）。使用支持向量机模型可以对股票第二天的开盘趋势进行预测。

朴素贝叶斯分类：这是一种常用的分类算法。朴素贝叶斯分类器根据条件概率对样本进行分类，在统计资料的基础上，找到一个重要的特征，然后根据特征判断属于各个类别的概率。对于一个个体来说，找到个体显现特征属于概率最大的那个类，就是他的分类。比如在大街上对来往的行人进行国籍分类，如果这个人身材瘦弱，是个黑人，我们就能大概率猜测他来自非洲。

Fisher 线性判别：将 N 维空间的样本点通过算法投影到一条直线上，变成一维空间的点，然后再将这些一维空间的点投影到一条直线上。如果存在一条直线使得这些一维空间的点分的最开，那么就按照这样的方式对样本空间进行分类。

K-近邻算法（KNN）：K近邻算法是给定一个训练样本数据集，也就是示例样本，对新的输入样本，在示例样本中找到与该输入样本最邻近的 K 个实例（可以采用欧式距离判定样本的临近程度）。如果 K 个实例的大多数属于某个类别，该输入样本就应该被分类到这个类别当中。KNN 算法不仅可以用于分类，还可以用于回归分析，通过某种距离判定原则找出某个样本的 K 个最近邻居，如果我们假设这些邻居的属性平均值能够代表该样本的属性值，我们就可以得到该样本的属性值。

决策树算法：ID3（ID3 Algorithm）、C4.5（C4.5 Algorithm）、分类和回归树（Classification and Regression Tree，CART）等。

决策树算法以树图的结构来构建决策规则和分类方法，构建分类规则必须对分类的特征（属性）做出选择，然后按照一定的规则对决策树进行生成和优化（修剪），最后按照生成的决策树对新的样本类别进行判断。举个例子，我们要判断一个人是否是中国人，选择两个分类规则（属性）进行判断：肤色和身高。这样我们就有两棵不同的决策树：肤色—身高和身高—肤色。如果先判断肤色，如果是黄色，那么再判断身高，如果身高低于 1.88 米，那么就是中国人；如果先以身高为标准，看身高是否低于 1.88 米，如果低于 1.88 米。再判断肤色是否为黄色，如果是那么就是中国人。两种分类方法到底哪个更好呢？不同的决策树方法有不同的判断标准。

ID3：ID3 算法是最基础的决策树算法，其核心思想是以信息的增益作为决策树分类标准的选择依据，信息增益代表某个判别标准能为分类系统带来多少"信息"，带来的信息越多，表明该属性对样本数据的分类就越准确。

C4.5：C4.5 与 ID3 算法类似，只是在生成决策树的过程中，使用信息增益比来选择分类的属性。这个信息增益比就是 ID3 模型中的信息增益除以用当前属性划分数据集的熵。

分类和回归树（CART）：CART 算法用基尼指数（Gini Index）代替 C4.5 算法中的信息熵，使用二叉树分类作为决策树模型，在所有属性中找出最佳的二元划分。CART 算法通过递归操作不断地对样本的决策属性进行划分和优化。

贝叶斯方法（Bayesian）：朴素贝叶斯（Naive Bayes）、高斯贝叶斯（Gaussian Naive Bayes）、贝叶斯网络（Bayesian Network BN）。

贝叶斯方法是贝叶斯学习理论的基础，它提供了一种计算假设概率的间接方法。贝叶斯方法先充分利用现有的信息，如经验信息和样本信息等，做出一个事先的假设（先验假设），然后根据新的样本信息不断对原先的假设进行验证，根据验证的结果不断地修正我们原来的判断。这修正后的假设称为后验假设，与先验假设和后验假设相关的事件发生的概率称为先验概率和后验概率，后验概率是有新的数据或者新证据出现的条件下形成的概率判断，因此称为后验条件概率。贝叶斯方法将未知参数的先验信息与样本信息结合，然后根据贝叶斯公式得出后验概率，再根据后验概率去推断未知参数。这样避免人们只使用先验概率的主观偏见，也会避免使用全部样本空间一次性进行拟合的过拟合现象。尤其是在数据集比较大的时候，贝叶斯方法表现出比较高的准确率。算法的逻辑也比较简单。

通俗地讲，贝叶斯方法的思想就是不断地根据事实修正自己原有的判断，先根据经验进行判断，然后从结果推测缘由。这与我们日常对事物的判断方法基本类似。比如在证券市场上，当投资者对股票价格的形成一定判断之后，会不断地根据新的市场信息核实和修正自己原来对股票价格的判断。如何科学地修正这个判断，是不同贝叶斯方法的关键。

在资产管理领域，贝叶斯方法常被用于进行公司债券的信用评估。

朴素贝叶斯：朴素贝叶斯法是基于贝叶斯定理与特征条件（属性）独立假设的分类方法。我们知道贝叶斯方法可以推算出某个个体事件从属于给定某个类别的概率，因此，我们就能使用贝叶斯原理进行分类。在进行分类的过程中，对于某一个体，它有很多特征（属性），在根据个体特征判断属于哪个类别的时候，如果个体属性之间有相互关联，做出统计推断就会相当麻烦，于是朴素贝叶斯方法做出最"朴素"的假设：这些特征之间是相互独立的，这样算法的逻辑就简单多了。因此当数据集特征之间的关系相对比较独立的时候，朴素贝叶斯方法的分类效果就会很好。但现实情况是很多时候数据集之间往往存在着很大的关联性。这样使用朴素贝叶斯方法效果就会大大降低。

高斯贝叶斯：高斯贝叶斯方法是用来处理特征变量，是连续数据的朴素贝叶斯模型，又称为高斯朴素贝叶斯方法。也就是说给定一个样本集数据，对数据进行分类，数据的分类标准是连续变量。例如对一群人进行国籍分类，身高特征就是一个连续数据，高斯贝叶斯方法假设在国籍一定的条件下，身高分布服从高斯分布（也称正态分布）。

贝叶斯网络：贝叶斯网络又称信念网络（Belief Network）或是有向无环图模型（Directed Acyclic Graphical Model）。它是一种模拟人类推理过程中因果关系的不确定性的人工智能模型，也是目前不确定知识推理应用最有效的理论模型之一。朴素贝叶斯模型假设数据集属性之间的独立性，但是实际上数据集各个属性之间有复杂的相关关系，而这种相关关系可能是因果关系，也可能是条件关系。贝叶斯网络将这种相关关系使用条件概率的形式形成一个关系网，然后进行推理和判断。

人工神经网络算法：

基于人工神经网络的有监督学习模型主要有：自动编码器（Auto Encoder）、反向传播算法（Back Propagation）、玻尔兹曼机（Boltzmann Machine）、卷积神经网络（Convolutional Neural Network）、Hopfield 网络（Hopfield Network）、多层感知器（Multilayer Perceptron）、径向基函数网络（Radial Basis Function Network，RBFN）、受限玻尔兹曼机（Restricted Boltzmann Machine）、回归神经网络（Recurrent Neural Network，RNN）、自组织映射（Self – Organizing Map，SOM）、尖峰神经网络（Spiking Neural Network）等。

（2）无监督的学习算法

聚类分析（Cluster Analysis）：K – 均值聚类（K – Means Clustering）、期望最大化（Expectation – Maximization，EM）、模糊聚类（Fuzzy Clustering）。

K 均值聚类：K – 均值聚类是最著名的聚类算法。由于其逻辑简洁、分类效率高使得它成为所有聚类算法中被应用最广泛的算法。K – 均值聚类大致的思想是：首先随机的选取 K 个数据点作为初始的聚类中心，然后从样本数据集中随机选取一个数据点，计算它与 K 个数据的距离。样本数据点距离哪个聚类中心比较近，那么就归属于哪个分类。这时候将样本数据分成了 K 类，随后在这 K 类中的每一类数据中找到一个中心点（称为质心），再以这 K 个质心为新的聚类中心进行分类。如此不断地重复，直到满足某个终止条件，分类终止。一般来说终止条件是重新计算新的质心，与原有的质心位置变化不大，质心趋于稳定，后者称质心收敛。

期望最大化：期望最大化算法经常被用于机器学习的其他算法的参数求解问题，主要是为了解决如下的问题：在一些算法模型中，一些变量属于隐藏变量，无法直接观测，那么对这些变量的估计就成了问题，期望最大化是寻找这些变量最大似然估计或最大后验估计的算法。举个例子，如果我们需要估计学校全体女生的平均身高，但是我们的对学生身高进行测量的时候，忘了对男女进行标记了，也就是说我们具有身高的样本数据，但是不知道是男生的数据还是女生的数据，在这个问题中，学生的属性——男女被隐藏了。这时候 EM 算法就派上用场了。首先我们根据经验瞎猜一个女生身高的期望分布，然后根据这个分布将样本数据划分为男生和女生群组，再根据最大似然估计方法对男生和女生的群组分布情况进行估计，然后根据估计结果将样本数据重新划分为男女，直到模型达到一定的条件。这时候女生的平均身高就定了下来，并且可以根据这个平均身高值对男女进行大致的划分。

模糊聚类：模糊聚类算法是一个算法体系，按照聚类过程的不同大致可以划分为三类，基于模糊关系的聚类算法、基于目标函数的模糊聚类算法、基于神经网络的模糊聚类算法。模糊聚类算法一般需要先计算样本数据集属性之间的相似系数，建立模糊相似矩阵。该相似系数是使用模糊数学的方法对样本之间模糊关系的界定。然后利用模糊运算对相似矩阵进行改造，并根据一定的原则对改造后的矩阵进行分类。

关联规则学习（Association Rule Learning）包括先验算法（Apriori Algorithm）等。

先验算法：Apriori 算法是第一个关联规则挖掘算法，该算法主要用于发现数据的频繁项集和关联规则。项集是特定样本类型的集合，频繁项集是指经常出现在一起的样本类型的集合，关联规则是两类样本之间可能具有很强的关联性。对频繁项集和关联规则的描述是通过支持度和可信度（又称为置信度）两个变量来描述的。支持度是数据集中包含某一个项集的样本在总样本记录所占的比例；置信度是某个样本中一个特征出现时候另一个特征出现的比例，也就是一个条件概率。算法的思想可以表述为：我们首先把频繁项集定义为出现的频率至少和某个预设的最小支持度一样。然后找到所有的频繁项集，最后采用递归的方法根据频繁项集产生强关联规则，也就是这些规则必须满足预设的最小支持度和最小可信度。

异常检测（Nomaly Detection）：局部异常因子（Local Outlier Factor，LOF），iForest 算法等。

在数据挖掘和机器学习的过程中，经常需要在做特征定义和模型训练之前对数据进行清洗，剔除无效数据和异常数据。同时异常检测也是数据挖掘的一个方向，异常检测可被用于反作弊、伪基站、金融诈骗等领域。常用的异常检测方法有统计方法、距离检测方法、密度检测方法和模式识别方法。

局部异常因子（LOF）：局部异常因子属于密度检测方法，LOF 通过计算一个局部离群因子数值来反映一个样本点的异常程度。局部离群因子的基本思想是：一个样本点周围的样本点的平均密度除以该样本点所在位置的密度。局部离群因子大于 1 的程度越大，这个样本点就越有可能是异常点。

iForest 算法：属于无监督的模式识别算法，假设我们用一个随机超平面来切割（split）数据空间（data space），切一次可以生成两个子空间（想象拿刀切蛋糕一分为二）。之后再继续用一个随机超平面来切割每个子空间，循环下去，直到每个子空间里面只有一个数据点为止。直观上来讲，我们可以发现那些密度很高的簇是可以被切很多次，但是那些密度很低的点很容易很早就停到一个子空间了。

降维算法（Dimensionality Reduction Algorithms）：主成分分析（Principal Component Analysis）、因子分析（Factor Analysis）。

主成分分析：在使用数据挖掘或者人工智能模型研究某个课题时，如果样本数据集的变量个数太多，统计和计算建模的复杂性就会随着变量个数的增加呈指数级增加。在很多情况下，这些变量相互之间是有一定的相关关系的。当两个或几个变量之间有相关关系时，可以理解为这些变量反映的特征信息有重叠性。重叠信息不仅造成运算的复杂性，还会对统计模型的精度带来干扰。主成分分析方法是一种统计方法。它通过正交变换的方法，将一组可能存在相关性的变量转换为一组线性不相关的变量，转换后的这组变量叫主成分。主成分分析是对于原来的所有变量进行映射，映射到几个相互正交的坐标轴上，这将重复的变量（关系紧密的变量）删除，并使得剩下的新变量是两两不相关的，主成分分析法尽可能减少这些新变量的个数，并且尽可能保留变量原有的信息。

因子分析：因子分析也是处理高维度数据的一种统计学方法。其主要目的是从高维度数据的多种属性中概括出少数几个因子，用较少的属性特征来最大程度的解释原有的数据信息。为进一步的数据挖掘或人工智能模型服务。因子分析还能揭示出数据属性之间的关联关系。因子分析的基本思想是根据因子（数据的属性）之间的相关性将原始因子进行分组，使得同组内因子之间的相关性较高，每组变量代表一个基本的因子结构，通过将每组因子结构表示为一个不可观测的综合变量。这个综合变量就是因子变量。因子分析的重点在于解释各个特征变量之间的协方差，而主成分分析的重点在用户解释变量的总方差。

集成学习算法（Ensemble Learning Algorithms）：AdaBoost 算法、随机森林等。

AdaBoost 算法：AdaBoost 算法是一种迭代算法，其核心思想是针对同一个样本数据集训练出不同的弱分类器，然后把这些弱分类器集合起来提升成一个强分类器。算法的基本思想是，先对 N 个样本数据进行学习，得到第一个弱分类器，然后将这个弱分类器分类错误的数据和其他数据重新构成一个新的 N 个样本的数据进行学习，得到第二个弱分类器。再将第一、二个弱分类器都类错误的样本加上新的样本重新构成一个 N 个样本的数据进行学习，得到第三个弱分类器。以此类推，最终将训练得到的所有若分类器按照分类误差的大小给予权重，组合成一个强分类器，其中分类误差大的弱分类器在强分类器中的话语权越小。

随机森林：随机森林是一个包含多个决策树的分类器。与单个决策树方法不同，随机森林算法将全体样本数据采用有放回抽样的方式分成若干个子数据集，由于是有放回的抽样，因此子数据集的元素是有重复的。然后利用子数据集的数据构建子决策树，子决策树的构建也不采用所有的样本属性，而是随机地从样本属性中选取一定量的样本属性。这样，每个子决策树都是一个分类器，对于一个新的数据，不同的分类器会对数据进行不同的分类，我们根据子决策树的分类结果进行投票，得分高的为最终的分类结果。

人工神经网络算法：

基于人工神经网络的无监督学习模型主要有：生成式对抗网络（Generative Adversarial Networks）、前馈神经网络（Feedforward Neurral Network）、极端学习机（Extreme Learning Machine）、逻辑学习机（Logic Learning Machine）、自组织映射（Self – Organizing Map）等。

（3）强化学习算法

强化学习分为无模型强化学习（Model – Free）和有模型强化学习（Model – based）两大类。无模型强化学习又分为基于策略优化（Policy Optimization）的学习模型和Q-学习（Q – learning）。有模型强化学习又分为模型学习（Learn the Model）和给定模型（Given the Model）两大类。由于算法涉及较为抽象的原理，这里不再对具体算法进行介绍。

（4）深度学习算法

深度学习算法（Deep learning）主要有：深度信念网络（Deep belief machine）、深度卷积神经网络（Deep Convolutional neural networks）、深度递归神经网络（Deep Recurrent neural networks）、分层时间记忆（Hierarchical temporal memory）、深度玻尔兹曼机（Deep Boltzmann Machine DBM）、堆叠自动编码器（Stacked Boltzmann Machine）和生成式对抗网络（Generative adversarial networks）等算法。

第四节　人工智能在资产管理领域的应用与挑战

计算机建模技术的发展和人工智能的出现大大改变了人们对数据的存储和分析方式，这些技术向证券投资领域渗透，最终必将改变人们对证券投资的分析方式。

1. 智能投顾系统

近年来，人工智能的快速发展深刻地影响了投资顾问业务的发展方向，智能投顾起源于证券投资咨询相关业务，随着智能投顾越来越智能，智能投顾逐渐发展出以资产管理为核心的新型投顾模式。

国际证监会组织（IOSCO）在其对外发布《金融科技调查报告》中将智能投顾解释为："根据现代证券投资组合理论向公众投资者提供投资金融服务的平台。"该调查报告考察了多国智能投顾业务的实践，对智能投顾做出如下的阐述：首先，智能投顾系统通过金融大数据获取客户个性化的风险收益偏好，并对客户偏好的规律性进行把握。然后根据客户的风险收益偏好和当前阶段的投资目标，通过智能算法模型，为客户量身定制个性化的资产配置方案。

一般来说，客户的风险收益偏好的评估数据来源于互联网平台。智能投顾系统通过互联网平台的信息收集，不断对客户的风险收益特征进行实时动态跟踪。对于资产管理行业来说，合理实时的评价目标客户的风险收益偏好，对客户的风险收益状态做出全面的考察。一方面可以将合适的产品销售给合适的投资者，这也是监管机构的要求；另一个面通过大数据分析目标客户的投资习惯、品种偏好以及对风险的态度的深度数据，可以协助产品部门设计合适的资产管理产品。再者，在市场人员营销的过程中，对客户的充分了解更能为客户推荐合适的金融产品，提高营销成功的概率。

风险测评的主要方式是风险测评调查问卷，但是风险测评调查问卷存在大量的问题：首先，调查问卷是针对客户一个时点的风险收益偏好的切片，获取的数据具有片面性，无法从长时间周期把握客户风险收益偏好的变动性以及规律性。因为某些客户的风险收益偏好不太稳定。其次，问卷调查的回答内容可能无法做到完全客观，客户的心理因素也会对问卷调查的回答内容产生干扰。客户的理解能力和角度不同，对同一个问题的理解角度不同，会对测评结果造成影响。因此，通过各个数据来源积累的海量客户数据可以弥补一次性问卷调查带来的结果不确定性。通过客户的交易数据、资产配置情况、消费状况等全面的数据支持，再加上基于人工智能算法的数据挖掘系统，可以全面、准确地对客户的风险收益状况做出准确描述。并且这种描述是动态的，随着时间变化而不断变化。方便对客户的风险收益状况进行持续的追踪。

智能算法是智能投顾平台的核心工具，智能算法连接客户端和金融机构端，智能算法提供投资建议服务的时候，通过大量的金融模型和金融大数据输入，结合客户的风险收益特征，转化成一系列的投资建议。这些投资建议可能是多个算法的组合。

基于人工智能算法的机器人智能投顾成本低，效率高，从而将原来高净值客户获取的定制化理财服务推向普通中小投资者。基于互联网的技术又使得投资者的数据来源更加广泛，投资者使用更加方便。此外数量众多、风险收益特征迥异的金融产品也为智能投顾提供投资建议提供了更多的选择。智能投顾在提供投资建议后还能持续的跟踪客户偏好的投资组合的状况，对客户提供资产再平衡等持续服务。

随着互联网理财概念的推广，国内的智能投顾平台纷纷上线，如百度股市通、胜算在握等智能投顾平台。根据百度股市通的官方资料：百度股市通应用大数据引擎技术智能分析股市行情热点，提供包括智能选股、独家资讯、市场行情在内的特色服务。胜算在握是以量化投资为核心的互联网股票投资软件。

2. 大数据分析系统

人工智能算法的核心是智能算法，但是算法的基础是输入的数据，随着移动互联网的发展和计算机存储技术的进步，数据的获取和存储问题得到了很好的解决。金融大数据的获取方式和数据挖掘成为一个重要的竞争领域。

在互联网技术尤其是搜索引擎技术的带动下，大量的数据信息被归集起来。新闻媒体的数字化，社交媒体的兴起使得可获得的信息越来越多，近年来兴起的文本挖掘技术能够将大量的文本数据进行深度挖掘，大大地降低了信息工作的难度，并增加了信息来源的广度。基于文本数据的数据挖掘技术已经非常成熟，这些文本数据同传统的交易数据、企业财务数据、宏观经济数据结合起来，为机器学习算法提供了更多的学习素材。

一些资产管理机构甚至研发出能够阅读公司财务报表和投资咨询机构研究报告的智能机器人，这些智能机器人在获取信息的效率方面远远高于人类同行。此外人工智能系统还能从各种图片信息、影像资料中获取信息。有些智能机器人系统根据文本挖掘的信息能够感受到市场的情绪，如从股票、期货论坛，各种社交网络中挖掘市场态度等。

在资产管理行业，获取信息的时效至关重要，一些有实力的金融机构通过卫星图像的分析，构造出了卫星制造业指数，对工业设施进行长期监测，从而预测经济的表现情况。有些机构通过卫星图像监控全球贸易运输数据，如港口货物量、海上在途货物量等，为大宗商品交易提供第一手的信息。

对于另类数据的处理是人工智能系统区别于传统统计学模型或其他数学模型的重要方面。根据全球著名信息技术提供商 IDC 的估计，在全球存储的计算机数据中，非结构化数据占比约80%左右，而我们最擅长处理的结构化数据仅占约20%。而人工智能系统在有效处理非结构化数据方面迈出了重要的一步。

金融市场包含大量的非结构化数据，非结构化数据是另类数据，数据结构不规范或不完整，很难对数据模型进行预定义。例如文本数据、图片数据、音像影像数据等。金融市场包含着大量的结构化数据信息，但是这些数据一般具有开放性，对于资产管理机构来说，基于公开数据进行分析，竞争太激烈，获得超额收益的难度比较大，而基于非结构化数据进行挖掘，辅助投资决策，成为很多资产管理机构的研究方向。

非结构化数据蕴含着大量的信息，但是靠人工分析非结构化数据，效率太低，成本太高。而人工智能技术在处理非结构化数据方面具有得天独厚的优势。通过自然语言处理技术对研究报告、新闻媒体、社交网络的信息进行分析和整合，能够比传统的人工识别技术更早更快地发现关键信息，并能够对市场整体氛围进行全面的把握。随着金融机构对非结构化数据价值的进一步认知，以及人工智能技术的不断完善，如卷积神经网络的发展，越来越多的金融机构利用人工智能技术对另类数据进行挖掘。

金融数据产生的方式也越来越广泛，社交媒体、商业网站、公司门户网站、新闻网站、搜索引擎等，移动互联网技术对信息数据化产生了巨大的催化作用。现在人们的日常工作和生活越来多的使用移动互联网，一些数据来源于政府公示信息，如宏观经济数据、政府政策和新的法律规范等。技术的进步催生出尖端科技的应用，采用传感技术进行数据获取信息的方式也越来越多的被人们所使用，如地区灯光的亮度，卫星图片信息，调研农作物生长情况等。

以人工智能为核心的数据挖掘技术为金融大数据提供了重要的技术支持。人工智能技术具有强大的信息整合能力和学习能力，能对获取的信息进行深入挖掘，将不同类型的信息进行关联和整合，迅速构建知识图谱，处理个人或小型团队无法完成的信息处理工作。人工智能系统还能实现人机交互，使得研究工作更具目的性。

3. 人工智能在证券市场的应用

人工智能在资产管理行业的应用已渗入到每一个角落，从投研自动化到投资决策自动化、智能算法交易、信用风险评估、投资风险管理。

（1）投研自动化

人工智能在投资研究中的使用越来越多，资产管理机构推动金融科技的应用不断深入。智能投研系统被很多资产管理机构所采用，智能投研是基于人工智能、金融大数据、云计算等技术，将获取的海量数据进行清理、分析、学习，最终自动生成投资观点或研究报告。智能投研系统使用的人工智能技术包括自然语言处理、知识图谱、人工神经网络等。在智能投研系统中，大数据系统提供学习素材，人工智能系统负责算法。

信息时代来临，一方面给人们提供了大量的信息作为决策依据，另一方面信息泛滥及大量的无关信息造成有效信息被淹没。信息过载已成为人们进行信息处理时候的重要问题。对于投资研究工作来说，信息过载造成投研数据巨大、信息来源渠道很多、结构化和非结构化数据混杂、数据质量参差不齐。依靠传统的研究手段面对大量的信息已经难以胜任，因此量化投资手段和人工智能分析模式被人们寄予厚望。同时基于计算机技术的人工智能分析不仅能够大大地提高投研效率，还能够保持分析的客观性，弥补人类主观情绪干扰的缺陷。

目前，人工智能方法已经被用于撰写新闻和各种分析报告，一些资产管理机构使用人工智能系统监测政府重大信息发布平台，对重大事件进行第一时间抓取，然后根据直接通过人工智能系统进行策略生成，在信息获取的第一时间抓住重要的投资机会。例如在美联储议席决议发布的时间窗口进行事件套利，对美国总统的推特信息进行 24 小时监控，随时获得重要投资机会。

（2）投资决策自动化、智能化

投资决策的自动化一直是人们追求的结果，量化投资理念的兴起与发展就是解决投资决策自动化的重要重要方法，基于人工智能的投资决策系统是量化投资研究的拓展与深化。

传统的量化投资方式一般是根据前期经验进行投资模型搭建，对模型的选择和优化都是前期既定的工作。当模型生成之后，量化投资系统会根据程序设定好的算法进行运算，一旦出现交易信号，就会发出信号或直接进行交易。与传统的量化投资方案不同，基于人工智能和机器学习的量化投资方式是一个动态系统，人工智能技术通过大量的历史数据进行学习，构建预测模型，并对交易算法进行不断的优化。人工智能模型在交易的过程中动态地进行参数调整，不断修正对市场的认知，可以在一定程度上降低市场状态的改变导致的模型失效的风险。

此外，人工智能对非线性关系的理解能力也是其他量化投资方法多难以比拟的。金融市场中，影响资产价格的因素多种多样，不同的时间点关键的影响因素也不一样，同时这些因素之间有很强的关联关系，尤其是涉及一些宏观经济变量的模型中，不同的变量不仅相互关联，还相互影响甚至互为因果。对于这些关系，必须使用更加复杂的系统才能适应现实的复杂情况，人工智能算法中很多算法尤其是人工神经网络算法就能处理这种非常复杂的情形。

人工智能在投资决策领域的应用开始于量化对冲基金的使用，著名的量化对冲基金 Two Sigma 和 Citadel 近年来不断地扩充自己的人工智能部门人员配置。Rebellion Research 公司基于贝叶斯机器学习算法结合人工神经网络的预测算法，推出了智能量化投资基金。该基金的投资决策系统可以根据新的市场信息不断地对模型进行改进，通过自主学习系统监控全世界市场的投资机会，在股票、债券、大宗商品和外汇领域同时交易。

（3）智能算法交易

自动化交易接口的开放、交易技术的普及正在对传统的交易员模式造成巨大的冲击，近年来华尔街的人工交易员正在逐步被自动化下单程序所取代，2000 年的时候，著名的金融机构高盛集团位于纽约的股票交易柜台有 600 多名交易员，而到 2007 年的时候，这个部门只剩下两名交易员，工作基本上被基于人工智能算法的计算机程序所替代。

强化学习模型是常用的机器学习模型，J. P. Morgan 的自动化交易部门开发出了基于强化学习算法的自动化算法交易策略 LOXM。LOXM 采用强化学习算法使计算机根据市场行情的动态变化做出最优的下单决策，不断地通过过往的真实交易情况和模拟交易学习知识，对未来的交易决策进行优化。LOXM 可以在给定交易时间内完成给定的交易任务量，并且使得自身交易对市场的冲击成本降低到最小。

（4）信用风险评估

人工智能系统可以协助投资者对企业的信用情况进行全方位、多维度的评估，包括但不限于欺诈行为识别（财务造假等）、历史信用状况分析、企业行为特征分析、多层次风险结构识别、经营轨迹分析、经营异常分析、同行业相关企业对比分析等。

人工智能方法可以对传统的信用评价模型进行优化，有效提高信用评级分类的精度和稳定性。非线性模型的使用可以处理更加复杂的信用评估情况，同时人工智能模型可以对评估对象的多个维度的信息综合评估，对影响评估对象的各个因素及指标分配合理的权重，提高信用评级的质量和效率。

（5）投资风险管理

在资产管理机构中，人工智能技术也被用于合规风险管理和投资风险管理。

中国金融监管部门使用的基于金融大数据的智能监管系统已经成功运用于市场监管实践当中。深圳证券交易所监察中心的大数据智能监控平台从 2013 年开始正式上线运营，它可以每天处理超过 1 亿笔的成交记录，通过对这些交易记录的对比分析，及时发现异常交易行为。近年来，使用大数据挖出基金行业的老鼠仓行为已成为监管使用科技进行执法的成功案例。英国的 Intelligent Voice 公司向各大资产管理机构提供的基于机器学习的语音转录工具，可以用来监控公司核心交易员的电话信息，以便及时发现内幕交易等违规违法行为。

在投资组合管理的过程中，可以采用人工智能技术进行市场模拟情景分析，对市场可能出现的风险进行预警，对组合的风险点和风险大小进行合理评价。

4. 应用过程中可能产生的问题

（1）个性化问题与创新问题

对于个性化问题与创新问题的理解，人工智能目前的推理能力还无法达到人们满意的地步，跳跃性思维、联想和想象能力是人类大脑的重要功能，目前的人工智能系统对于大脑这方面的机制的模仿还不完善。

人工智能系统的训练需要大量的历史数据做支撑，如果历史上发生某类事件的频率较小，或者是压根就没发生过，那么人工智能系统很难总结出历史规律去针对性地解决问题。例如一个新兴的行业，这个行业的发展模式和盈利模式还不成熟，对于这样的上市公司进行分析时仅仅依靠短暂的历史数据是不合适的，需要人们根据历史上新兴行业的发展规律，结合该行业的特点做出逻辑推理和判断，在这种情景下人工智能系统的优势很难发挥出来。

（2）数据的质量问题

输入数据的质量是制约人工智能系统展现智慧的重要因素。如果输入的数据质量较差，人工智能系统就无法通过学习总结出有用的规律，甚至会受到数据的"误导"产生错误的决策指导。金融数据的质量不足主要体现在：数据缺失、数据重复、数据错误、数据格式不统一、数据时序混乱、数据不全面无法反映系统的全部信息等。

此外，数据模型的数据时间长度问题也是一个重要的艺术性问题。一般来说，距离现在时间越短的数据，对当前系统的运行规律的分析越重要，距离当前时间越长的数据，对当前系统的运行规律的表达效果越弱。但是，如果输入的数据长度过短，一方面影响机器学习算法训练的效果，造成训练不足，如造成分类结果不合理。另一方面过短的数据无法包含全部的系统行为模式，同样造成训练不足，如造成分类结果无法包含某些重要类别。

（3）模型的选择问题

人工智能模型多种多样，如何选择合适的模型也是一个艺术性问题。在模型选择的时候，不是越复杂的模型分类和预测的效果就越好，简单的统计模型和线性拟合结果的可解释性更强，因此，人工智能模型的使用应当坚持从简到繁的原则。

在机器学习的模型的选择方面，一方面，模型的合理性很大程度上取决于待解决问题本身的特征，如果待解决问题本质上是线性问题，使用线性模型是合理的，如果待解决问题是非线性关联关系问题，那么使用非线性模型是合适的；另一方面，模型的复杂程度也要和待解决问题的复杂程度相匹配，简单的问题使用复杂的模型，很有可能得不到预想的学习效果。在机器学习模型使用中，对这两个基本问题的理解产生了两个模型选择的指导规则：无免费午餐定理和奥卡姆剃刀原则。

"天下没有免费的午餐"，这个朴素的道理在机器学习中同样适用。无免费午餐定理是说任何模型在所有的问题上其性能都是一样的，其总误差和模型本身的特征和复杂程度没有关系。通俗地讲就是对于一个随机性的问题，我们使用任何一个模型，其出现每种问题的概率是一样的。

我们可以从两个方面理解这句话的意义，其一是每种模型都适用于解决特定的问题，只有在解决特定的问题的时候，模型表现出较小的误差，但是在解决另一类不同的问题的时候，模型表现出较大的误差；其二，对于一个特定的问题，必然有特定的模型解释才有较高的精度，而采用其他的模型，精度问题就是未知的了。

无免费午餐定理告诉我们，在选择人工智能模型的时候，要具体问题具体分析，对模型特征的理解以及对想要解决问题先验知识的使用都很重要。要用合适的模型去解决相应的问题。对于先验知识的获取，可以采用数据统计的方法，也可以采用逻辑推理的方法。离开实际问题谈模型的优劣是没有任何意义的。只有让模型同待解问题的特征相匹配，模型才能发挥最大的价值。

奥卡姆剃刀（Occam's Razor）原则是解决很多复杂问题的时候，尤其是不确定性问题的时候经常采用的原则，这个原则的核心就是"如无必要，勿增实体"，或者称"简单有效原理"。

在机器学习模型选择的时候，奥卡姆剃刀原则可以理解为，如果多种模型能够同等程度地解释一个特定的问题，那么就应该选择那个假设使用最少的模型，如果模型的假设一样，那么就应该选择那个参数使用最少的模型，如果参数差不多，那么就应该选择逻辑做简单的模型。尽管复杂的模型可能对问题描述得很精确，但是一般来说规律总是隐含在一系列复杂数据中比较简单的东西。

奥卡姆剃刀原则关注的是机器学习模型的复杂程度，模型的目的是识别出数据背后的规律性东西，或者称之为模式。当模型过于复杂的时候，数据属性和类别之间关系的细枝末节都有可能被捕捉到，主要的趋势反而可能被淹没在细节关联当中。这在统计学中被称为过拟合现象。反之，如果模型过于简单，可能无法捕捉数据属性和类别之间的关联关系，甚至最主要的规律性模式都可能无法抓取，这在统计学中被称为欠拟合（Underfitting）。过拟合和欠拟合的问题本章后面也将会详细讲到。

（4）模型风险

市场的复杂性与规律的易变性：在金融市场上，市场参与主体多种多样，市场行为不仅受到经济和市场规律的影响，还受到投资者心理因素的影响，人工智能模型是基于问题而选取的固定模型，虽然人工智能模型在训练和学习的过程中能够自动进化，不停地调整自己的参数，但是在证券市场上，市场规则的改变可能带来市场结构性的改变，原有的一些市场微观结构和规律很容易被打破，于是产生模型难以解释的新问题。例如，在新的市场结构下使用老的模型，或者使用老的市场结构下的交易数据等产生的模型对新的价格模式进行解释，很容易发生错误。

复杂模型的难以解释：复杂的人工智能模型尤其是人工神经网络模型得出的投资决策很难给出合理的解释，如果一个基于人工智能的投资决策模型表现出良好的盈利特征，一般情况下人们不会过度纠结于模型的本质是什么。但是当一个好的模型一开始是挣钱的，运行一段时间后开始亏损了，这时候人们往往希望弄清楚到底发生了什么，但是对于复杂的模型，人们往往很难给出满意的答案。

历史数据有限：有限的历史数据对于机器学习模型掌握经常性的规律因素是可以的，但是对于一些异常事件，如金融危机事件，如果没有足够多的和金融危机相关的数据作为输入，人工智能模型很难对再次到来的金融危机产生敏感的觉悟。

（5）过拟合和欠拟合

对于人工智能模型来说，构建出的知识体系有两个重要的风险，也就是模型风险。一个是构造出的模型是一种无用的知识体系；另一个是从构造出来的模型中一无所获。这两种现象被分别称为过拟合和欠拟合。这两个问题是一切数据建模问题都会遇到的问题，也是现代机器学习理论面临的两大挑战。

机器学习过程中的过拟合现象就像人们在学习过程中产生了错觉，将不太重要或者是偶然的关联当成了规律或者固定的模式给找出来了。欠拟合现象则像是学习过程中的遇到了学习障碍，学习系统没有能力解决当前的问题。

在人工神经网络训练的过程中，欠拟合主要表现为输出结果的高偏差，而过拟合主要表现为输出结果的高方差。

过拟合出现的原因主要包括如下几点：

①选择的样本数据有误，样本量过少，或者是样本单一，样本标签标记错误等。

②选择的模型方法错误，模型过于复杂。

③样本的噪音数据过多，噪音干扰过大。

④模型的假设条件不太合理或者是根本就不成立。

针对过拟合的问题，有如下几个解决方案可以参考：

①正则化（Regularization）。

②增加数据样本。

③对数据进行清洗。

④减少数据样本的属性特征。

⑤从相对简单的模型开始尝试，尽量不用参数和假设过多的模型。

⑥利用数学手段，如增加惩罚函数的方式防止过拟合。

欠拟合出现的原因主要包括如下几点：

①模型复杂度过低。

②输入数据的属性特征过少。

针对欠拟合的问题，有如下几个解决方案可以参考：

①增加新的属性特征，引进特征组合、高次特征等。

②添加多项式特征，这在机器学习算法里面使用的很普遍，如将线性模型通过添加二次项或者更高次项使模型泛化能力更强。

③减少正则化参数数量，正则化的目的是用来防止过拟合的，但是模型出现了欠拟合，就需要减少正则化参数数量了。

④使用非线性模型，如核支持向量机、人工神经网络、深度学习网络等模型。

⑤使用更复杂的模型。

在人工智能模型的使用过程中，过拟合也好，欠拟合也罢，都是无法回避的问题。在目前的技术条件下，想彻底避免是不现实的。现实世界的情况是，样本数据的属性特征与分类类别之间鲜有丁是丁、卯是卯的明确关系，在这些不确定的关系中还存诸多若有若无的相关性。如果采用较为简单的模型模拟较为复杂的数据模式，欠拟合的情况就会发生，比欠拟合更糟糕的是根本就没有拟合出任何正确的相关性，也就是找到的是虚假的关联性，这就是过拟合。

（6）其他安全隐患

人工智能模型使用的过程中可能导致其他无法预料的风险，如程序错误风险、程序失控风险、信息安全性风险、信息使用风险、金融监管漏洞风险等。

第十章 永恒的主题——风险与收益

投资是风险和收益的权衡，这是本书一贯的观点，投资具有确定性和随机性，投资的确定性和随机性来源于市场波动的规律性与随机性。

投资者承担风险，获取相应的收益，高收益必然意味着承担了高的市场风险，但是承担了高的风险并不意味着必然能获取高的市场收益。

风险和收益成正相关性，那么投资者付出的智慧和脑力劳动等辛勤汗水哪个更重要呢？如果风险承担重要，那是对胆识的奖励；如果智慧和辛勤汗水重要，那是对智慧和勤劳的奖励。究竟市场会对哪个方面进行奖励，要看不同的市场特征。

第一节 收益的确定性与随机性

证券投资是确定性与随机性的结合，对于优秀的投资者来说，投资收益的确定性来源于所承担的市场风险。承担了一定的市场风险，优秀的投资者理应获取相应的市场回报。投资的确定性与随机性来源于证券市场的规律性与随机性。

一直以来，实证研究学者以大量的模型和数学工具对证券市场的波动性进行分析，所有的研究结果都指向了一个观点：证券价格的波动特征具有随机性。目前，对于证券价格走势的随机性无论是理论界还是实务界都无任何争议，争论在于证券价格的随机性的程度如何。有的观点认为，证券价格的波动是高度随机的，因此，任何技术分析和基本面分析长期以来都无法获得超越市场平均水平的收益。但是有些观点尤其是实务界的很多观点认为，证券价格的随机性是部分随机，或者是不完全随机的，证券价格是随机性和规律性的辩证统一，证券价格的随机性当中蕴含着一定的规律性，至少说在一定的局部时间范围内有较强的规律性。

作者比较认同第二种观点，也就是证券价格表呈现出一定的随机性，但是也蕴含着一定的规律性，只是这种规律性被淹没在各种非线性关联当中，表现出一种混沌的状态，让人误以为是随机性。证券市场隐含的规律性是主动性投资者的投资逻辑的前提，也是市场非完全有效的表现形式。

在证券市场上，随机性穿梭于各种规律性之间，并且各种规律性相互干扰和碰撞，形成证券价格变动的复杂性。在这种复杂性中，随机性发挥着非常重要的作用，时间周期越短，证券价格的波动特征的随机性表现得越明显。

在证券交易的过程中，随机性给投资者带来的收益的不确定性导致投资者心理层面的不安和焦虑；心理层面的不安和焦虑带来投资行为的非理性行为，更加加重投资者对于随机性的畏惧感。但是随机性并非是一个完全消极的结果，随机并不是随意，从统计意义上讲，随机性本身意味着统计规律的确定性，也就是剔除掉价格波动的规律性，只剩下价格的随机性。这种随机性是符合统计规律的。如果把握了价格波动的规律性之后，价格波动的随机性也是可以交易的，如假设股票价值的波动是规律性的，价格围绕价值上下波动，这个波动空间是随机的。如果价格偏离价值过远，那么根据统计规律价格有更大的概率回归价值。

既然证券市场是随机性和规律性的结合，那么投资的过程中就应该正确地面对投资中的不确定因素，使用概率的思维看待投资。对于一次的投资失败应该坦然面对，一次投资的亏损是交易的一部分，亏损也是投资不确定性中确定性的表现，只有将盈利和亏损从概率意义上看待才是正确的投资心态。认可股票价格的随机性可以让投资者关注概率本身。从概率意义上去考虑收益的确定性。也就是对于一个成熟的交易系统来说，这个系统应该大概率是能够盈利的。如果这个系统暂时没有盈利，那么很有可能是交易的次数过少，或者是系统适合的行情没有到来。

第二节　再论风险和收益的权衡

投资是风险和收益的权衡，所谓"富贵险中求"，高收益必然意味着高风险。那么，高风险一定意味着有高收益吗？收益和风险的关联究竟在哪儿？两者又是该如何去权衡？

首先，高收益必然意味着高风险，高风险却不一定必然有高收益。传统资产组合理论告诉我们，风险和收益是成正比例的，但是只有承担系统性风险才能获取相应的回报。

如果投资者获取了很高的收益，那么他必然冒了很大的风险。这句话应该如何理解呢？实际上，风险是亏损发生的可能性，亏损可能发生，也可能不发生，这是一种概率。我们不能因为一次偶然的高收益否定风险和收益权衡的原则，风险可能是大的亏损，也可能是收益概率的极其微小。例如购买深度虚值期权，虽然期权费很便宜，而且可能一次性获得好几倍期权费的盈利，但是损失所有期权费的概率很大，也就是虽然损失的额度小，但是损失的确定性大。因此，对风险的衡量不能只看亏损绝对数值，还要看亏损的概率。

高风险不一定有高收益，这句话应该如何理解呢？实际上，风险与亏损的概率相关，收益也与盈利的概率有关。高风险蕴含的高收益是一种高收益的概率，是统计意义上的收益。一次风险的承担很有可能是高风险的真实体现，没有体现出高收益，反而体现出了风险。此外，承担了非系统风险，不一定能获得相应的风险溢价（风险的回报）。所以在证券市场上进行投资，不能蛮干，要尊重市场，尊重规律，因为不是所有的风险承担行为都会有收益奖赏的。

投资中的风险分为主观风险和客观风险。主观风险是投资者认为的风险。由于投资者对市场环境的理解不一样，对风险的承受能力也不一样，因此对于同一种情况，对风险的评价不一样。这种投资者感知到的风险我们称为主观风险。客观风险是统计意义上的风险，是基于大量的观察结果而得到的概率意义上的风险。

投资中的收益也分为预期收益和已实现的收益。已实现的收益容易理解，就是已经获取的收益，与概率无关。而预期收益是可能性的收益，是与收益发生的概率密切相关的收益，也是统计意义上的应该的收益。

我们说高收益必然意味着高风险，其中的收益指的是已实现的收益，而风险指的是客观的风险。我们说高风险不一定有高收益，其中的风险指的是主观的风险，是投资者的主观感知，收益指的是预期的收益，是概率意义上的收益。我们经常说的风险和收益的权衡指的是客观风险和预期收益。

在投资的过程中，应该坚持风险和收益权衡的原则。长期来看，任何期待低风险、高收益的投资回报都是不切实际的，而市场中经常会出现高风险、低回报甚至是高亏损的案例。成本意识和风险意识是投资者必须树立的原则。

既然投资是风险和收益的权衡，风险是客观风险，主观把握到的风险可能与客观风险有一定的差距。收益是预期收益，具有很大的概率性和不确定性。那么现实中如何进行风险和收益权衡呢？这里有一个被投资者广泛接受的原则：风险可控的前提下尽可能博取最多的收益。也就是做到风险可控，收益可期。

风险可控容易把握，就是通过压力测试、行情分析、仓位控制和一系列的风控措施，如止损操作等，将风险控制在投资者心理可承受的范围之内。收益可期就比较难以把握了，首先这个收益是预期的收益，是概率意义上的收益。我们第三章讲到凯利公式的时候介绍过胜率和盈亏比的权衡问题，可以通过仓位控制实现收益的概率和收益大小之间相互转移。举个例子，如果我们在风险可控的前提下想尽可能获取最大的收益，那么浮盈加仓策略就是最好的选择；但是如果我们想增加盈利的概率，而对盈利的大小没有多大的诉求，那么盈利之后及时平仓就是较好的选择。

第三节 智慧和胆识的回报

无论是投资还是投机，都是带有风险的不确定行为，都具有赌博的性质。传统的经济学理论告诉我们风险和收益是权衡的，承担了系统性风险就可以获取相应的回报。

但现实中，不论是机构投资者还是个人投资者，都将投研能力的提高和投资方法的提升作为主要的努力方向。市场也在一直奖励那些努力对市场进行研究的人，那么在投资中，智慧和胆识那个更重要呢？

在有效的市场上，投资回报大部分都是胆识的回报，是对风险承受的奖励，但是如果没有智慧的加持，胆识带来的可能不是回报而是亏损。

在无效的市场上，智慧的回报可能比较丰厚，因为市场的无效性，信息优势和技术优势可以获得超越市场平均水平的超额收益。